内心的冲突往往形成强大的生命张力。

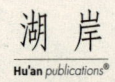

湖 岸
Hu'an publications®

跳出我天地

从哈瓦那街头到世界芭蕾舞台

A DANCER'S JOURNEY FROM THE STREETS OF HAVANA TO THE STAGES OF THE WORLD

NO WAY HOME

[古巴] 卡洛斯·阿科斯塔 CARLOS ACOSTA ——著

朱虹 ——译

北京联合出版公司

图书在版编目（CIP）数据

跳山我天地：从哈瓦那街头到世界芭蕾舞台 /（古）卡洛斯·阿科斯塔著；朱虹译.—北京：北京联合出版公司, 2020.10
  ISBN 978-7-5596-3965-3

Ⅰ.①跳… Ⅱ.①卡… ②朱… Ⅲ.①卡洛斯·阿科斯塔—自传 Ⅳ.①K837.515.76

中国版本图书馆CIP数据核字(2020)第026325号

Copyright © Carlos Acosta, 2007
This edition arranged with Felicity Bryan Associates Ltd.
through Andrew Nurnberg Associates International Limited
简体中文著作权 © 2020 清妍景和 × 湖岸®
ALL RIGHTS RESERVED

跳出我天地：从哈瓦那街头到世界芭蕾舞台

作　　者：[古巴]卡洛斯·阿科斯塔
译　　者：朱　虹
出 品 人：赵红仕
选题策划：湖　岸
责任编辑：管　文
特约编辑：张　静
封面设计：尚燕平

北京联合出版公司出版
(北京市西城区德外大街83号楼9层100088)
北京联合天畅文化传播公司发行
北京飞帆印刷有限公司印刷　新华书店经销
字数230千字　787毫米×1092毫米　1/32　12印张
2020年10月第1版　2020年10月第1次印刷
ISBN 978-7-5596-3965-3
定价：68.00元

版权所有，侵权必究
未经许可，不得以任何方式复制或抄袭本书部分或全部内容
本书若有质量问题，请与本公司图书销售中心联系调换。电话：(010) 64258472-800

致姐姐们、亲爱的母亲和
父亲佩德罗·阿科斯塔——
世界上最伟大的男人

目 录
CONTENTS

Part 1

1973
—
1988

Chapter 1　我的家庭 2

Chapter 2　照片 19

Chapter 3　开端 26

Chapter 4　第一个"深蹲" 36

Chapter 5　未知的折磨 44

Chapter 6　心中的恨 59

Chapter 7　一个囚犯 75

Chapter 8　比那尔德里奥 92

Part 2

1989 — 1993

- Chapter 9　启程 118
- Chapter 10　决战洛桑 140
- Chapter 11　历史的重演 156
- Chapter 12　谢里的决定 169
- Chapter 13　十八岁在伦敦 182
- Chapter 14　没有舞蹈的那一年 205
- Chapter 15　重新出发 220
- Chapter 16　马德里 229

Part 3

1993 — 2003

- Chapter 17　恐惧和不安 240
- Chapter 18　1994 261
- Chapter 19　世界将是我的？ 283
- Chapter 20　再见了，休斯顿 311
- Chapter 21　一个女人和三个火枪手 335
- Chapter 22　幸福的一刻 362

致谢 366

译后记 367

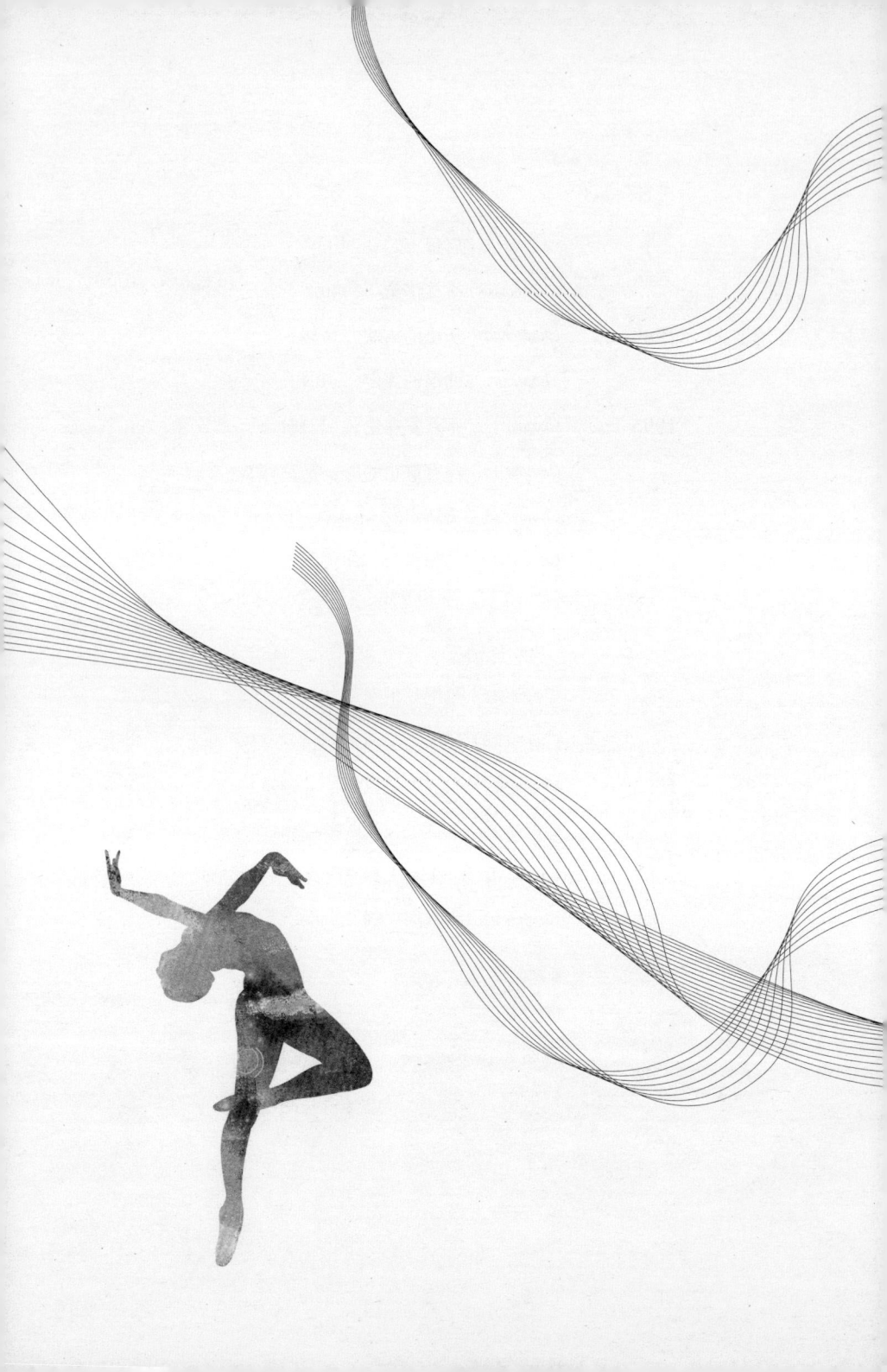

PART 1

1973 — 1988

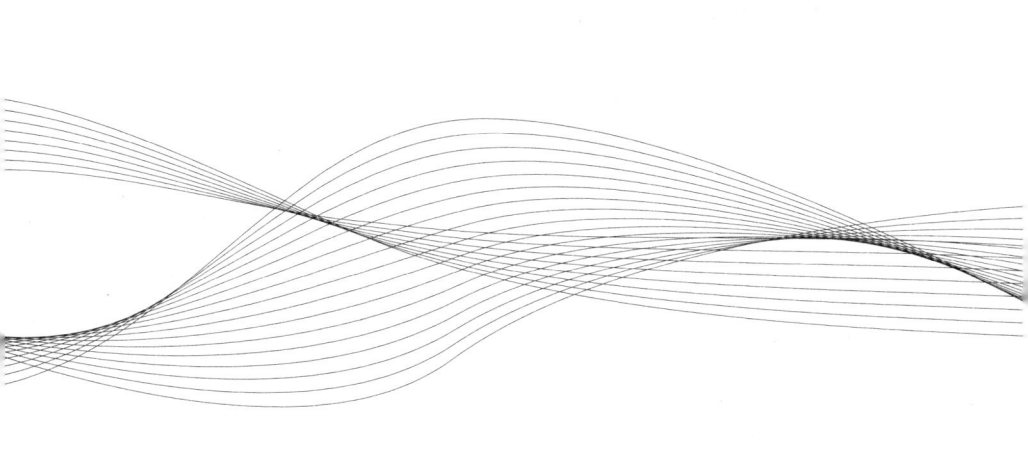

Chapter 1

我的家庭

我的童年要从洛斯皮诺斯(Los Pinos)说起,那是哈瓦那近郊一个不起眼的小村子。这个城乡接合地带融合了你能想象到的所有元素:棕黑色的沥青马路,自家搭建的小木屋,还有一片片见缝插针的蔬菜地。说到洛斯皮诺斯,每个人都知道我们这儿的种植园。这片枝叶繁茂的果园牢牢地扎根在朱红色的大地上,它东起金塔加那利修道院(Quinta Canaria Convent),西至别哈林达(Vieja Linda),北达古伊内拉(La Güinera),覆盖了近5000平方千米。这片巨大的丛林里,据说还居住了一只有着猫头鹰外形的精灵,它总是不分昼夜地发出"咕咕咕"的声音。

果园离镇上并不太远。从俄罗斯卡车维修店出发,走不了多远就是昆多的小卖部。昆多是我们这里最牛气的小贩,他那里经常会卖些水果,比如甘蔗、椰子、杧果之类的,当然还有新鲜的羊奶和烟草。再往前走几米就是被大家称为"无神之地"的地方了。四周是纤维木板搭起的简易房,楼层都是由硬纸板构成的。这些房子大都在未完工时就被遗弃了,四周的杂草都快有房子一半的高度了。再往前,穿过几条可以抓鱼捞虾的小溪,就到了一片被爬山虎和"大象耳朵"[1]所覆盖的山洞群。从这儿,你既看不到卡车维修店,也看不到昆多的小卖部。高大的棕榈树、牛油果树和曼密苹果树严严实实地遮住了太阳,空气中弥漫着闷热、潮湿。再往前,地形变得怪异起来,比如突然出现一座难以攀爬的小山。在这种地方,你不得不用一种特制的钩子钩住那些恼人的灌木丛,借力攀爬。耳边还不时传来精灵变成猫头鹰的悲伤啼叫,仿佛置身于一个魔幻世界。

  翻过了这座高山,是一片豁然开朗的岩石平地,也是唯一一块没有被树荫遮挡的地方。附近还有个被遗弃的蓄水池,四米长三米深。人们游完泳后就躺在这块平地上把自己晾干。蓄水池里水体浑浊,底部还躺着些破碎的啤酒瓶和各种空罐头盒,据说许多人来这儿游泳后就患上了病,还有少数几个因为不谙水性,竟然淹死了。长辈们不允许我们在这个被污染的水池里游泳,他们常常警告恐吓我们,说只要在这儿游泳,肚子里就会长蛔虫,或者干脆威胁,你只要进入树林,猫头鹰就会把你吃掉。然而,我们却无视父母的警告,因为这里总是那么的吸引我们。远处有一条流向西边的小河,还有一望无际的烟草农场和一群懒懒散散的牛羊。

  小镇上的居民大都是工人、乡下人或小贩。只要花一比塞

---

[1] "大象耳朵",也称暗绿叶黄体芋,以其叶子宽大、形状颇像大象的耳朵而得名。——译者注

塔[1]，大人和孩子就可以被马车载着绕小镇一圈。人们用木制的手推车搬运食物，这种简易车总爱发出奇怪的声响。小贩们嘶哑的吆喝声不绝于耳："磨剪刀喽——！""修床垫喽——！""卖水果喽——！"……这些嘈杂的声音在街头巷尾织成了一首不大协调的交响乐。

我们镇上每家每户都有一本政府发放的食物分配簿，记录了每个月可以在杂货店领取的粮食、油盐和糖的数量。猪肉、鱼肉、奶制品亦是如此，每家每户，定量分配。我们要在领取食物那天的早上9点去排队。杂货店一开门，一条庞大的蛇形队伍从街头延伸至巷尾。其中有扶手推车的、顶大坛子的、扛麻袋的、捧砂锅的，眼花缭乱，不胜枚举。另一边，卖面包、卖玩具的也一样热闹，因为每户人家一年可以得到政府分配的三个玩具。排队的人虽然多，但大家都已经习惯耐心等待。一边等，一边吐吐苦水，聊些家长里短。闲暇时，我们会玩多米诺骨牌，喝朗姆酒，跳萨尔萨舞。作为集体中的一分子，我们热爱自己的祖国，也为古巴革命带来的成果心怀感激。可私下里也免不了偷偷听些摇滚乐，然而在那个时候看来，这就是帝国主义的代名词。

在20世纪80年代，我们镇上几乎所有的家庭收入都已经达到了国家最低标准——一个月七十比索[2]，所以也不存在什么贫富

1　peseta，1868—2002年间西班牙的法定货币。古巴在独立以前曾受西班牙殖民。——译者注
2　peso，古巴现在的官方货币单位。书中所处时间为古巴革命时期，所以同时出现了比塞塔和比索两种货币单位。——译者注

差距。没有人能买得起洗衣机、洗碗机,也没有人看过黑白电视,大多数都是靠收听广播获取外界信息。靠着伟大人民的无限创造力,有些50年代造的老掉牙的电子产品还在苟延残喘地继续工作。美式老冰箱、老灶台的内部换上俄罗斯的零件后,也能继续吱吱呀呀地运转。这么说吧,屋里的家具电器,也算是这个国家真实的历史写照了。

虽然小镇的生活捉襟见肘,但是大家都有着极强的集体荣誉感。每个周日是志愿者活动日,人们有组织地修理草坪、粉刷屋子、清扫马路、捡拾垃圾,好和其他的街区一较高下。保卫革命委员会的代表定期检查各个街区的卫生,从草坪到房屋,从马路到路灯,每一个细小之处都逐一查看,记录在案。第二天,小镇所有人都会知道哪一个街区摘得桂冠。此外,我们还有"街道计划"的大型社区比赛,包括唱歌、跳舞、套袋跑(把两条腿装在一个袋子里跳着行进的一项运动)和百米赛跑。每到这个时候,上百人从各个街区汇聚一堂,叫卖零食的小贩也因此纷纷忙碌了起来。手工制作的冰冻棒棒糖、香酥蛋卷、烤肉、炸土豆饼以及各种饮料更是随处可见。我们街区让我们最引以为傲的就是水果了。浓郁沁脾的果香味渗入了小镇上所有人的衣物纤维,像空气清新剂一般,散发着令人愉快的香甜。洛斯皮诺斯的4月是番石榴的味道,5月是番荔枝的季节,而6月是杧果的世界。水果的芳香渗透在小镇的每一个角落,甜甜的味道混杂着贫穷中独有的谦恭,把洛斯皮诺斯装扮成了一个美丽奇幻的世界。

我的童年就是在这个果香飘散、猫头鹰出没,并处处充满着音乐、多米诺骨牌和朗姆酒的小镇上度过的。小镇的房屋大多是木制结构,但我们的房子却有些不同,甚至可以用怪异来形容。我们住在一个两层公寓的二层,整栋公寓共有六户,每家用楼梯隔开。童年时总觉得房间很大,可事实上是个小到不能再小的破屋。我们不曾用过自来水,也许是水管的问题,也许是建造的时候压根儿没考虑到用水问题。因此水对我们来说是弥足珍贵的,我们必须一桶一桶、小心翼翼地在楼梯间上下搬运。房间极其简陋,墙上还有大大小小的窟窿,我们一家像蚂蚁一样蜗居在小小的屋子里。算得上装饰的就只有几个空啤酒瓶了,它们会在阳光的照射下闪闪发光。此外书架上摆放着一个黑色的、象征着约鲁巴神的木偶和几张泛黄了的亲戚的老相片,中间还有一个花瓶,经常插着凋谢了的向日葵,当然还少不了一幅耶稣圣心的画像:这些都是普通家庭中规中矩的常见摆设。

客厅的一角,父亲佩德罗·阿科斯塔正小心翼翼地照看着他的圣物:一堆长指甲搭成的神像,身披一副弓箭,脸上的眼睛和嘴巴是用石头和贝壳搭凑上去的,头上还顶着一只小公鸡。据说这只小公鸡是绝对不能倒下的,否则厄运将降临在我们头上。父亲是萨泰里阿教[1]的忠实信徒,即使国家已经明令禁止有任何宗教

---

1 Santería,古巴宗教流派之一,起源于非洲。——译者注

信仰，他也从不放弃任何一个膜拜非洲之神的机会，几乎没有任何东西可以影响父亲对萨泰里阿神的追随。所以，这座神像前总是如同自助餐一样摆放着各种丰盛的美食：香甜多汁的番石榴，熟到金黄的香蕉，松软诱人的小蛋糕和糖果。每每看到这一幕，我们都怀疑父亲是否已经失去了理智。我们每天食不果腹，政府每月发放的大米必须省吃俭用才能熬到月底，然而这个神像前却可笑地陈列着奢华的食物。对这种挥霍，我实在有些看不下去了。有一天，趁父亲不在，我悄悄地把两只宠物兔子内格里托和卡纳拉引到神像前，它们肆意吃光了神像前所有的食物——番石榴、香蕉、蛋糕、糖果，就连蚂蚁也靠这些食物过活。父亲知道这一切后，忍无可忍，当时几乎快要砸爆我的脑袋。

母亲对父亲这种浪费的行为也不大认同，但神奇的是，父亲的这种信仰似乎也有显灵的那一天。每当我们弹尽粮绝的时候，他总是机缘巧合地被派遣到城里开工一趟，当他回来时，就能给我们带回足够的钱买食物。

父亲是运输水果的卡车司机，这个让人累得腰酸背痛的工作挣回来的钱也只够填饱我们的肚子。父亲跑的路线常常跨省，所以他经常一连几个礼拜，甚至几个月都不在家，我们必须学会如何用少量的食物维持一个月甚至更久。每隔两周，母亲就会带着全家省下的牙膏、肥皂去镇上交换食物，好给家里补给一些豆子和其他粮食。幸运的话，还可以换到衣服给姐姐，或是一双鞋子给我。父亲偶尔会突然出现，给我们几个不知道什么时候生产的水果罐头，即使明明知道第二天一定会肚子痛，我们还是会毫不犹豫地选择狼吞虎咽。记得有一天，我刚回到家就闻到一阵不属于我们家的烤肉味。我冲进厨房，发现了我的内格里托和卡纳拉一动不动地躺在锅里。我在客厅号啕大哭，直到头痛欲裂。那个时候，虽然不情愿，但我还是被母亲硬逼着吃了一些，因为我已经很久没有吃肉制品了。但我发誓，这是我这辈子第一次也是最后一次吃兔肉。

父母的贫穷生活是我们眼前的例子，懵懂的我们也慢慢懂得了一分耕耘一分收获的道理。因为没有钱，家里从不给我们过生日，也不庆祝其他任何节日。但是我们会把生日当天从各处得到的一些比索积攒下来，然后去镇上的电影院潇洒一回。平日里，我们就在滑板上玩玩木制小手枪，或者玩玩父亲突发奇想捣鼓出的一些小发明。当我们的衣服破得不能再破、补到不能再补，也不是什么大不了的事儿，因为邻里早就习惯了我们光着屁股满街乱跑。

父亲是个不苟言笑的人，从不陪我们玩儿，但是他对家中的大小事都有最高决定权。记忆中父亲只陪过我一次，那就是教我骑姐姐贝尔塔的自行车。在我看来，自行车神奇极了，两个巨大的轮子构成了一个阿拉伯数字8。学的时候我因为害怕有点抗拒，但是我更怕父亲。当我好不容易鼓起勇气战战兢兢地坐上车座，父亲就从后面猛地一推，我一头撞向了路灯。头上顶着一个大包，我哭着跑回了家。母亲心疼极了，一边骂父亲是个没有感情的东西，一边安慰我，答应让我不再碰那个破玩意儿了。然而意外的是，父亲非但没有像往常一样发脾气，还冷静地向母亲解释，说这是唯一让孩子尽快忘记恐惧的好办法。第二天早晨，我又坐上了那辆该死的自行车，悲剧再一次重演，我又一头撞向了路灯。在历经无数次撞击摔倒、头顶着满头包之后，我终于达到了父亲期待的结果。但是我仍然害怕得要死，直到今天，自行车仍是我心中难以克服的恐惧。

父亲是个寡言的人，他的过去我了解得很少。最近我才知道，祖父在父亲六岁时就去世了，祖母是奴隶的女儿，她出生在比那尔德里奥（Pinar del Río）的圣胡安马丁内斯（San Juan y Martínez）一个名叫阿科斯塔专门经营糖作坊的西班牙地主家。父亲以及我们家族后代，就一直延用了"阿科斯塔"这个源于地主的姓氏。父亲九岁的时候，就开始在比那尔德里奥的街头巷尾卖报纸，因为家里还有一个小弟弟，所以他必须为祖母减轻负担。少年时期，他开始在码头当搬运工，每天面对的都是无数沉甸甸的糖袋。父亲的声带自那时就损坏了，他的社会经验也远远超过了他的实际年龄。

父亲生于1918年，那是种族和等级歧视最为严重的历史时期。可怜的父亲不得不放下所有的尊严，去捡富人桌上吃剩的面包屑来果腹。也正是那个时候，父亲第一次也是无意间在无声电影中看到了芭蕾。电影院当然只对白人开放，但是父亲找机会偷偷溜了进去。父亲当时并不知道这是什么舞，只觉得影片中旋转的芭蕾伶娜[1]像极了日本油纸伞，优雅、精致，并且轻盈。年幼的父亲瞬间迷失在了这个本不属于他的世界，不过很快，影院的招待员就恶狠狠地用实际行动提醒了他："你是个黑鬼、穷人，你马上滚！"父亲被一脚踹到了街上。自那时起，父亲就在心中埋下了芭蕾这颗小小的种子。

睡觉一直是我们全家的大难题。父亲铺了一张单薄的垫子睡在客厅地上，垫子的左边紧挨着一个老旧的长藤椅，右边是一个吱呀作响的橱柜，上面摆着一个美国生产但经常短路的电视机和一个俄罗斯锡沃内牌（Siboney）收音机。在没有月光的黑夜，父亲黝黑的皮肤和夜晚的漆黑融为一体，你只能通过空中飘浮的烟雾来判断他的位置。父母已经离婚了，但是因为他们都没有其他可以留宿的地方，所以仍然住在一起。我和母亲睡在卧室的单人床上，姐姐们则挤在一张塌陷的双人席梦思上。这个席梦思上有好几处都已经露出了尖锐的弹簧，所以睡在这张床上，你必须要清楚地知晓哪个位置有弹簧，否则你的身体在一个晚上就会被扎出无数个窟窿。我的两个姐姐玛丽琳和贝尔塔对每一个弹簧的位置都了如指掌，但我却永远记不住。当我不得不睡在这张床垫上时，我右边的大腿、脚踝还有后背常常被扎。后来有一天，父亲不知道从哪儿搬来一个松木的双层床，这个东西的存在使得我们的房间更为拥挤，缝隙窄到只容许薄薄的一张纸通过。于是，父

---

[1] ballerina，指芭蕾舞女演员。——编者注

Chapter 1　我的家庭

亲搬到了下铺，贝尔塔搬到了上铺，妈妈睡单人床，我和玛丽琳睡大床垫。可我还是怀念入睡前，妈妈金色的头发散在我的脸上，所以一时间不太习惯。

和父亲不同，母亲一旦说起自己的童年，便滔滔不绝。20世纪20年代，外祖父一家从西班牙搬到了阿尔门达雷斯（Almendares）——哈瓦那的一个中产阶级聚集的生活区。外祖父卡洛斯·克萨达是个高个子、绿眼睛的男人。在我的洗礼仪式上，他把他的名字卡洛斯给了我。外祖父和他的欧洲亲戚没有什么联系，所以在古巴定居没多久，他就自诩为古巴贫民，并放弃了之前在欧洲的社会地位。这对他的父母无疑是当头一棒，他们无法理解外祖父怎么能如此不顾及自己和家族的社会地位。他是怎么了，这是命运的一个玩笑吗？他们一再说服克萨达"回头是岸"，可一切都是徒劳。20世纪50年代，才刚步入中年的曾外祖父和曾外祖母便相继去世。我认为他们一定是死于悲伤，而母亲却从不这么认为。

外祖母杰奥尔吉娜体格结实，有着橄榄色的皮肤、宽阔的鼻子和钢筋一般粗壮的大腿。婚后，他们又生了三个女孩，再加上外祖母在上一段婚姻所生的女儿尼娜，一共四个女儿。他们给大女儿起名玛丽亚，也就是我的母亲，她每个毛孔都流淌着青春和活力。十七岁时，她爱上了一个当地的男孩，不到九个月——1965年12月25日，她生下了和我有一半血缘关系的姐姐贝尔塔。与此同时，尼娜结婚了，并有了三个孩子，她当起了家中的大管家。她决定把我母亲、两个阿姨米雷娅和卢西亚还有刚出生的贝尔塔赶到屋子后面的修理间。外祖母杰奥尔吉娜被尼娜的丈夫威胁，什么也不敢说；而外祖父卡洛斯极力反对，但是他的话对尼娜起不了什么作用，因为可怜的他已经被诊断出了癌症，不久之后将告别这个世界。

大姐贝尔塔是个美丽的女孩，有着如同外祖父一般深棕色的头发、细巧挺拔的鼻子和绿色的眼睛。贝尔塔的父亲和我母亲告吹之后，对贝尔塔也是不闻不问。贝尔塔一岁半的时候，就开始表现出强烈的个性。有一天，她不小心把皮球扔向了马路，所幸一个好心的黑人帮她捡了回来，母亲对他不胜感激。那个男人——我未来的父亲，咧着宽大的嘴，温柔地看着母亲，不经意间上牙床两个镶着金边的牙也露了出来，这也是母亲新一段罗曼史的开端。一开始他们两个人悄悄交往，毕竟这个男人比母亲大了三十岁，有数段婚史，还有八个孩子。不久，这段不被看好的恋爱关系在邻里之间传开了。家人和邻居，几乎整个世界都在质问我母亲：“玛丽亚你在想什么，你疯了吗？现实一点吧，你竟然要跟一个黑人在一起？！”60年代末期，这个男人加入了一个叫作"哈瓦那围场"的政府扶持计划，种植水果和咖啡豆。一年之后，他拿着一串房子钥匙回到了这个地方，带着母亲，潇洒地离开了那个破旧的修理间。后来在经济困难时期，这个男人也收容了这些当年反对他们婚姻的人，包括外祖母和两个阿姨。

贝尔塔两岁的时候，他们就搬到了洛斯皮诺斯。她三岁半时，也就是在1969年7月25日，我的二姐玛丽琳来到了这个世界。

玛丽琳在古巴被称为"mulata criolla"（西班牙语[1]），意为黑人和白人的完美结合。小小的玛丽琳常挂着大大的笑容在嘴边，露出一排整洁得仿佛被艺术家精心雕凿过的牙齿。她既有着和母亲一样细长的眼睛，又有着和父亲一样干干的头发，四肢纤长，皮肤细腻。贝尔塔常把她当作玩具，每天带着她到处玩，还耐心地给她梳辫子，逗她笑。

外祖母和两个阿姨常常来我们家做客，尤其是米雷娅阿姨。她每次来都会带着贝尔塔去巴拉德罗（Varadero）的海边，可怜的玛丽琳永远也不明白为什么自己没有这个机会。每次米雷娅都敷衍着跟她说"车上坐不下"，然后一头钻进男朋友的车，扬长而去。小小的玛丽琳只能在路边啜泣，这也让她产生了一种摆脱不掉的自卑情结。母亲常常安慰她说，米雷娅阿姨爱你们每一个人，你们就像两朵颜色不一样的玫瑰，都可爱讨喜。

"那为什么我这朵玫瑰总是被放在最后呢？"玛丽琳泪眼汪汪地看着母亲。母亲也只能说，下一次她一定选你这一朵小玫瑰。

但是到了下一次，米雷娅阿姨还是会说："走吧，贝尔塔。抱歉玛丽琳，我们的车坐不下。"

玛丽琳再一次被留在车外。

1973年6月2日，母亲剖腹产，生下了我，也是全家最后一个孩子。父亲说我是在夜间出生的，而母亲一直坚持说是在白天，

---

[1] 古巴的官方语言是西班牙语。——译者注

所以我永远无法得知自己具体的出生时间。据父亲说，我出生的时候，吸入了许多羊水，差一点就见了上帝。可护士们却不疾不徐，直到父亲从腰间拔出了一把土质火枪，指着其中一个护士说："再不赶紧救他，我一枪毙了你！"小护士害怕得像发抖的树叶，颤抖着通过我的鼻子给我挂上了点滴。

"这就是为什么你的鼻子这么扁平。"父亲经常这么对我说。

"算了吧，这扁平的鼻子还不是遗传你的，根本不是那个该死的点滴！"母亲一边说，一边向上翻着白眼。她似乎想要告诉我，关于枪的故事，从头到尾都是虚构的。

卢西亚阿姨和米雷娅阿姨不同，她毫不偏心地爱着我们仨。每次来我们家，总是同时搂着我们三个，和我们一起做游戏。也许是因为她天生温柔又平等博爱，我们都更喜欢她。可遗憾的是，卢西亚阿姨并不常来。有的时候，父亲外出工作，大家会在我们这里欢聚一堂：卢西亚和她的宝宝珍妮，米雷娅和她的丈夫弗兰克以及他们的女儿科拉里斯，加上外祖母。大家围坐在长藤椅和餐桌边，米雷娅总是选择抱着贝尔塔。当玛丽琳和我被孤零零地留在地上的时候，卢西亚阿姨总是把自己的孩子珍妮抱给母亲，然后召唤玛丽琳和我过去，让我们一人一边坐在她腿上。我想，她是除了母亲以外，唯一愿意抱我们的人吧。

我七岁那年，所有人都搬来和我们一起住。1980年底，古巴实行了边境开放政策，任何想要出国的人只要有签证，都可以自由地离开。母亲很难过，她苦口婆心地让父亲一起帮她劝说，让外祖母、两个阿姨还有科拉里斯（米雷娅和弗兰克离婚后，孩子判给了母亲。卢西亚的孩子则一直跟着父亲）都和我们一起继续留在古巴，但是她们都申请了出境许可，拿到许可之后，她们将前往委内瑞拉，那里的亲戚会帮助她们飞到迈阿密。在她们离开前，每当母亲提到这件事，父亲总是用力地咽下一口口水，铁一般的拳头紧紧地攥着隐藏在裤子口袋里，他小声地说："我真的不知道她们是否愿意留下。"不过，最终他还是松开了拳头，尽力遏制着心中的情绪。

因为家里的人太多了，所以父亲又睡回他客厅的小毯子上，而我和妈妈又挤在单人床上，米雷娅阿姨、外祖母和科拉里斯睡那张弹簧会飞出来的双人床垫。姐姐玛丽琳和贝尔塔睡双层床的下铺，卢西亚阿姨睡上铺。可是这样的日子并不长。温柔和蔼的卢西亚阿姨被医生诊断出了精神分裂症，并住进了医院，两周后，她就在医院结束了自己二十六岁的生命。不久，出境签证的许可文件从委内瑞拉寄来了，那边的亲戚考虑到卢西亚的不幸遭遇，决定帮助我们"所有人"出境，包括我的母亲和她的白人女儿——贝尔塔。是的，所有人，所有白人，不包括黑人。但是母亲毅然地决定带着贝尔塔留下来，陪在父亲、玛丽琳和我的身边。但是，我知道母亲同样割舍不下自己的亲妹妹和母亲，但是别无选择，鱼和熊掌不能兼得。

我对童年的记忆有些模糊，对生活和周遭发生的事情也不甚理解，但是我却清晰地记得，从母亲在阳台上告别外祖母和阿姨的那一刻起,她像变了一个人似的,也许是因为洛斯皮诺斯将不再有她们的身影。

离别来临的前几日,母亲就开始不思茶饭,焦虑不堪。尽管一切都成为了定局,但她还抱有一丝希望,期待奇迹能够出现。

米雷娅阿姨对母亲说:"我不知道你要怎么打算,玛丽亚,但是我们一定要离开。这是你最后的机会了,跟我们走吧!"

她们几乎不可能再见了。我们所有人都知道,外祖母将不久于人世,这意味着母亲不能在她临终前陪着她、握着她的手,也没有机会替她拭去额角的汗水。

不过从另一个角度上说,母亲还有我们——她的孩子,我们会给她另一种爱。生活,本来就是一道非此即彼的选择题。

"米雷娅,你再考虑考虑吧?"母亲苦苦哀求着,"你也不知道那里会有什么样的生活,我们的妈妈经不起折腾,还是留在这里更好一些,你们留下吧!"

"什么?这里好?不可能,绝不可能!你想留下就留吧,我一定要带着妈妈走。"

她的确这么做了。

整个街区见证了这一场离别。一辆车停在了我们楼下邻居坎迪达家的对面。路边的狗都站着,一动不动地看着这辆车。其他街坊邻居也都赶来了,克里斯托弗、德莉娅、米利、秦山、凯尼亚,还有黛安娜和埃尔奇诺,等等。他们有的伫立在街角,有的倚靠在墙头,有的坐在路边。左邻的拉莫娜坐在摇椅上晃着,右舍的奥马尔携着一家站在路边。母亲立在阳台上，双手搂着外祖母的脖子，把脸轻轻地贴上她的脸颊。她试图表现得勇敢一些，可是根本做不到。她的恐惧连狗都嗅得出来。

我们在车旁边等着，父亲把两个行李箱搬上了车。父亲的右手搂着玛丽琳的双肩，玛丽琳的右手搭在我的肩上，我的右手则挽着我的白人姐姐贝尔塔。

"贝尔塔，过来！"米雷娅阿姨喊着。

贝尔塔松开我的手，跑向阿姨。阿姨抱紧了贝尔塔，亲吻了她的面颊，简单地耳语几句后，贝尔塔的眼泪就倏地掉了下来。我的表姐科拉里斯走向我们，分别给父亲、玛丽琳和我一个拥抱和亲吻。女孩们都在哭，只有我和父亲还故作镇定。

母亲的眼泪几乎都要哭干了，她搀扶着外祖母很慢地走下楼，她似乎希望时间在这一刻停止。当她们走到楼底的时候，母亲再一次紧紧地抱住了外祖母。她的眼睛在阳光的直射下，莹莹闪着光，泪水涟涟，胸前的衣裳都湿透了。邻居们也噙着泪水，其中还不乏一些男人。或许他们也曾经历过这一幕，抑或这一切也将在他们的生活中上演。

"妈妈，快一点，我们要来不及了。"

米雷娅阿姨往车里塞进了最后一个箱子，转身面向母亲。姐妹两人紧紧相拥，母亲的面容几欲崩溃。阿姨向我们保证她会写信，她抱了抱贝尔塔，并给了她深深一吻。她又迅速地吻了玛丽琳和我，但是并没有抱我们。她向父亲挥了挥手，然后把外祖母和科拉里斯塞进车里,她自己也钻了进去,嘭地关上了车门。引擎发动了。

母亲弱小的身影戳在马路中间,眼睛肿得像桃子似的,双颊深陷,目送着车逐渐远去,直到它完全消失。她的目光移向自己的左手,一个蓝色的小本子——她的护照。

承诺的书信,我们从未收到。

Chapter 2

照片

姐姐贝尔塔随意地给我起了一个外号,叫"尤利",于是街坊里也就这么叫开了。然而对于这个称呼,父亲还另有一番说法。

"尤利是北美苏族印第安人的勇气之神,这个名字将时刻保佑你。这才是'尤利'的出处,其他人都不懂。"

母亲每次听到这段解释都不做任何表态,只是深深地叹口气,朝天花板翻个白眼,当作什么也没听到。

七岁,我成了镇上无人不晓的水果小贼。我的行窃方式简单而周密。我们家正好位于两条马路的交会处,正对面是勒内家,斜对角是佐丽塔家,另一个角落有一堵高墙,我们当地的孩子都把那儿当作集合点。每逢一三五,我们一伙就去偷勒内家的杧果,周末的时候则摸去佐丽塔的院子,而周二、周四就留给隔了两个门的邻居约兰达。我们都小心翼翼,因为只有用偷来水果卖的钱,我们才能买得起电影院的票或者坐着马车绕城一圈。佩德罗·胡利奥负责按门铃，东尼托负责把风。勒内一去开门，我就嗖地钻进他后院篱笆墙上的一个洞，把我够得到的所有柠果、李子、番石榴统统装进事先准备好的麻袋里。

有一天，这个天衣无缝的计划竟差点让我被勒内抓个现行。

当我正得意扬扬地装水果时，突然听到胡利奥和东尼托在街上大喊："尤利，快撤！勒内来了！"

我赶紧把麻袋往外面的杂草堆上一扔，向篱笆洞钻去。说时迟那时快，我的一条腿被一只钳子一样的大手牢牢抓住了。

"哼，终于抓到了。你这小贼，等着瞧吧，看我怎么收拾你！"

"放开我，放开我，让我走！"我使劲地蹬着腿，寻求逃脱的机会。

前天刚下过雨，地上都是深深浅浅的水坑。我从未被勒内如此近距离地抓住过，害怕极了，只能奋力挣扎，蹬得浑身是泥。幸运的是，我猛地一抽，竟然脱开了勒内的手掌，我撒开腿就跑。

"听着小兔崽子，我要告诉你爸。再让我抓到你，非宰了你不可！"勒内在我身后大喊。

但在这之后，他再也没有抓到过我，因为没有人比我更了解他的花园。

虚惊一场后，我们仨打算去水库消消暑气。

经过卡车维修店，胡利奥忍不住了："尤利，刚才太危险了，他差点儿就抓到你了。要不以后我们换一家，不去他那儿了。"胡利奥还在紧张。

"真没劲,你总是这样说,胡利奥!勒内抓不到我的,他慢得连乌龟都抓不到。"我笑了笑,其实并不是安慰他,而是我真的一点儿也不担心。

东尼托没有加入我们的讨论,他在认真地数着水果。"你们瞧,这些水果足以让我们三个都看上电影,要不直接卖给昆多?"

"好主意!"我和东尼托兴奋地击掌。然后径直走向昆多的小木屋。

我们推了开门。"哦嘘哦嘘——"门口堵着好多羊,我们赶开羊群,正巧昆多也走了出来。

"走走走,我不要你们的东西!"这个老头不耐烦地要赶我们走。不过这是他演得快烂了的老把戏罢了:每次有人要卖东西,他总是故意表现出不感兴趣,以便在交易中低价收购。

"别装了,昆多,上次卖你牛油果也是这样。如果你不要杧果,那我们就卖给阿尔弗雷多。"说着东尼托就把麻袋又扛上了肩。

"走吧走吧,你们就给阿尔弗雷多吧,看他能给你们什么!你们又不是不知道,来我这里卖水果的大有人在,我才不在乎你们几个!"

"这是你最后的机会了,昆多!"我们三个异口同声。

"好了好了好了,这一袋我给你们一比索。"

"不行!这袋水果换谁都会给我们五比索,两比索给你,否则不卖!"我做出要走的样子。

"跟你们做生意我都快亏死了。"昆多一边嘟囔着,一边接受了我们的价格。

我们拿着钱继续往水库进发。

"下次给我带点牛油果、李子,什么水果都行啊,记得千万不要给阿尔弗雷多!"昆多在我们身后关上了门。我们乐呵呵地当作什么也没听到。

"尤利,你听,好像有人!"东尼托小声地喊我。

我们小心翼翼地向声音的来源靠近,那是一个天然的洞穴。

"东尼托、尤利,我们走吧!妈妈说那里有人的时候不能进去!"

"你在说什么呢,胡利奥?别捣乱!"

东尼托率先跳上了一块木板,紧接着把我也拉了上去,胡利奥在最后。就当我们靠近洞口的时候,我们听到了一个女人的尖叫。

"哦,哦,不行了!我要死了!"

"天啊!有人要杀她,我们快去喊人!"胡利奥大叫着跑开了。东尼托和我没有离开,我们盯着前方,试图找到答案。我们想象着一个女人,喉咙前顶着一把利刃,危在旦夕。可是当我们看清了之后,反而糊涂了。一个男人赤裸着上身压在她身上,并且很用力地晃动着他的臀部。而她满脸汗水,喃喃自语,我们实在听不清。

"我要死了,我要死了!"她又喊了一遍。

但是,地上一滴血都没有。

我们吹了口哨,让胡利奥回来,因为貌似没有喊人的必要了。

"她为什么在叫呢?"东尼托问我。

"我也不知道。"我挠了挠脑袋,不过就算挠出一个洞,也想不出答案。

不过最后我们倒是得出了一个结论,那就是这个男人的两腿之间藏了一把刀。我们耸了耸肩,继续上路。

一到水边,东尼托和我就迫不及待地跳了进去,胡利奥则很紧张地看着我们。

"你在等什么,下来吧!"我对胡利奥喊道。

"我妈说,不能在这里游泳。你忘了皮雄的事儿了吗?"

"皮雄是在这里游过泳没错,不过他来这儿之前,肚子里就已经长虫啦!"我们三个哈哈大笑。

胡利奥还是很犹豫,我们不再理他了。我和东尼托开始玩"踩头"的游戏。一人潜到水下,另一个人要留在水面,然后试图站在下面一个人的头上。一次又一次,我们轮流钻进水库底下肮脏的管道,咽了无数口淤泥。风吹在树丫上,呼呼作响,猫头鹰也像往常一样咕咕叫。今天的青蛙特别多,它们像我们一样,扑通扑通地跳进水池。

"当心,别让青蛙在你头上尿尿,否则你会变瞎的!"胡利奥在河边喊着。同时,另一个声音也传了过来——

"变瞎!对,我就是要打到你瞎了为止!"

我把头伸出水面,完了,是爸爸。儿子永远不会认错自己的父亲。

"小崽子,跟你说了多少遍了,啊?我不许你在这个肮脏的水池里游泳!"

父亲揪着我的耳朵,把我拉上了岸。

"听我解释,爸爸……"

他显然没有任何心情听我解释。

"自己走,趁我打爆你的脑袋之前,走!"他一把拉着我走向杂草和岩石堆。

"我没跟你说今天要待在家吗?你是不是忘了今天要拍照?你这个兔崽子我非宰了你不可!"

天啊,我竟然忘记了今天是拍照片的日子。摘水果爬树的时候,我怎么就一点儿也想不起来呢?

穿过山洞和昆多的小卖部,我们迅速下山向家中赶去。村里的人听到父亲的吼声都出来围观,这也算是村里的一大乐趣了。

"佩——德罗——,放——开那——孩子!"华尼托又喝醉了。

"关你屁事,走开!"父亲一把推开他。

"别——惹——我,我——可是——华——尼——托!"

父亲不再理他,继续拉着我下山。到了门口,所有邻居都出来了,佐丽塔、勒内、约兰达还有坎迪达。

"你终于抓到他啦!"他们都在看笑话,我就像一个潜逃的犯人被抓捕归案一样。勒内尤其得意,他显然告诉了父亲在哪儿可以找到我们。父亲并不理会他们,直接把我拎上了楼。母亲替我掸去身上的泥土,给我穿上了我唯一的一条裤子、唯一的一双鞋,还有一件学校的衬衫。父亲又坚持让我戴上领带。

"不要，妈妈，我不想戴领带！"

"闭上你的臭嘴！"父亲还是很生气。

"别对孩子叫，佩德罗，我们来得及的。"母亲温柔地说。

我们一同下了楼，邻居竟然给我们鼓起了掌。

"哈哈，他们终于把你变回了人样。"勒内斜靠在门上笑我。

我们走进了一个小木屋，也就是我们镇上的照相馆。照相师傅拿出了一套老得像玛土撒拉[1]一样的机器，并把它搭放在冰冷的瓷砖地上。照相师傅让我坐着别动，然后他一头钻进了机器后面的一块黑布，右手按下了快门。

一个礼拜之后，母亲取回了相片，并把它放在客厅的一个角落。这是我第一次拍照，也是我接触芭蕾之前的唯一一张照片。

---

[1] Methuselah，《圣经·创世记》(Genesis) 中的人物，据传享年969岁。——译者注

Chapter 3

开端

我一度非常喜欢运动。足球是我的至爱,我一直梦想有一天可以成为一名伟大的足球运动员。很长一段时间,在父母不知情的情况下,我加入了一个足球训练学校。我知道,梦想绝不是想出来的,所以在训练赛季,我会拼命地做仰卧起坐、俯卧撑,绕着操场跑圈。我的努力让我得到了一次参加正式比赛的机会。比赛中,我有幸碰到了球两次,没有犯规行为,所以离场的时候我格外自豪,设想着教练一定会留住我,甚至还可能给我提供奖学金。然而到了第二天,教练却对我异常冷淡,但我并没往心里去。第三天,亦是如此。几周后,我逐渐意识到,我在这个队里是没有前景了,因为我不够出色。从那一刻起,拿着奖学金踢球的念头,就像水汽一样慢慢蒸发了。我似乎再也不可能、也没有机会变成我的偶像球王贝利,不过我心中还是留着一丝期盼。但教练之后对我越发冷淡,我的热情也一点一点被残忍地浇灭了。

Chapter 3　开端

　　大约就在这个时期，霹雳舞席卷了古巴。我的姐姐玛丽琳非常热衷于跳舞，她常常向我展示她的新舞步，也经常带我参加她和小伙伴的街舞派对。两个月以后，我学会了如何用肩膀甚至用头在地面上旋转。当玛丽琳看到我的技巧时，她惊呆了。

　　"你从哪儿学来的？"她忍不住向我发问。

　　"呃，就是在……"我并不想跟她说太多细节。

　　"你什么时候练的？"她不依不饶地想知道答案。

　　"呃，就是有空的时候。"

　　事实上，当玛丽琳在学校上课的时候，我和一群小伙伴在街角练习跳舞，从早到晚没有停歇。随着跳舞的人越来越多，我们在隔壁的街区——别哈林达组建了一个霹雳舞团。我们常常用垃圾箱把道路两端封锁，音乐开到最大，然后潜心研究新的舞步，准备和哈瓦那其他街区的舞者一较高下。有一场在列宁公园的比赛让我记忆犹新，那是位于小镇边缘的一块很大的休闲场地，每到周末就如火如荼地上演各种比赛，包括萨尔萨舞比赛、歌唱比赛，以及孩子们的历史、科学竞赛。

　　当我们团知道这里将有霹雳舞比赛的时候，都兴奋不已。这绝对是一场不能错过的赛事，我们将为荣誉而战。一个周日的早上七点，戴着黑墨镜、白手套——我们套用了迈克尔·杰克逊的经典造型，穿着松松垮垮的短袖，斜戴着棒球帽，手提冲天炮一般响亮的录音机，用力嚼着嘴里的塑胶——因为没有钱买口香糖；我们毫不掩饰地摆出一副势在必得的架势。

一等奖是一个奖杯，奖杯上是列宁的头像，周围围着一圈的铁锤和镰刀。二等奖是一袋糖果，而三等奖只是一张证书。我的搭档欧皮托和我是我们这伙人中仅有的两个可以参赛的选手，因为这个比赛只对十四周岁以下的选手开放。我们这对老搭档已经参加过哈瓦那周边地区比如塞罗（Cerro）和摩纳哥区的一些小型比赛，一直保持着连胜的佳绩。我们两个都是九岁，一个是金发白人，一个有着深色皮肤。我们这对黑白双煞，一路过关斩将，战无不胜。

哈瓦那那些大名鼎鼎的霹雳舞者此刻也都在现场。有帕波·布坎达，还有来自恩比尔区（Embil）、外号"迈克尔·杰克逊"的亚历山大·托斯塔，以及米格利托·佩斯特，绰号"臭米奇"。

每个人都跃跃欲试，嚼着塑胶，反戴棒球帽。我和欧皮托早已蓄势待发。

音乐一响起，我浑身就像被注入了一股难以名状的释放感。生活在洛斯皮诺斯的穷孩子，从不提出任何要求，也从不抱有任何奢望，所以我在人前向来胆小腼腆。但是每当跳舞的时候，我的灵魂被彻底释放，就像换了一个人：自信、自由、魅力四射。当汗水随着舞步飞出去的时候，我仿佛大声地向世界证明了我的存在和梦想。我潇洒自如，无拘无束地跳了半个小时。

比赛结束后，我们又拿下了一等奖。伙伴们给我起名"El Moro de Los Pinos"，意思是"洛斯皮诺斯的摩洛人"。臭米奇也过来和我握手，并扔下一句颇有挑战意味的话："希望能再见到你。"

我到现在还保留着这个装饰着镰刀和铁锤的列宁头像奖杯，这是我踏上艺术之路的第一步。

我和朋友们像土匪一般满街疯跑，消息很快传到了父亲那里。

"我们一定要做些什么，玛丽亚，否则我们就要失去这个儿子了！"父亲显得非常愤怒。

父母的话题总是围绕着我的未来，而我一如既往地和别哈林达的伙伴在街上跳舞。父亲也曾发誓，要把我撕成碎片，可我完全不在乎，依然我行我素。直到有一天，父亲遇上了邻居坎迪达。

坎迪达太太是个好人。她的嗓门极大，在街道的革命宣传中，总少不了她的身影。她的侄子在古巴国家芭蕾舞团担任首席，她的两个最大的儿子亚历克西斯和亚历山大就读于维达多（Vedado）市中心阿莱霍·卡彭铁尔舞蹈学校，位于 L 街和 19 街的交叉路口。当父亲向坎迪达说了我的事情之后，她有一个提议。

"你说他喜欢跳舞？那为什么不送去舞蹈学校试试？"

父亲眼前一亮，"芭蕾！"一瞬间，这个词把他传送回了电影院那次让他灵魂出窍的经历。和那天一样，他的心跳开始加速。突然，他仿佛看到了希望。父亲没有再做任何考虑，他谢过了坎迪达，等不及她把话说完，便三步并作两步，以光速跑回了家，并迫不及待地把这个想法告诉了母亲。他们考虑了每一个有可能的后果，然后就坐在家里等我出现。

那时的我虽然只有 9 岁，但清楚地记得那天的每一个细节。我像往常一样，结束了一天的霹雳舞训练，走上回家的台阶。大门敞开着,里面透出微弱的光,细细地勾勒出了父亲的轮廓。

"坐下卡洛斯,我们有个好消息要告诉你。"

父亲的语气和以往大相径庭,我嗅到了空气中的一丝怪异。我非常紧张,不安地坐了下来。

"你说你喜欢跳舞,是吗?我们决定送你去芭蕾舞学校。"父亲严肃地说,像在宣读判决书一样。

"芭蕾?什么东西?"我非常的疑惑。

父亲向母亲瞄了一眼,眼神中充满着"阴谋"。母亲看起来有些不安。父亲解释说:"嗯……芭蕾……呃……是像转起来的伞一样,呃……女孩跳的一种舞蹈。"

当母亲听到了父亲的定义后,扑哧一声,笑了出来,些许缓解了空气中的紧张气氛。

"什么?就是电视上那些无聊的舞蹈?"

"是的。"

我要崩溃了:"爸爸,我跟你说了多少次了,我是想要当运动员的!再说,这明明是女人跳的舞!"

"运动员?别搞笑了,如果你继续这样下去,一定会成为一个废物!你们那些小子每天在外面瞎混乱跑,还用头在地上转,总有一天你非把脖子扭折不可!"

"那你不想想别人会怎么说我?他们一定会笑我是娘娘腔和同性恋!"

"听着,你是我的儿子,老虎的儿子。如果有人笑话你,你就

Chapter 3　开端

一拳揍上他的脸，然后脱下裤子，让他们看看你的两腿间是什么！"

"但是，爸爸，我还是想当足球运动员。"

"我和你妈妈已经决定好了，这个就是你的未来。"

父亲磨着他的假牙，冷酷的表情暗示着这番对话已经结束，没有任何商量余地。好吧，他们已经替我决定了我的未来。我不得不收起成为一个足球明星的梦想，而试图想象跳着"专属女人、伞一样的舞蹈"。

现在该怎么办呢？我无法想象当朋友们知道曾经的"洛斯皮诺斯的摩洛人"要变成一个芭蕾舞者，他们会怎样议论我。

一周之后，母亲带我去参加甄选。去城里的"L和19"[1]，必须要换三辆巴士。母亲用细长的右手指夹着烟，抽两口，然后优雅地点去烟灰。她戴着黑色的墨镜，左手搂着我，在我的衬托下，显得更加优雅美丽。我讨厌烟味，但我一直忍着。因为和母亲出去，向来都比和父亲出去轻松一些。我决定抓住最后的机会，拉下最悲伤的脸，做出最可怜的表情，试图向她解释，我最喜欢的是足球。博同情、扮无辜这招，向来对母亲非常管用，但很不幸，我失败了。

舞蹈学校是个三层楼的建筑，外面停满了花花绿绿的轿车。入口的草坪平整得夸张，边上种植着五彩斑斓的玫瑰、芙蓉等各

---

[1] 因为舞蹈学校位于 L 街和 19 街的交叉路口，所以作者简称舞蹈学校为"L 和 19"。——译者注

类小花。眼前的一切让我决定接受现实。

我们走进大楼,加入了等候的队伍。我东张西望地打量着四周,男人女人都穿得极为体面,围绕着他们的空气似乎流淌着精致和优雅,这一切让我产生了强烈的距离感。人们也注意到了我和我母亲这一对奇怪的存在,他们猜测我们是什么关系。母亲五官精致,金发垂肩,而我是卡布奇诺的颜色。我讨厌这些眼神,他们似乎在轻蔑地嘲笑我:走吧,这里不属于你。一个傲慢的男人一直盯着我,他一句话也没有说,但是眉宇间的意思已经显而易见:"你犯了一个错误,这里不是黑人古巴舞蹈学校,这里是教芭蕾的,你懂吗?是芭蕾!"我坦率地对他笑了笑。这时,一阵严厉刺耳的声音响起:"卡洛斯·朱尼尔·阿科斯塔·克萨达!"

我走进三号练功房,里面的老师让我脱下外裤。我赤裸裸地站在教室中央,浑身上下只剩一件咖啡色的游泳短裤。一个高个子的老师说:"好的,孩子,现在把你的腿抬起来。"

在我一生中从来没有那样的痛,那个长相温柔的老师,一下搬起了我的右腿,一阵撕裂的疼痛从大腿根散开,刺进我的韧带和外侧的肌肉。一个身材魁梧的老师和另外三个考官在记录着什么。

"好的,孩子,下面绷直你的脚背。"

我尽我所能,绷到脚背快抽筋。四个考官互相看了一眼,又继续写着什么。

"现在用力往上跳,越高越好。"其中一人说道。

我像兔子一样上下蹦跳着,直到其中一个考官让我停下。

Chapter 3　开端

母亲一直在外面,透过玻璃窗全程关注着我的一举一动。我不知道她在想什么:为我感到自豪?为这个决定犹豫?或者此行根本就是个错误?

她们像摆弄实验品一样,对我做各种测试,然后我迎来了一个最难的考题。

"好的,孩子,现在是你即兴创作的时候了。"

"不好意思,什么?"

"我们需要你用想象力,自由发挥跳一段舞蹈。"

霹雳舞!我决定了。这个"洛斯皮诺斯的摩洛人"可不是浪得虚名。我开始扭动身体和臀部,并亮出一些招牌动作,这些动作在我们街区总会得到人们一阵阵的欢呼声。我偷偷看了一眼考官,她们的眼珠子快从眼眶里掉出来了,于是我决定来个更刺激的。我倒立着,准备用头开始旋转。四个女人吓坏了,纷纷冲过来喊着:"不要不要不要,你会杀了你自己的!"

她们把我摆回成正常人类的姿势,两脚着地。那个最胖的考官试图向我解释。

"听着孩子,想象你自己是一个厨师,或者一个猎人,就类似这样的。"

她试图把声音放得柔软些,不过听上去还是很严厉。

她们显然都不知道"洛斯皮诺斯的摩洛人"。不过我什么都没说,像往常一样,对她们咧嘴一笑,炫耀着源于父亲的一口白牙。我才不要当什么猎人、什么厨师,我要当足球运动员!我要当球王贝利!

　　钢琴声响起，我跑动着，跳跃着，舞蹈着。我不知道我是什么样子，直到现在也想不明白怎么用古典的音乐饰演一个满场奔跑的足球运动员。

　　母亲站在窗外一动不动地看着。

　　当我结束了以后，她们让我上二楼参加乐感考试。我走了十四级台阶，加入了二楼的另一条长队。排队就像萨泰里阿教一样，在古巴是生活的一种常态。一边排队，我一边试图保持乐观的心态，但事实上，我从未像今天那么沮丧。

　　"下一个!"一个高个子、有着灰色短发的女人喊道。她也在抽烟，看样子和妈妈的烟瘾不相上下。我走了进去。

　　"重复我的动作，好吗?"她说。

　　"好的。"我回复道。

　　她节奏性地拍手，然后我跟着模仿重复。她盯着我看了一会儿，然后在蓝色的小本子上写下了什么。接着她又用嘴巴发出些奇怪的声音，我也尽力模仿并重复。我们两个看起来就像两个傻瓜，一会儿拍手一会儿发出噪音。对于我来说，这简直是浪费时间。我希望她们不要让我通过，希望她们跟母亲说：很抱歉，您的孩子没有乐感，没有柔韧性，也没有即兴创作能力。这样我就能名正言顺地过回我原本的生活——在后街跳霹雳舞，和小伙伴偷水果。

　　第二天，母亲带着写有甄选结果的信回来了。

"快点,玛丽亚,我们等不及了!"父亲催促道。

"耐心点。"她拿出眼镜,开始读甄选的结果。

我交叉着手指[1]。

"他们说你9月1号开学。"母亲故作淡定地说。

"我就知道!"这个老男人爆发出他所有的感情。而此刻我的头顶飘来一朵乌云,因为对于我来说,这注定是一场灾难。

姐姐们尖叫着欢呼。她们并不了解我此时心中的痛。我看着父亲,他用充满爱意的眼神看着我。悲剧已经上演,房间里的每个人都在庆祝。我逃上了屋顶,想要找到一点慰藉,那里有一群被我当作宠物收养了的鸽子。我抱起一只,轻轻地抚摸着它,我哭得都快窒息了。我一直待在屋顶,眼睁睁地看着洛斯皮诺斯的轮廓一点一点被黑暗吞噬。欢乐洋溢在屋子的每个角落,但是我一点儿也感受不到。

---

1 交叉手指,在西方是一个用于祝福的手势,有祈求好运的意思。——译者注

Chapter 4

第一个"深蹲"

1982年9月1日，早上五点，闹钟准时唤醒了我们。父亲开了灯，他昨晚彻夜未眠，我迷迷糊糊中似乎听到他不安地在房间里来回踱步。姐姐们还在沉睡，妈妈已经起来给我准备好了早餐。快速洗漱后，我穿上了国家统一的小学生校服：红短裤、白衬衫、蓝领巾[1]。一口灌下奶香四溢的咖啡，我匆匆地把练习本、学校发的练功衣塞进双肩包。出门前，父亲给了我一个大大的拥抱，母亲的眼里流淌着亮晶晶的同情。我亲吻了妈妈的面颊后，就和坎迪达的两个儿子亚历克西斯和亚历山大一同出发了。

去城里上学是件让人兴奋的事。哈瓦那的市中心我只去过几次，印象中贝尔塔带玛丽琳和我去过一家叫作科佩利亚的冷饮店。舞蹈学校位于市中心，周围环绕的都是有名的建筑，比如福克萨

---

[1] 古巴的小学生低年级佩戴蓝领巾，高年级则戴红领巾。——译者注

大厦（Focsa）和卡普里酒店（Hotel Capri）。这里高楼林立，车水马龙，人头攒动。

舞蹈学校的学业分为文化课和专业课两部分。早上八点到中午十二点，我们要到离本部（L 和 19）三个街区之外的奥兰多潘托哈（Orlando Pantoja）上文化课。潘托哈有两栋大楼，分别供四年级和五六年级的学生上课。这两栋别致的大楼在大革命以前，是有钱人的宅邸。虽然它们现在已经被粉刷成教学楼的标准绿色，有些地方的油漆也已经脱落，但是并不妨碍你想象它们曾经高贵的地位。

这里约有两百个学生，大约五十个左右是舞蹈学校的，其余的则是当地的普通学生。这里大部分同学家底殷实，这让我感到很心虚，仿佛我来了不该属于我的地方。不过转念一想，我不该这么考虑问题，因为在古巴，教育对每个人都是免费开放的。

四年级只有两个舞蹈学校的学生，一个是我，另外一个叫伊斯马尔。而五六年级则有专门给舞蹈生开的班级。相比之下，我非常向往五六年级的学长，因为在这个班里，同学们常常因为我是学舞蹈的而嘲笑我，我们甚至因此打起来。他们叫我"阿莉西亚·阿隆索[1]""同性恋"或者"奴隶"。但是坦白说，我并不介意打架，因为无论对方块头有多大，他们统统不是我的对手。更重要的是，我还能借机发泄不爽的心情。没过多久，班上的同学不再

1　Alicia Alonso，古巴芭蕾女明星。——译者注

取笑我，也不会跟我打架了。他们把目标转向了伊斯马尔。无论同学怎么讥笑挖苦，伊斯马尔从不回击，他似乎都不知道什么是生气。有的时候，别人欺负他，我还会挺身而出。好在那些孩子在被教导处传召了无数次之后，终于决定不再招惹我们。

　　我特别喜欢我的老师南希，她总是那样温柔。以前学校的老师总是拿着一米长的厚尺，不把我打到浑身青紫绝不停手，但是南希从来不会。她有着橄榄色的皮肤、灿烂的笑容和女高音玛丽亚·卡拉斯般富有磁性的声音。每次她都佯装要教训我们，但好脾气的她根本凶不起来，因为她无条件地爱着我们每一个人。尽管我是个捣蛋鬼，又懒散，又爱找麻烦，上课还常睡觉，但是我还是很尊敬我的老师，尤其是南希。每次她说我的时候，我都羞愧得低下头，更不敢直视她乌黑的眼睛，因为我知道她是为我好。我每次旷课都会编出异想天开的理由，让她笑得合不拢嘴。有一次，我信誓旦旦地说我前天发烧，妈妈应该给我阿司匹林，结果她给成了安眠药，所以我在家里足足睡了两天两夜没有醒；还有一次，我说我被隔壁邻居绑架了。南希从不对我大呼小叫，更不会打我。相反地，她还很喜欢我说的故事。每当我因为旷课落下功课的时候，南希就算不下班，也要耐心陪着我做功课，直到我完成为止。

　　文化课一结束，我们就回到本部学习芭蕾舞专业课。开学的这一天，我们有二十人左右是新生。我非常紧张，一句话也不敢说。校长拉蒙有六英尺高，一头银发，他向我们致了欢迎词。

Chapter 4　第一个"深蹲"

"亲爱的同学们,今天我们迎来了新的学年,我们古巴大革命也翻开了新的历史篇章。你们是顽强的战士、明天的接班人,你们会将革命进行到底……"

他冗长的演讲结束后,学生会会长洛雷娜·费霍领头高喊我们全国小学生的统一口号:"共产主义的先锋队!"

我们要一致喊出:"向'切'[1]学习致敬!"

对于喊口号,我有我自己的版本。

"共产主义的先锋队,向贝利学习致敬!"

在拥挤闷热的更衣室里,我们必须换上讨厌的连体练功服,这让我们看起来像女孩子一样。练功服穿起来很不舒服,因为后面的部分会把屁股中间向上拉。男生可以再穿一条平角裤,我认为这个装束看起来可笑极了。

换完衣服走到练功房,一名美丽的女老师已经站在那里等我们了。

"我是卢佩·卡萨迪利亚。"她说。

卢佩很爱我们,她严格却很公平,她生来就是当老师的料。我们在把杆边一字站开,高高矮矮,除了肉乎乎的维克托,大家都很瘦。除了我以外,班上还有一个黑人男孩,他叫乌利塞斯。

卢佩向我们说明了芭蕾中手和脚的位置,接着她向我们示范

---

[1] 切·格瓦拉(Che Guevara),本名埃内斯托·格瓦拉(Ernesto Guevara),昵称切(El Che 或 Che),出生于阿根廷。古巴共产党、古巴共和国和古巴革命武装力量的主要缔造者和领导人之一。——译者注

"深蹲"和"擦地"。

这个就是芭蕾？我不禁自问。我们被要求站成一位脚，这个怪异的姿势让我们每个人看起来都像卓别林一样。

然后我们要做一组蹲的练习，八个蹲，八个起。我们又学了一种类似于青蛙的脚位，叫作二位脚。我觉得一点儿意思都没有，无聊极了。

我们就这样重复着这些怪异、可笑、无聊，甚至有点莫名其妙的动作将近一个小时。这些机械性的重复让我越来越觉得，我根本不属于这里。最后我们被要求在原地直上直下地跳跃。这简直是开玩笑！我不敢想象我明天、后天、大后天，都要重复着这些枯燥乏味的动作。

就在这个时候，我发现场外有一片绿茵地，一群男孩子正在享受一场疯狂的足球赛，他们大汗淋漓，喊叫着，追逐着。我真想一秒钟飞出去，加入他们的比赛。

"腿伸直！"卢佩用手戳了我屁股一下，我赶紧用劲伸直。"对，就是这样。"

我看了一眼镜中的自己：天啊，不要啊！我的腿，还有身体的姿势，从来没有一刻这么像卓别林。唯一不同的，只是我少了胡子、帽子和拐杖。

一个小时十五分钟后，我们还在练习，就像马戏团的猴子一样。一想到之后的每一天都要做同样的事情，我真的无法忍受下去了。忽然，我听到了世界上最美妙的声音——下课铃。

Chapter 4　第一个"深蹲"

我们的午餐也在"L 和 19",这里的食物太美味了,比我以前的任何一顿都有过之而无不及。我们中总是有人抱怨说"不要再吃鸡蛋和沙丁鱼,我想吃鸡肉"之类的,但我才不在乎吃什么呢,有的吃就好,我绝不能浪费。吃饭的时候,我总是一只眼睛盯着自己的盘子,另外一只眼睛饥饿地搜寻其他人的餐盘。看到节食的女生,我就会把她盘子里剩下的食物全部吃掉。这样做的人不止我一个,所以我必须先下手为强。

午休后,我们要上苏拉娅的法语课。皮肤白皙的苏拉娅是个极其精致的女人,她的长裙总是无可挑剔的美丽。柔滑的丝质头巾、昂贵的香水味、整洁的妆容,让她看起来充满异域之美。她常向我们讲述她在巴黎的日子。那是一个物质极大丰富的世界,天上会飘雪,地下有铁路,人们不需要排队。有一次在公共厕所,她竟然花了二十分钟研究怎么冲厕所。"我突然发现地上有个灰色的按钮,我踩上去。Et voilà[1]!"我们哄堂大笑,听这些新鲜事儿有意思极了。

下午还有两节课,分别是安赫拉老师的钢琴课和努里老师的舞蹈历史课。一直到傍晚六点半我们才放学。

放学后,我拖着沉重的步伐向车站走去。在这座喧嚣的城市里,街道上满是川流不息的车辆和熙熙攘攘的人群。我穿过哈瓦那的几座标志性建筑——古巴博物馆(Cuba Pavilion)、卡普里酒

---

[1] Et Voilà,法语,意思是"瞧,那就是",表示事情成功或令人满意的感叹。——译者注

店还有民族大饭店（Hotel Nacional），高档酒店的四周围绕着热带水果树和露天游泳池，这里繁华得让我迷了眼，同时又倍感幸福，因为我正站在这个奢华的中心。但当我逐渐靠近拥挤的公车站，沮丧、挫败和懊恼便一举涌上心头。看看远处灯火辉煌的酒店，再看看眼前冗长的队伍，这完全是两个世界。叹了一口气后，我加入了队伍，并提醒自己要认清事实。

花了将近两个半小时，晚上九点，我终于回到洛斯皮诺斯。一大群人聚在路边，霹雳舞的音乐响亮无比。有一个人被包围在人圈中跳舞，我小心翼翼地靠近，躲在墙和树的后面，想看个究竟。是欧皮托，他赤裸着上身，跳着我们曾经一起跳过的舞步。周围的人羡慕地拍着手，吹口哨。我很想加入他，但是我没有。而是用最快的速度逃开了那里，因为我不想被他们嘲笑。

家门口停着一辆苏维埃吉尔-59[1]的大卡车，父亲应该在家。

"今天上课怎么样？"父亲迫不及待地问。

"还可以。"经过这漫长的一天，我虽然浑身酸痛，精疲力尽，但是并没有睡意。

"那你喜欢吗？"父亲在期待着他心里的答案。

"我还是喜欢踢球。"

"见鬼的足球！你赶紧去洗澡吧，你妈已经给你准备了热水。"

这就是我们全部的对话了。

---

[1] 吉尔（ZiL）是苏联利哈乔夫汽车厂的简称，该厂所生产的吉尔-151、吉尔-157正是老式解放卡车的原型。——译者注

Chapter 4　第一个"深蹲"

妈妈看到我很激动,疼爱地抱着我,殷切地期待我告诉她今天在学校里的每一个细节。

"妈妈,那里真的太无聊了。他们总让我站成奇怪的姿势。"

"什么叫奇怪的姿势?"

"就是这样,像卓别林。"我一边说一边做示范。

姐姐们在一旁咯咯地笑。

"一点也不好笑!"我对她们大喊。

"好了好了,尤利,先去洗澡吧。女孩们准备吃饭了,饭菜都在桌上了。"

晚饭后,我一头栽倒在床上。我做了一个梦,梦里我参加了一场足球比赛。我的凌空一射为我们队赢得了比赛,队友们都为我感到自豪,他们把我扛在肩上,然后抛向天空,很高很高。原本对我很不待见的教练,也让我加入了足球队。当我还沉浸在大家的拥戴中时,闹钟响了。

又是早上五点,我睡得太沉了,以至于完全忘记了床垫上那几根伸出来的弹簧。我的右腿还在流血。半梦半醒的我穿上衣服,姐姐们还在打呼噜,而父亲已经早早出发了。

回忆起昨晚的梦,心里甜滋滋的。喝完牛奶咖啡,我背上双肩包,亲吻了妈妈,便出门和亚历克西斯和亚历山大会合。我们一起搭公车,向"L 和 19"进发。

一个充满着梦想的地狱。

Chapter 5

未知的折磨

大约是开学后的半年,一个周三的晚上,我和往常一样走在回家的路上。快到公寓楼下时,我听到哪里传来阵阵撕心裂肺的哭喊,并且越靠近,哭声越响。

"我回来了!"我喊道。

父亲给我开了门,姐姐们在客厅坐着,眼泪像决了堤的洪水,簌簌地往下掉。大概是她们没做功课,被父亲教训了一顿。我已经做完了我的功课,所以悄悄地往厨房移动,去找母亲。

"尤利,等一下——"父亲的语气有些奇怪。

轮到我了!我深吸一口气,在背后悄悄交叉了手指。

"妈妈被送去医院了……"

客厅突然安静了。我不明白这是什么状况。我看了姐姐们一眼,她们又开始放声大哭。我疑惑地看着父亲的眼睛。

"被送去医院是什么意思?"

"她突然中风了。"

父亲的声音突然变得好遥远。我慌张地冲进厨房,又冲向阳台和卫生间,一个人都没有。我回到客厅着急地追问。

"什么是中风?"我用手捂住嘴。

"脑溢血。"

"什么?"

"就是脑子里出血了。"

我后来慢慢地知道了一切。下午母亲在家里掸灰、拖地,因为她一向爱干净。她还打扫了父亲的神像,把苍蝇和虫子从半腐烂的贡品上赶走。在走向卫生间的路上,她突然停了一下,然后脑子里的一根血管就爆了。她连叫一下都来不及,就这样倒下了。那个时候,父亲还在外面开车工作,玛丽琳和我在学校。幸运的是,贝尔塔没有去上课,否则后果将不堪设想——母亲会无声无息地在这个小小的浴缸边死去。贝尔塔看到了大声呼叫,邻居帮忙叫了救护车。十五分钟后,母亲被抬了出去,送往医院救治。

"接下来会怎样?"我害怕得哭着大喊,瘫在了藤椅上,"告诉我,接下来会怎样?"

"我们现在都不知道。"父亲表情异常沉重。尽管他尽力保持冷静,但看起来漏洞百出。

"我们必须要等到手术结束才能知道结果。"

"爸爸,那如果她……"

"担心不能解决问题!"父亲像下达命令一样。

没有人说话。我低下了头,迷茫又害怕。我默默地走回卧室,姐姐们也一样。

父亲给我准备了食物,也帮我热了洗澡水。

"现在怎么办?"我悄悄地问姐姐。但姐姐也是一脸茫然。

吃完饭,洗完澡,父亲关了灯,我也默默地爬上床。

黑暗中,看着这张曾经陪伴了我和妈妈多年的床,我觉得心里空空的,好像心被劈成了两半。妈妈的每个笑容每个细节我都记得清清楚楚。她曾经悄悄地站在阳台的角落,向月亮祈祷,保佑我们全家健康平安。

"爸爸,我睡不着。"我小声地说,并从床上坐了起来。

一团团烟焦躁地在客厅盘旋,父亲慢慢地走了进来。

"你记得我带着你还有姐姐一起去圣玛丽亚海滩那次吗?"

我不明白父亲的意思。

"这和妈妈有什么关系?"我不解。

父亲没有理我,而是继续说道:

"那是一个炎热的夏天,我们单位常组织一些这样的活动,用来激励员工。我所有的老同事新同事都在那儿,有奥米德、格迪米诺、多利,大约四十个人。烤盘里摆放着各种食物:豉椒鸡肉、豆子焖饭、烤猪肉、炸香蕉……我们饱得一个月都不用吃饭。你记得那首你老爱唱的歌吗,关于王子和乞丐的?

马路的尽头,那声音回荡。

Chapter 5　未知的折磨

　　沧桑的男人，你为何徜徉……

"看着你就像看到曾经的自己。我也喜欢唱歌，但是我没有爸爸，也没有机会和家人一起在圣玛丽亚海滩享受豉椒鸡肉、豆子焖饭、烤猪肉和炸香蕉。看到你拥有我没有的，爸爸特别开心。你还调皮地跑丢了，后来贝尔塔在一棵菠萝树下找到了你。你一直在唱歌：

　　马路的尽头，那声音回荡。
　　沧桑的男人，你为何徜徉？
　　他歌唱自由、友谊和信仰。
　　王子和乞丐，……

睡吧……我的小王子……睡吧……"
这是我睡前听到的最后一句话。

　　第二天早上醒来，父亲已经离开了。洗漱后，我给自己倒了一杯牛奶咖啡。离开的时候，妈妈总是会亲一下我，可是现在就我一个人。我难过极了，脑子里装的全是妈妈。我背上书包，楼下亚历克西斯和亚历山大已经在等我了。他们知道我家出了事，所以一路上也没敢跟我说话，只是让我静静地待着，有时安慰地拍拍我的后背，以示同情。我还是一语不发，好像和这个世界隔绝了一般。

课上，南希温柔地给我们听写单词，可是所有声音都像是在两百米之外，而且还带着回声。她千里之外的声音和若隐若现的身影，让我觉得我活在另外一个维度。就连坐得离我最近的同学在说什么我都听不见。也许在回答老师的问题，也许只是在聊天，也许在捣乱，也许在嘲笑我？我听到的所有声音都使我迷糊。

课后，南希解散了所有人，单单把我留了下来。

"朱尼尔，你怎么了，不舒服吗？"

她直直地看着我的眼睛，我难过地低下头。我再也忍不住了，一下子紧紧地抱住了南希，眼泪止不住地往下淌。她什么也没问，轻轻地抱着我，跟我说一切都会好的。我心中的伤痛随着眼泪倾泻而出，沾湿了她的衬衫。我不停地哭，直到筋疲力尽。南希捧起我的下巴，替我擦干了眼泪，疼爱地在我额头上一吻。她领着我走出教室，用一种对孩子说话的方式告诉我，人生常有黑暗的时候，就像每个影子的背后都有一束光明，每一朵乌云的四周都镶着金边，只要等待，影子总会离开，太阳总会灿烂。我觉得似乎轻松一些，快步赶上了我的同学。

第二天，母亲被允许探视。我们早早赶到了神经专科医院。空调的风冷飕飕地吹着，混合着各种医院独有的化学药品的酸味，让我倍感压抑和焦虑。外面的天气也很有默契，天空一片阴沉，不一会儿，电闪雷鸣，豆大的雨滴密集地拍打下来。

Chapter 5　未知的折磨

我搜寻着病房里形形色色的人脸,却没有发现妈妈。护士示意我们向前走,我们轻声地快速移动着脚步,生怕惊扰到别人。终于,在四号病房的一张床上,我们发现了母亲。她虚弱地躺在厚厚的床垫上,身上盖着一层奶油色的被子。我们刚要靠近,父亲试图拦住我们,不过我们已经冲到了前面,看到了母亲的样子。

为了在手术中移除脑内的血块,母亲的头发被全部剃光,左边的颅骨被移除,深陷的左侧脸颊让她看起来老了许多。年仅三十五岁的母亲看起来像六十岁的老太太,我不能接受。她不是我妈妈,不是的。

姐姐们相继哭泣,她们看起来绝望极了。然而我只是站着,一言不发。我有无数个问题要问上帝:世界上这么多人,为什么偏偏是我妈妈要遭受这一切?上帝从不作答。是不是有什么我不知道的?我应该汲取什么教训吗?我想大哭大叫来发泄,但我没有,只是一动不动地站着,毫无表情,就像一个陌生的路人。

一个头发灰白的中年男人想要上前再靠近病人,但是被护士拉住了,说她需要休息。一旁,两个未成年的女孩绝望地啜泣。于是,那个中年男人把两个女孩紧紧地搂在胸前。有那么一刻,我似乎发现他们三个都在哭泣,但不是太确定。我又靠近了一点,亲眼看到了我这辈子不会忘记的一幕。眼泪顺着那个男人的脸颊滑落,直接滴在了花岗岩地面上。他像在丛林里迷失的孩子,茫然地看着窗外的天。

我的父亲竟然哭了。

没过多久，母亲慢慢睁开了眼睛，她环顾四周，一点一点地看着她视线所及之处。开始她并没有意识到我们的存在，只是盯着什么。后来她终于发现了我们，爸爸和姐姐向她招了招手，我还是一动不动地站着。她面无表情，仿佛不认识我们所有人。她安静地躺着，好像都没有呼吸。玛丽琳突然崩溃地大叫着，语无伦次地哭喊。护士迅速把她带了出去，让她冷静下来。贝尔塔也开始捂着嘴抽噎，她原本碧绿的眼睛变成暗暗的红色。父亲抱着贝尔塔，轻抚着她的头，试图安抚她的情绪。看着他们，我心如刀绞。

一个小时之后，上帝仍没有回答我的问题，他总是保持着一如既往的沉默。我想也许爸爸能给我一个明确的答案。我看向他，他的眼睛已经干了，又恢复到之前的那种不带一点儿含糊的冷漠，他不再是那个迷失的孩子。父亲领着我们，走出病房。

我又回头看了一眼母亲，想把她的样子记在心里。她还是睁着眼一动不动，苍白且面无表情。

"一切都会好的。"父亲说。

尽管父亲这么说，但眼前的未知，让我痛彻心扉。

我就这样离开了医院，从头到尾，不曾掉落一滴眼泪。

之后的几周，我们的生活变得更加艰难。父亲完全不会做饭：难得吃一次的猪肉，上面竟然有又长又粗、还扎人的猪毛，恶心得让我们想拿去喂狗；他煮的米饭都像糨糊一样，厚到可以当水泥来砌墙；他做的豆子要么就是烂成水状，要么就是硬得可以崩掉我们的牙。但是尽管如此,我们从不抱怨,总是深呼吸,然后吃完他所有的厨房实验品。

我们关心的问题只有一个,但是没人敢问。

妈妈什么时候会好?

我们不能想象没有她的生活,悲伤弥漫着整个公寓。姐姐们每天都在哭;我想忍住,可是只要一想到妈妈的模样,眼泪就会忍不住地流下来。

我们都试图振作:父亲白天工作,晚上回来给我们做饭。姐姐白天上学,我早上五点去舞蹈学校。可即使在学校上课,我也无法集中注意力,我的脑子里全都是妈妈。

有一天,卢佩说要教我们一个新的舞步assemblé[1]。她让我们双手扶把,然后向我们演示如何完成这个动作。这个动作从五位脚开始,先做一个蹲,然后一条腿伸出擦地,同时主力腿起跳,然后双脚同时落地时回到五位脚。这个动作可以也做en dedans[2],也就是前面的脚在起跳后收到后五位,但我们今天学的只是 en dehors,也就是后面的脚起跳后收前五位。我们纷纷站开,给自己留够跳跃的空间。我无意识地站在了把杆的铁支架旁,并没有注意到把杆有些松动。卢佩一声口令,我们纷纷起跳。我撞倒了支架,把杆掉了下来,我的脖子被砸出一个很大的裂口。一切发生得如此之快,以至于我一声喊叫都没有。三秒钟之后,鲜红的肉暴露了

---

1 芭蕾基本舞步之一,意为集中。——编者注
2 en dedans 和后文的 en dehors 均为芭蕾术语,意思分别为向内和向外。——译者注

出来，血止不住地往外流。

同学们围着我尖叫，脸上露出惊恐与好奇。他们捂着嘴，但是眼睛却睁得浑圆，不想放过一丝细节。血一直在流，流到了我的上衣。卢佩带我出去，我被送到附近的一个急诊医院。路上我还一直在祈祷，希望我可以被送去妈妈住的那个医院，这样我们就可以每天互相照看。我会每天盯着她的护士，以确保她们把妈妈照顾得妥妥当当，开刀的伤口也不会感染。我会每天一勺一勺地喂她食物，然后用湿毛巾给她擦脸。这时我突然意识到，她有可能认不出我。上次见面，她眼神涣散，静止得像一棵树，一动不动地躺在病床上。我赶紧收回我的胡思乱想。

在诊所，他们给我打了一针破伤风，用酒精为我清理伤口，并贴了一块纱布。幸运的是，伤口并不深，也不需要缝针。伤口清理完后，弥漫在空气中的药味让我不寒而栗，不禁让我联想到了在医院探望母亲的那一幕。我生活里的一切都乱了，似乎从头到尾就是一个错误。首先是爸爸逼着我做我不喜欢的事情，让我放弃当足球运动员的梦想，然后妈妈竟然脑中风住进了医院，现在我的脖子还撞了一个大窟窿，差点流血流到死……

医生打断了我郁闷的思绪，他说我没什么大问题，但是要休息两周。他反复强调"休息"，并向我解释，休息的意思是在床上躺着，哪儿也不去。他不停地用很慢的语速向我解释，好像我有理解障碍一样。

"不要忘记，休息的意思是完全的休息。"

Chapter 5　未知的折磨

我看得出他是在故意搞笑。

要告别芭蕾一段时间，我一点都不觉得遗憾，每天早上五点起床，换数次公交太折腾了。放学的时候，我的同学都有父母接，但永远没有人会在校门口等我。我想要停止芭蕾这种机械性的重复练习，越快越好。这次受伤，或许是一个机会。我绞尽脑汁，想着怎样才能说服父亲，最后决定孤注一掷。

我耐心地等待着，像一只伺机而动的狮子，找寻合适的机会。

一天下午，父亲回来了，他看上去心情还不错。他一边笑着，一边哼着本尼·莫雷[1]的一首歌。

现在就是我的机会。我深吸一口气，小心翼翼地走向父亲。

"爸爸，我要跟你说件事。"

"说吧，我在听。"他还在哼着歌。

"我只想当一个普通的男孩，不想当一个舞者。"

本尼·莫雷的音乐停住了，而父亲的脸上挂着要杀了我的表情，我紧张得发抖。

一切发生得太快，还来不及思考，我的耳朵就被揪了起来。他把我拖到窗边，指着街上一群男孩。

"像他们一样？"他吼道，"那些游手好闲的小流氓？这个不叫普通人！我绝不会让你变成他们那样，在此之前我就要先宰了你！"

父亲一把松开我，说我简直不可理喻，然后嘀嘀咕咕地去了

1　Benny Moré，古巴歌唱家。——编者注

厨房。我还没有反应过来,只感觉耳根一阵阵火辣辣的疼。父亲的手像爪子一样尖锐,指甲深深地陷进我的肉里,在我的耳朵上留下一条条渗着血点的抓痕。我调整了呼吸,试图忘记疼痛,想一点开心的事。我再一次领教到,如果我把自己当作一个受害者,那么我会变得更加悲惨。我揉了揉耳朵,告诉自己:"放松……没事的,没事的……"

第一学年的期末有汇报演出,这是我第一次登台亮相。我们以前排练过队列,不过那个就是走路罢了,而这一次我们将展示真正的舞蹈技能。班上的女孩几乎全部在节食,尽管她们看上去已经骨瘦如柴,但她们还是总说,要严格控制体重。这给我倒是行了一个方便,因为这意味着我可以享有更多的食物。

这一天如期而至,演出地点是可以容纳两千余人的国家大剧院。我的节目是和格瑞托表演一段快节奏的、有活力的波兰舞曲《玛祖卡》。格瑞托有着雪白的肌肤、深咖色的头发,一对杏眼透着蜂蜜的颜色。每当被这双眼睛看着的时候,我心神荡漾,仿佛听到了一首温柔的情歌。我常常看到她和其他男孩子说话,他们个个都五官分明,衣着体面,头发也梳得整洁光亮。我和他们有着天壤之别,我从来不修边幅,头发也不梳。我不得不承认,我是学校里最不和谐的一个人。像格瑞托这样的女孩,永远也不会注意到我这样一个长在农村、身份卑微、有着厚嘴唇和扁鼻子的黑小孩。

但是即使她对我没有兴趣，至少我们还是会一起跳舞。一共有八对这样的组合，我们要在舞台上用《玛祖卡》的音乐变换着各种几何图形的队列。我向格瑞托伸出右手，她优雅地搭上我的手心，浅浅一笑，我瞬间融化了。我们的合作非常顺利，每一拍都准确地踩在节奏点上。

舞台被音乐和彩灯装饰得绚烂无比，我突然明白了什么叫作"美轮美奂"。当我们结束的时候，台下爆发出雷鸣般的掌声，我第一次感觉到了生命的意义。这是天道酬勤。

"太棒了！太棒了！"观众不停地喝彩。

我的心脏快要蹦出胸腔，浑身热血沸腾。我们带着微笑鞠躬，台下掌声依旧。我们再鞠躬，然后退出了舞台，厚重的幕布缓缓落下。

我转身向格瑞托表示祝贺，没想到她向我靠近一步，在我脸上送上一吻。

"深情地爱我吧，甜蜜地待我吧……"歌声开始在脑中回荡。

我开心地跳着去卸妆。上了二楼，我还在回想着刚才那一吻，充满着香气的一吻，甚至展开了虚无缥缈的幻想。

站在心爱的女孩面前，我体内充满活力，生命里的一切开始放光。我飞向了天空，越飞越高，高到看不清地上的现实。然后我突然坠了下来，砸成了大饼脸。

我对自己说："看吧，你这个笨蛋，又开始做白日梦了！"

我迅速卸了妆，穿上衣服，跑下楼，搜寻那个有着一双杏眼的女孩,格瑞托。

她已经走了吗?周围都是家长,他们慈爱地搂着自己的孩子,眼里充满着支持和关心。一些人看到我孤零零地站着,向我投来同情的一笑。没有家人来看我的演出,他们都要去照顾妈妈。我觉得很孤单,想要躲开那些幸福的人,于是走出了大剧院。

远处,橘色的暮光渐渐变紫,大革命广场若隐若现,它四周高楼林立,中央有个巨大的何塞·马蒂[1]纪念碑。我还在徒劳地搜寻着格瑞托。我的同学们则坐在他们父母的车里,向我挥手道别,脸上闪着幸福的光。

夜晚如此安静,我认真地考虑,为什么我的生活是这样?为什么我要花这么多时间在一件毫无前途的事情上?为什么没有人来看我的演出,没有人向我祝贺?为什么没有人带我去吃冰激凌,庆祝我的第一次演出?

我叹了口气,跳上了174路车的车尾,挂在车厢外。

车向圣卡塔利娜(Santa Catalina)和十月十日镇(Diez de Octubre)开去,我不介意挂在车外,并且还很享受,因为我喜欢让凉凉的风穿过我的头发。这时候,一个女人大声喊道:"女士们、先生们,往里面挤一点,有个孩子还在车外!"

所有人往里面挤了挤,给我留出了一点地方,我只好从车外移进车内。

---

[1] 何塞·胡利安·马蒂·佩雷兹(José Julián Martí Pérez),古巴诗人、民族英雄及思想家。——译者注

Chapter 5　未知的折磨

"你好吗,孩子?"一个女人主动跟我打招呼。

"谢谢你打扰了我的惬意。"我笑着想,但没有说出口。车里的闷热让我觉得身上都湿透了。

下车后,我沿着西斯内罗斯-贝当古大街(Cisneros Betancourt),向纳兰希托(Naranjito)走去。这是一个没有月亮的夜晚,路灯也坏了,洛斯皮诺斯被一片黑暗笼罩着。

我经过一个街角,五个漆黑的身影挡在我面前。

"嘿,蠢猪!"一个熟悉的声音突然出现。

我知道是谁。这不是第一次,也不会是最后一次。

"你们快看看,这是谁!"我的前舞伴欧皮托讥笑道。

"走开,我没有心情跟你们闹。"

我太了解他们的老把戏了,以前皮雄和东尼托也这样做过。

"哟,你们当心,天鹅生气了!"他试图激怒我。

"别玩了,欧皮托,我心情很糟。"

"亲爱的,你怎么了?是因为你妈妈吗?我听说她的头发都被剃光了,现在你有一个秃驴妈妈!"

我冲上前,发疯地朝他的膝盖踢过去。不过还没等我出脚,米利和秦山就一人一边,拉住我的两只手。欧皮托朝着我的眼睛挥了两拳:"放尊重点,你这只死同性恋!"

他们笑着跑开了。我几乎站不起来,视线变得模糊,扶着墙才勉强爬起来。我成了我们镇上的一块笑料,我注定了要做一名小丑。想到还躺在医院里的面无表情、形容枯槁的母亲,就像一朵被丢弃的玫瑰,我控制不住了,泪水从发胀的眼睛里一泻而下,痛得我直冒冷汗。

我像盲人一样,扶着墙摸索着往家走,被数个垃圾箱和几棵果树绊倒后,我撞到了父亲的大卡车。我终于到家了。

我告诉父亲是我自己摔倒了,但是他一点儿也不相信。他吼叫着,扬言要杀了欧皮托他们。姐姐们似乎更懂得怎么安慰人。她们在我眼睛上放了两个冰袋,然后告诉了我一个世界上最美妙的消息:妈妈下周可能就可以出院回家了。一瞬间,我什么痛都感觉不到了,因为妈妈要回来了!

Chapter 6

心中的恨

妈妈要回来了。这一天我们姐弟三人都没去上学,玛丽琳负责打扫卫生,贝尔塔则负责洗衣服,我把这个月政府发放的食物领了回来,并上上下下拎了好几桶清水,把水缸填得满满的。我们把房子打理得干净整洁来迎接母亲的回归,父亲则一早就去医院接妈妈了。一辆救护车停在了公寓楼下,街坊们都赶来围观,有的还在远处透着玻璃窗默默地关注。

我们在阳台上等待,医护人员支起担架,把母亲抬了出来。父亲接着也跳下车,帮医护们顶着厚重的门,反复地叮嘱他们要小心台阶。邻居拉莫娜看到了我母亲后,差点叫了出来,其他人也纷纷把头扭开。母亲像只柔弱的白鸽,她双目紧闭,脸色苍白,身体随着担架的移动而毫无控制力地晃动,无力的脑袋也左右摇摆,仿佛有意要让别人把她手术的伤口看个清楚。我们赶紧下去给担架开路。母亲睡着了,她安静得好像没有呼吸。父亲虽然眉头紧锁，但他的眼睛比几个礼拜前更亮一些。邻居们纷纷向我们竖起了大拇指，欧皮托坐在一墩破墙上，挑衅地对我上下扇动着手臂，暗指我是只娘娘腔的天鹅。我才不在乎呢，妈妈已经回来了。我直接关了大门，转身走进了房间。

母亲逐渐好转，脸上恢复了一些红润，头发也慢慢长了出来。她想要说话但是口齿不清，让我们无法理解，不过至少她现在认得我们了。我已经很开心很知足了，因为母亲仍在这里，还坚强地活着。

邻居玛尔塔白天替我们照顾妈妈，这样爸爸可以正常工作，我们也可以放心地去学校。玛尔塔是个慷慨、温柔、善良又热心的人。事实上，小镇上的人都这样，我们不仅喝喝朗姆酒、跳跳萨尔萨舞、玩玩多米诺，更重要的是在危机关头，大家总能伸出援手。当你悲伤沮丧时，总有人给你送上一句安慰、一些善举或者建议。德莉娅给我们送了些鸡蛋，凯尼亚送了些米饭，坎迪达则给我们送来了猪油。

事情逐渐步入正轨，我不安分的心又开始蠢蠢欲动了。尽管第一次在舞台上听到掌声让我很兴奋，但我还是割舍不下对足球的热情，我一定要找机会踢球。

一天早上，我像往常一样五点起了床，跳上了公车，但并不是去学校，而是到了阿图罗蒙托里学校（Arturo Montori School）足球队的体育场。清晨的天空镶着几颗残星，四周一片静谧，只有

Chapter 6　心中的根

我和足球。即使偶尔有几辆改装过的雪佛兰轰鸣而过，我也并不在意。氤氲晨雾，清凉沁脾，我独自沉浸在自己的世界里，想着平时的芭蕾，看着眼前的绿茵，我终于解脱了。今天不用上六个小时的法语课和钢琴课，也不用站在把杆前做无聊的机械性动作。虽然已经不可能实现足球梦，但至少还可以想象，没人能剥夺我幻想的权利。我找了一个角落坐下，靠在双肩包上，等待着黎明破晓。

我太累了，沉睡得像一只大象。当我醒来的时候，加勒比毒辣的太阳已经升上了天空。操场上有一群男孩在做比赛前的热身，一边跑一边跟着教练大喊口号。我站了起来，数了数，他们一共十四人，年纪和我相仿。教练大声地喊着：

"足球最重要的是什么？！"

"热身！"

"踢球前要做什么？！"

"热身！"

他们一边喊，一边活动手腕、脚腕、膝盖和腰。之后他们开始做俯卧撑。我也没闲着，在一旁跟着模仿。教练一下就看到了我，他好心地让我加入了训练，我心花怒放。

十分钟后，我们开始踢球，时间一晃就是一整个上午。到了中午，训练结束了。我多希望时间可以静止在这个上午。教练友好地对我说，欢迎随时加入。我大汗淋漓，满身泥浆，但是心情却异常的好。

现在怎么办？我不想去学校，更不能这么早就回家。我得编个翘课的理由。我决定跳上开往福尔图纳（La Fortuna）的公车，那里有一大片湖和大量果树，我打算过去好好洗个澡，再找一些食物填饱肚子，玩上个把小时，然后算好时间，按照和平时差不多的时间回家。

到了福尔图纳，翻过带刺的篱笆，我径直向树林深处走去。森林中的那片湖大约距离马路一英里[1]，位于精神病院和屠宰场中间。因为前两天的大雨，路面泥泞不堪，空气闷热潮湿，而且到处都是飞舞的小虫。饥肠辘辘之际，我发现了远处有几棵白柠果树。我不顾一切拨开杂草向前冲去，任凭泥浆溅到衣服上。我的唯一目标就是——吃！第一棵树上，有两个已经成熟了的大柠果正挂在树梢上等着我。我饿得连皮一起啃完，甚至连上面的小虫都没管。我至少吃了七只蚂蚁、三四条蜈蚣，不过无所谓，我不在意，我的胃也不在意，它反倒会感激我给它补充了蛋白质。

填饱肚子后，我开始紧张了。一想到几个小时后会发生的事情，顿时汗毛耸立。如果父亲知道了我今天的所作所为，我一定会被揍个稀巴烂。他不是用皮带打，就是用藏在床下用来自卫的大麻绳抽我，又或者是用他的撒手锏——大砍刀吓我。我一定要编个天衣无缝的谎言，否则我就是把自己送上断头台。

虽然被这些烦恼困扰着，但不妨碍我享受当下的快乐和自由。

---

1 一英里约一千六百米。——编者注

我不停地摘柠果，直到我的包塞不下为止。我要把最大的给妈妈，另一个给爸爸，剩下的全部拿去卖掉。这样我就有足够的钱看电影，而且貌似《酒窝女孩》(The Girl with the Dimples)还在上演。父亲已经很久没有给我零花钱了，不过这一次，我可以自给自足。

到了湖边，我把鞋和书包丢在一棵番荔枝树下，穿着校服跳进了水里，这样可以顺便洗衣服。湖里的水清凉甘甜，我幸福得像一条在水里潜泳的鱼，还可以看到湖底游曳的水草。左边不远处，一个渔夫正在打捞他的战利品，旁边的竹篮里一堆鲜活的淡水鱼不停地扑腾，在太阳的照射下，泛着粼粼的金光。另外一边，一名老者在他的小舟中怡然垂钓。四周树林荫翳，鸣声上下，碧空如洗，水平如镜，置身于这般田园风景中，我不知不觉地困了。我把身上的衣服搭在一丛灌木上，赤身躺在茸茸绿草上见了周公。

"你怎么回来这么早？"父亲阴沉沉地盯着我。

"我已经说了，我根本不想跳舞。"

"你没去上课，就是因为你不想？！"他的脸靠得更近了。

"就是这样，我明天还要加入足球俱乐部！"我斩钉截铁地说。

"足球，你再说足球，你这个小兔崽子！"父亲从身后抽出了一道银光，他的大砍刀透着冰冷的寒意无情地盯着我。好冷！

"不要啊，爸爸，不要啊！"

"让你不听话，我要剁了你的头！"

我猛然惊醒，还好是场梦。这才发现自己吓出了一身冷汗，心跳到了喉咙口。脸上还感觉凉凉的,我嗅到了一坨新鲜的鸟粪味。我不知道自己睡了多久,环顾四周,太阳已经下山了,这里只剩我一个人。我洗了把脸,穿上还没干透的校服,准备回家。

在西斯内罗斯-贝当古大街下了车,我惴惴不安地向纳兰希托走着。总觉得每一个转角都会看到父亲拿着他的大砍刀等着我,我小心翼翼地搜寻着父亲的身影。

"尤利,你怎么这么早就回来了?"

我下意识地缩起脖子,抱住了头。

"不要,不要打我!"我尖叫着。

"冷静点,孩子,没有人打你。"原来是邻居坎迪达。

我舒了一口气。

"你怎么没去学校?"

"我去了,只是……只是我们今天放学得早。"我自己都觉得这个听上去非常没有说服力。

"你看看,你怎么浑身都湿了?"

"嗯……因为我刚从巴士站一路跑了回来。"

"亚历克西斯和亚历山大他们呢?"

"我不知道……我没看到他们。"

"你赶着去哪儿吗?"

"不好意思,我有事先走了。"

她又想给我上一堂关于青年应该如何珍惜大革命赋予他历史使命的政治课。坎迪达一说起大革命的种种,便一发不可收。我不能跟她耗在那儿,因为父亲随时会回来。

我走上公寓的楼梯,大门敞开着,我蹑手蹑脚地走了进去,穿过客厅,走进卧室。贝尔塔在厨房做饭,玛丽琳在浴室。我悄悄地靠近母亲睡着的床,她突然醒了,惊奇地看着我,仿佛在说:"你怎么这么早回来?"

我从包里拿了一个杧果出来,然后亲了一下妈妈,贝尔塔突然在背后喊了我。

"尤利,你怎么在这儿?爸爸发现的话会杀了你的!——哦!杧果?给我一个,给我一个,我的好弟弟!"

玛丽琳听到了声音也跑了出来。"我也要杧果,我也要杧果!"

我紧紧地护住了我的书包:"不能给你们,这个给妈妈,剩下的我要卖掉!"

"尤利,别小气了!"

"不行,玛丽琳,我要卖了它们去看电影!"

"那我就去告诉爸爸,你没有去上学!"贝尔塔在敲诈我。

"我才不在乎,你要告就告吧,我就是不给!一个都……"

我刹住了车,我不会听错。父亲的大卡车的声音从楼下传来。十秒钟之后,会听到熄火的声音。

"哼,爸爸回来了,你等着瞧吧!"贝尔塔得意地说。

我开始发抖,姐姐们一副等着看好戏的表情。父亲的脚步声越来越近,接着是钥匙插进钥匙孔的声音——"咔嗒",我坚持不住了,从包里迅速拿了四个杧果。

"闭上你们的嘴，走吧。"

门开了。

"大家晚上好，你们在干吗呢？"父亲一眼就看到了我。

"我很好，就是今天放学早了些。"

"早了些？你是说两个小时吗？"

"钢琴老师生病了，所以我们最后一节课没上。"

"那你今天学了什么新本事？"

姐姐们都很紧张，不知道我要如何面对。

"嗯……我们……学了如何从五位做 Échappé[1]。"

"什么？"

"一个芭蕾的动作，看上去有点怪，从五位开始——"我一边说，一边指着脚做示范。

"那功课呢？"父亲打断了我。

"功课……"

犹豫毁了我，父亲看穿了我的谎言。

我们都屏住了呼吸，这个时候，母亲突然对父亲招了招手，示意他过去。

父亲走到母亲床边，母亲对他轻声耳语了几句后，父亲朝我走来。

我在等待一个奇迹。

---

[1] 芭蕾术语，是双脚跳跃的一种，原意为"逃开""脱离"。——译者注

Chapter 6　心中的根

他的手沉重地搭在我的肩上。

"去洗澡吧。"

姐姐们的下巴都要掉下来了。我以迅雷不及掩耳的速度离开了卧室。我感谢两个玛丽亚,一个是天上的圣母玛丽亚,一个是我的救世主——现在还卧在病床上的妈妈。

有了第一次逃课成功的经验,之后的几周,我开始故技重施。直到几个月后,一个周二的早晨,学校把父亲找去谈话。他被告知,我已经连续四周没有上课了,学校已经停了我的舞蹈课。我父亲坚持说,一定有什么地方弄错了,因为他每天早上五点喊我起床,看着我出门,或许是不是有另外一个学生叫卡洛斯。学校说,卡洛斯·朱尼尔·阿科斯塔·克萨达已经不是第一次逃课了,一定要找他谈话,否则我会被校方开除。

父亲听到之后,像煮开了的咖啡壶一样,气得七窍生烟。他向学校保证,这类事情不会再次发生。

与此同时,我在福尔图纳的湖边正享受着香甜可口的杧果。

下午,我回到纳兰希托,似乎有点早,父亲的卡车貌似还没有停在公寓外。我和朋友们在路边玩了会儿"四角"——一种街边棒球游戏。两个半小时后,我拿了书包,若无其事地回了家。刚要上楼,我的眼角警觉地瞥到了父亲的大卡车停在了公寓的另外一侧。我下意识地觉得出了什么问题。为什么今天他把车停在了另外一个地方?他是故意不让我发现吗?我在楼下玩的两个半小时,他都看着吗?他是怀疑我了吗?我紧张得汗流浃背。

我看到了父亲双手叉腰站在阳台上。他的脸因为愤怒而扭曲,脖子上青筋暴凸,鼻翼翕动,像一只等待冲锋的公牛。他指着我让我上楼,我无路可逃。

走上最后一级台阶,父亲一把钳住我的脖子,把我拖进公寓。

贝尔塔和玛丽琳一脸惊恐,母亲躺在床上什么也没说,父亲用力甩上了门,向我走来。

"坐下!"他命令道。

玛丽琳的眼睛睁得很大。

外面出奇的安静,静得连一根针掉下来都听得见。我听不到邻居的叫喊,听不到汽车的喇叭声,听不到凯尼亚的广播肥皂剧,唯听见胸腔里狂跳的心。

"你今天学了什么?!"

"我……学了……"

嘭!

我都不知道什么东西砸到我的头,只记得反应过来的时候,我在地上,脸上、头上火辣辣的痛。眼前几个模糊的身影,其中有一个人拿着大砍刀。

"晕,又做梦啦。"

但是之前的梦里,只有父亲一个人的身影,现在我隐约看到三个人。这个似曾相识的感觉难道不是在做梦?他们三个扭在一起挣扎,好像在跳非洲土著舞,不过又听不到鼓声,只看得到一把明晃晃的大刀。我眨了眨眼，试图说服自己这是一个梦。但是当我聚焦目光后，父亲拿着刀向我冲来，姐姐们一人一边正用力拉住他。

"尤利，快跑！快跑！"她们对我大叫。

母亲躺在床上，用悲哀的眼神看着我。

我没有多想，翻过阳台的栏杆，跳到了邻居拉克尔的屋顶上。我顺着墙滑到地上，随便找了一条巷子拔腿就跑，直到我确定父亲已经追不上了为止。他的声音依旧在我耳边回响："我要宰了你，你这个小兔崽子！"姐姐们则在尖叫："尤利，快跑，快跑！"

躲到哪里父亲才能找不到我呢？我想到了埃迪，以前在别哈林达跳舞认识的一个朋友。我向山上跑去，穿过卡车修理店、昆多的小卖部、天然山洞，一头钻进森林。一边跑一边想，我难道这辈子不能回家了吗，我再也见不到妈妈了吗？一颗九岁的心就要这样破碎了。拉着一根根树干，我终于爬上了山顶的蓄水池。我热得几乎要冒烟，真想跳进去洗个澡，不过现在不是时候，父亲一定会先到这里找我，我必须继续跑。穿过烟草种植地、牛群，我终于到了哈瓦那东南角上的别哈林达。

别哈林达是个不好不坏的区，埃迪的家住在一个小山坡上，我们就是常在那儿用垃圾箱封锁马路来练舞。埃迪二十三岁，也是个混血，他有着精致的五官和乌黑的眼睛。目前他和他的哥哥温贝托住在一起，其余的家人都在美国。埃迪时时刻刻想着去美国和他的家人团聚，实现他的"美国梦"。这也是为什么他一直练习霹雳舞的原因，毕竟美国是霹雳舞的发源地，所以他也总是找说英语的机会。

埃迪见到我高兴极了，因为他已经找了我几个月。他说在阿尔门达雷斯公园将有一场霹雳舞比赛，希望我可以加入他们的战队。我把家里发生的事情告诉了他，问他是否可以收留我，他欣然答应了，我也应允了他的要求，参加这个比赛。

躺在床上，我试图忘记今天发生的一切，但我的心就像身上的淤青一样痛。刚一入睡我就走进了可怕的噩梦：父亲手执砍刀追我，妈妈和姐姐害怕地哭，一起学芭蕾的同学也在笑我……

没一会儿，埃迪就把我摇醒了。

我们要去练舞了。一个叫拉洛的男孩在油毯上练习舞蹈技巧。他的"大风车"做得非常漂亮，双腿在空中分开，旋转速度快，控制力强。

"嘿，兄弟，最近怎么样？"我用从前的方式跟他们打招呼。

"还凑合，听说你去跳芭蕾了？"

"不过就是暂时……哥儿们，我们明天对抗谁？"

"阿尔塔·哈瓦那。"

"阿尔塔·哈瓦那？听说他们超厉害的。"

"对，你要对抗来自恩维的迈克尔。"

"不是吧，他很难对付啊。"

"你开玩笑吧，他对你来说不值一提。"

"我很久没有练了。"

"那你还等什么？来吧！"

拉洛把他练习的地方让了出来，把音乐开得更响。很久没有练习，我的许多动作都显得生疏。练习了太空步后，我让吉列尔莫给我递了块毛巾，把它垫在膝盖下，准备练习旋转。我蓄势发力，一下就失去了平衡，掉了下来。我又重新练习，逐渐地，我找回了昔日的感觉。曾经的"洛斯皮诺斯的摩洛人"又回来了。

"兄弟，你可以啊。"拉洛对我竖起了拇指。突然一个熟悉的声音在背后响起。

"看看，这不是阿莉西亚·阿隆索吗？"欧皮托来了。

"闭上你的臭嘴，否则要你好看！"我强力地回击。

"是啊是啊，就像上次一样。"

"我警告你，别招惹我，否则我会打爆你的头！"

"好了，别说了……我们现在要为比赛练习。如果你们要打架，就全部给我滚！"埃迪用浓重的带有美式口音的英文把我们拉开了。

"欧皮托，你赶紧热身，你要和'摩洛人'一块儿练。"

"不，我要自己跳。"欧皮托反对道。

"我让你跟谁跳就跟谁跳，否则你就给我滚！"

欧皮托看了看我，又看了看埃迪。我们虽然开始一起练习了，但是空气中仍凝聚着紧张。埃迪斜戴着棒球帽，嚼着塑胶，盯着我们的一举一动。跳着跳着，我们慢慢进入了状态，我们两个人也逐渐有了之前"合二为一"的感觉。有人说了个冷笑话，大家轻松了许多。这一天就结束了。

第二天早上十一点，阿尔门达雷斯人满为患。公园满眼是郁郁葱葱的绿，但空气中散发着河浜的臭气。阿尔塔·哈瓦那的那帮人已经开始练习了。他们看到我们出现就停了下来，领头的阿尔弗雷多，人称"飞轮哥"，走了过来。

"我以为你们吓得不敢来了呢。"他讥讽地对埃迪说。

"怕谁？怕你？你他妈的开什么玩笑！"

"等着瞧，我有小礼物要送你们。"

"我他妈的才不管，老子现在就要揍你。"埃迪用英语说。

"好了好了，说西班牙语。大家都不许吵了。"臭米奇突然出现，打断了他们。臭米奇住在劳顿区，他是我们这里公认的最厉害的舞者。他的身边跟着一群二十来岁的男孩，其中还有两个胖子。

"姑娘们，"臭米奇嘲笑着说，"我们是来比赛的，收起你们的亲亲抱抱吧。"

其中一个胖子，外号"水兵蛋子"，给他递了磁带，音乐声一响，人群沸腾了。大家把我们围在中间，等待着好戏上演。这些人看起来都有着发达的肌肉，他们每天都练上好几个小时的举重，随时等待着打架的机会，好展示他们过多的雄性激素。

埃迪的哥哥温贝托用他娴熟的机械舞开场，迎来了阵阵掌声。一个叫"咖啡壶"的男孩模仿了《灵魂列车》[1]中的一些步伐，然后用手支撑着，转了数圈"大风车"。拉洛看着埃迪，随时准备上

---

1 *Soul Train*，20世纪70年代美国的一档电视音乐舞蹈秀节目。——译者注

场。埃迪一个手势,拉洛随着音乐,跳到了大圈的中央,他表演起了他的特技:他的"大风车",完全不用手,直接用头支撑着整个身体,在空中飞快地旋转。人群中的欢呼声、掌声也随之越来越热烈。

飞轮哥眼看着有些失势,他示意迈克尔——我的对手上场。他用了《颤栗》[1]这张专辑里的舞步,模仿迈克尔·杰克逊经典的捂裆动作和太空步。全场再次掀起一个小高潮。

埃迪示意让我上场,我以查尔多舞开场,这是一种80年代流行的舞蹈,然后也模仿迈克尔·杰克逊的舞蹈。就在我尽情跳舞的时候,我看到埃迪用眼神示意我让欧皮托上,我退下了。欧皮托一上场就用头在地面上开始旋转。一,二,三,四,五,六,七!观众激动得跳了起来,有的甚至在地上打滚,他们已经不能自已了。八!九!欧皮托停了下来。人群爆炸了,他们把欧皮托抛向天空。飞轮哥静静地看着,眼里充满着嫉妒。埃迪非常高兴,他压了压我的肩膀,对我说:"干得漂亮!"

就在大家欢呼之际,人群中突然传出一阵痛苦的尖叫。所有人都静止了,一秒钟后人群向四处奔散。

"他往那儿跑了,抓住他!"臭米奇一边大喊,一边架着水兵蛋子,鲜红的血从他的胃部不住地往外流。一大群人追着飞轮哥,向远处跑去。以我九岁的身高,我看到的是无数条惊慌奔跑的腿

---

[1] *Thriller*,美国歌手迈克尔·约瑟夫·杰克逊(Michael Joseph Jackson)的第六张音乐专辑。——译者注

和交叉移动的人影。警车的鸣声越来越响。

"快,拉洛,拿了东西,我们赶紧走!条子来了!"埃迪喊着,带着我冲出了人群。

几乎每一次霹雳舞的比赛都以出麻烦告终:有人要赢,就有人必须得输。不过这里没有人输得起。

埃迪说我可以继续住在他家,不过想到父母,下午五点我还是回到了家。父亲在家,他一天都没有去上班,玛丽琳给我开了门,不过什么也没说。我走到客厅,看到了父亲,他的脸上没有恼怒,只有悲伤。他看起来非常失望,我瞬间觉得愧疚万分。我们谁都没有说话,我走到了母亲的房间。妈妈看到我,对我伸出了手,我扑到妈妈怀里,姐姐们也扑了过来,我们四个人抱在了一起。我好想大哭一场,然后跪在父亲的面前祈求他的原谅,但我就是放不下那个无聊的"架子"。

忽然听到了身后关门和引擎发动的声音,我连忙冲向阳台,只看到卡车尾卷起的一团尘土。我伤心地大哭,脑海中无法挥去父亲悲伤的神情。身后一只手搭上了我的肩,我回头,竟然发现母亲站在我身后。这是她住院后六个月来第一次站起来。我们四个又抱在一起哭出了声,不过这次的泪水有了另一番味道。

Chapter 7

一个囚犯

9月,我进入了舞蹈学校的二年级,文化课五年级。为了圆足球梦,我在跳舞和踢球间找到了一个平衡折中的方法:每个月翘课一周踢球,另外三周好好上课。当然,我也因此错过了许多排练,落下了不少功课。学校再三找父亲谈话,但是在每一顿暴打之后,我还是有规律地逃课。一边学习芭蕾,一边继续快乐地踢球。尽管我旷课无数,但是舞蹈的分数却出奇的高,这大概就是我还没有被校方开除的原因吧。

这一年的期末我们将迎来卡马圭(Camagüey)艺校汇演节,这是一个对艺术类院校非常重要的节日,许多芭蕾舞剧会如期上演。卢佩老师说,如果我保证参加每一次排练,就让我参加舞蹈《水手之梦》(*Dreams of Sailors*)的演出。我应声连连,因为借着这个机会,我可以去另外一个城市。所以我下定决心好好努力,暂时放下了福尔图纳那片森林中的湖。三个月以来,我每天都非常用功地学习芭蕾。大家看到我的转变都异常惊喜，校长甚至还在全校师生面前点名表扬我。

家里的一切也步入了正轨。妈妈能够流畅地说话了，还可以做一些不费体力的家务。她的恢复让整个公寓都亮了起来。姐姐玛丽琳交了个当地的男朋友，名叫霍埃尔。父亲在工作期间接到了学校的电话，当他知道了我飞跃般的进步，甚至被提名为模范学生时，他自豪极了。

不过，也有一个坏消息，我们今年换老师了，因为南希只带四年级。现在的老师是玛丽亚·卡里达和玛丽亚·伊莎贝尔。她们很不喜欢我，动辄就批评我。很多时候，我甚至都是被冤枉的，但是她们总是不分青红皂白地就把我拖进校长办公室。

除了卡马圭的演出，1月份我们还将在古巴最著名的大剧院——加西亚洛尔卡（García Lorca）有一场汇报演出。我们班要表演《玛祖卡》《小天使》（The Cherubs）等舞剧，而我又将和可爱的格瑞托搭档。不幸的是，格瑞托现在已经有了男朋友，他叫伊德里斯。我常常见到他们手牵手、肩并肩走在学校的长廊上，我很是嫉妒。不过同时，我也开始学会了跟班上一个名叫安娜·玛格丽特的女生调情。每当我在全校被当众表扬时，玛格丽特总是毫不掩饰地盯着我笑。有一次我鼓起勇气主动和她说话，脸都红到了脖子根，周围同学也在一旁起哄，我感觉自己是少年唐璜[1]。不

1　Don Juan，英国诗人拜伦笔下《唐璜》的主人公。他在书中是家喻户晓的人物，以英俊潇洒、风流倜傥著称，一生周旋于无数贵族妇女之间，在文学作品中多被用作"情圣"的代名词。——译者注

Chapter 7　一个囚犯

过没过多久,我就意识到了大家不是在笑我,而是在笑坐在我后面的伊斯雷尔。真是自作多情!

有一天,法语老师苏拉娅病了,我们提早放学,这也意味着我又可以和胡利奥一起玩"吃泥巴"的游戏。公车司机为了避开终点站拥挤的人群,提前三个街区就把大家都赶下了车。乘客们对着司机破口大骂,但是也无济于事,司机轻描淡写地挥了挥手后就潇洒地扬长而去。我的心情很好,哼着小曲,快到门口的时候,一只大黑猫从我面前窜过。它突然停下来,乌溜溜的眼睛盯着我,好像要跟我说点什么。我从不迷信,但是心里还是打了一个寒战。

一进家门,就看到玛丽琳在哭。

"怎么了?"我问。

"尤利,怎么办?爸爸出车祸了。"

"妈妈和贝尔塔呢?"

"她们都在里面,医生也来了,他说要给妈妈注射镇定剂,因为她的血压又上来了。"

"现在要怎么办?"

"我不知道,爸爸还在警察局。"

我走进卧室,那阵熟悉的恐惧感再次向我袭来。母亲看起来很不安,医生正准备给她注射。旁边还有一些邻居在帮忙,空气中又是那种令人厌烦的药水味。我背后的汗毛每一根都立起来了,这里就像一个小医院。我站在角落观察,母亲也没有发现我的存在。贝尔塔看到了我,她小声地告诉我别出声,以免母亲看到我又激动起来。

母亲打完镇定剂后很快就睡着了,但是我和姐姐们一直没有睡。大约凌晨三点钟,父亲终于回来了,他一脸疲倦,双眉紧锁,我们知道事情似乎不太妙。他的眼神不安地飘移闪烁,直到贝尔塔给他泡了一杯柠檬茶,他才断断续续地告诉我们事情的经过。

当时,父亲正在路口的转弯车道停着车,等待信号灯准备左转。绿灯一亮,父亲放下手刹,开始左转。就在这个时候,一辆摩托车从左边飞速地撞向了卡车的车身。车上的两个男人瞬间飞了出去,不过好在仅是一些轻微的擦伤,并无大碍。但一个女孩的裙子因为被轮子卡住,所以和摩托车一起冲进了卡车底盘,当场死亡。那两个男的当时酩酊大醉,根本不知道发生了什么,甚至都不知道自己的同伴已经丧生于车下。当他们意识到事情的严重性时,立刻做出无辜的神情,哭泣着喊着:"这不可能是真的,天啊,谁来帮帮我们?"他们的哀叫引来众多"圣人"的围观,父亲被戳戳点点,指责得体无完肤,然而他一句辩解也没有。在他驾驶的四十五年中,从来没有遇到车祸。他想生命是如此的脆弱,一瞬间决定了生死。现在躺在车下的这个女孩,一秒钟前是个健康的大活人,而现在是一具冰冷的尸体。父亲就站在路边,听着警笛一点点地靠近。一会儿,救护车也赶来,把死者送进了医院,而父亲则被送到了警局。

父亲故作轻松地向我们保证,这个事故不是他的过错,最多

Chapter 7　一个囚犯

罚罚款，不会有大事的。但是他嘴角似有似无的笑容一点说服力都没有。父亲不常笑，但是他一旦笑起来，总是满满地露出全部的牙齿。我们知道他在撒谎。

父亲筋疲力尽地倒在了床上，不一会儿我们就听到了他的鼾声。我也默默地爬上床，想起下午那只试图向我传达些什么的黑猫。我把脸埋在了枕头里，祈祷一切变得好起来。

一个月后，法庭审讯这个案件。尽管父亲作为过错最少的一方，但是仍然被判了两年的有期徒刑。另外两人作为主要责任承担方，却因为女孩的去世而赢得了法官的同情票：其中一人被罚一千比索，另外一人入狱一年。法庭上，法官并没有提到酒后驾驶，也没有提到死者朋友闯红灯的过错。只是因为这个案件中有一个人无辜地死了，总有一方要付出点什么给死者家属一个交代。显然，这个付出最多的任务落到了父亲这个无权无势的贫民身上。

父亲被送到了哈瓦那科比纳多东部监狱（Combinado del Este），那里关押的都是杀人犯、小偷之类的刑事类罪犯。父亲被关进了一个阴暗的小隔间。

其实我的父母早就离婚了，只不过因为经济条件的制约，我们还是住在一个屋檐下。父亲的这次入狱，更是硬生生地把他们两个分开了。母亲身体不好，我们都劝她不要去监狱探望，但是她却执意前往，所以我们一起坐上了开往科托罗区（Cotorro）的公车。母亲带了一大袋的食品，我们看着都眼红，但想到这是给狱中父亲的,便只能忍住。母亲一动不动,无神地看着窗外。

到了监狱,我们被领着带到了一个小房间。这是一个活人和死人并存的地方,同时充斥着欢快与悲伤。几个孩子无忧无虑地追逐着,一些男人面无表情地抽着烟。

父亲看到我们的一瞬间,他的眼睛亮了起来,他奔过来抱住我们。因为营养不良和失眠,他的眼睛下藏着深深的黑眼圈。他衣衫褴褛,好像这些衣服就是被设计用来羞辱监狱里的囚犯的。我们围着一张桌子坐了下来,好让父亲一边休息一边吃东西。父亲说,他进来的第一天就目睹了一名囚犯在用餐时,用小刀割开了自己的喉咙。自从那一晚,他就没有睡过一个安稳觉。

"天啊,太恐怖了!"母亲尖叫着,紧紧地攥住了我的手。

姐姐们瑟瑟发抖,我看到她们的手臂上都凸起了密密麻麻的鸡皮疙瘩。

我一边一字不落地听着父亲说话,一边观察着这个房间里其他的囚犯。就在父亲狼吞虎咽一般地消灭食物时,一个囚犯跟他打了个招呼。

"这是奥古斯托,"父亲跟我们说,"他是这里最老的犯人,他被判了无期徒刑。"

"什么是'无期徒刑'?"我好奇地问。

"意思是他终身都得待在监狱里。"

"那你是无期徒刑吗?"

"不不不,孩子,爸爸再过几个月就回去和你们团聚。"

Chapter 7　一个囚犯

　　父亲用他的大手压在我的头上，详细地跟妈妈解释要怎样摆放家里神像的贡品。

　　而我的目光追随着奥古斯托，移向了室外。他布满皱纹的脸缩成一团，支撑着他光溜溜的脑袋的是一个孱弱瘦小的身躯，整体看起来就像一个棒槌。他一摇一晃的脚步，无声息地敲打着生命的重鼓。他走到一堵墙边，享受着午后金色的阳光，他看起来似乎在发呆。在好奇心的驱使下，我借口去上厕所，跑到了室外。他独自一人看起来非常的凄凉，没有人给他送吃的，连一小杯咖啡也没有，阳光好像是他唯一的朋友。用父亲之后的话说，监狱就是一个你得学会忘记外面世界，并且学会沉默的地方。被关押了这么久，奥古斯托似乎学会了也习惯了这种无欲无求的状态。他转过头盯着我，表情冷得没有任何温度，感觉希望、信仰在他的心里早已灰飞烟灭。我打了一个寒战，冷到了骨子里。

　　"尤利，你在做什么？"

　　我意识到妈妈在喊我。

　　"我来了，马上就来。"

　　我回到了母亲身边，但是我永远不会忘记那个男人坐在墙边，四个小时一动不动虚无的神情。我们告别父亲的时候，他还坐在那个位置。夜幕降临，似乎连阳光也要抛弃这个一无所有的男人。

　　自从那一天探视回来，我就噩梦连连。我梦到父亲带着跟奥古斯托一样的神情坐在墙角边，当我靠近他的时候，他猛然回头，用寒冰一样的眼神盯着我。我又会梦到父亲的卡车坠落悬崖，我的两个姐姐被困在车上。每天早晨我都是肿着眼睛从梦中哭醒，但我坚守着我对卢佩的承诺，每天去上课，参加排练。我不想失信于她，至少现在不想，因为在加西亚洛尔卡大剧院的演出指日可待。

我尽管很努力地学习，但是伊莎贝尔总是找机会嘲笑我。

"你看起来真脏，你身上臭得让人恶心。"她当着全班指着我说。同学哄堂大笑，仿佛听到了一个世界上最好笑的笑话。

我向她解释，因为母亲没有体力天天给我们姐弟洗衣服。但是她却咄咄逼人，尖声质问我们家里是不是没有肥皂或者洗衣粉。我羞耻地低下了头，努力猜想我究竟做了什么冒犯了她。不管了，我决定再次逃课。

即使在演出的当天，我也不愿意去学校。我对母亲说，学校放假一天。可怜的她对我的谎言深信不疑。我迷迷糊糊地躺在床上睡了一整天，母亲在家里洒水，打扫卫生。晚上六点我才起床，穿上一条破了的短裤，赤着脚光着上身就跑了出去，妈妈在身后大声警告，必须待在她看得到我的地方。

胡利奥在一个角落独自玩着"吃泥巴"。这个游戏需要你拿着一根细木棒，然后像投掷飞镖一样，让它垂直扎进泥土里。这个游戏可以随意增加难度，比如从不同的高度投掷——从膝盖到头顶，或者可以加空中旋转。输的人就要把一团泥土放在嘴里嚼两下。虽然我常常是输家，但这仍是我最喜欢的游戏。我经常会不小心咽下一些泥巴，但幸运的是，我竟然从来没长过寄生虫。

Chapter 7　一个囚犯

那个晚上，我和胡利奥进行到攸关胜利的一刻时，我突然发现他试图作弊。

"停！"胡利奥喊着。

"你输了，它没有卡在土里！"我大喊。

"是在土里站着，你看你看呀！"胡利奥急着辩解。

"我知道你的小花招，你看它已经倒了。"

"才不是呢，我没有作弊！"

轮到我了，我仔细地用手指掂量了小木条的重心，然后瞄准，朝土里一扔。它稳稳地扎进了土里。胡利奥挑不出一点刺，因为每次小木条都垂直地扎进土里。我继续从不同的高度投掷，每一次都非常成功，看样子今天有幸运之神的眷顾。

"等着吃泥土吧，胡利奥！"一，二，三，我投出最后一支。

漂亮，它稳稳地站住了。

"这个不算，你耍诈，我不跟你玩了！"胡利奥总是输不起。

"你在说什么呢？愿赌服输，你吃你的泥巴吧！"

"不吃不吃，我就不吃！"

"你输了，你一定得吃！"

"就不吃，看你能把我怎样！"

"好呀，你看着吧！"

我抓起一把泥向他脸上按去，他抓了更大的一坨涂在我额头上。我骑到他的身上，我们抱着打成一团，我好不容易把他按到了地上，这个时候一辆车停在我的身边。

我感觉到有人在拉我的手臂。

"放开他,放开他,朱尼尔,你快放开他!"

我困惑了,这里大家都喊我尤利,一些小伙伴称我"摩洛人",却从来没有人叫我朱尼尔。

我一回头,没等我反应,一个强壮的男人就把我扔进了车。

"快快快,开车!"

天啊,是我的老师西尔维娅和一个司机。

"赶紧,赶紧,否则我们就来不及了!"西尔维娅催司机加快速度,然后转向了我。

"卡洛斯·朱尼尔,你怎么能不参加学校这么重要的演出?"

我结结巴巴地说:"对不起,我……我忘了……"

"演出现在暂停了,因为演《玛祖卡》的人竟然还不齐。你这样做对吗?看看你自己,怎么把自己弄得跟乞丐一样?"

我低头看了看自己,浑身上下全是泥巴。

司机逐渐加大油门,车颠簸着跃过路上的坑坑洼洼,好像是在运牛羊,而不是人类。在后座,我被夹在西尔维娅和另外一个老师中间。她们对我充满了好奇。

"你为什么和那个男孩打架?"

"哦,因为他不肯吃泥巴。"我非常的无辜。

"这不是打架的理由……当然啦,他肯定不愿意吃泥巴。谁会想吃那种东西?"

我没有说话。显然她们对"吃泥巴"一无所知。我和我的小

Chapter 7　一个囚犯

伙伴都喜欢玩这个游戏，并且最期待的就是看着自己的对手在输了之后吃泥巴的样子。

我们到了后台，几个老师快速地帮我掸去身上的泥土。

"上帝啊，你去了哪里？猪圈吗？你怎么浑身都是泥巴？我们要怎么给你清理呢？你真是一个捣蛋鬼啊！"

她们一边说，一边帮我抹去脸上和腿上的泥，另一个给我化妆，还有一个帮我穿衣服。她们的动作如此迅速，让我觉得自己貌似一个被操纵的木偶人。

"伸手，这里……"

"抬下巴，别动……"

我按照她们的指示配合着，换装完毕，她们一脚把我踢出了更衣室。走廊里站满了学生，他们上上下下地打量我，好像我是火星人。我就要上场了，已经听到了《玛祖卡》的音乐，这时候一个人小声地在我后面说："鞋，你的鞋，你忘记穿鞋啦！"

我闪电一般穿上鞋。

"快一点，我们要来不及了！"格瑞托也在焦急地催我。

我的心跳开始加速，马上就要轮到我上场了。

一二三，二二三……我赶上了节奏。

呼——成功了。我在台上挂着虚假的微笑，按照排练时的模糊记忆，竟然跳对了所有步伐，集体变换的几何队形我也一个没错。格瑞托对我莞尔一笑，显然她很满意我们的这次合作。

演出结束后，我独自躲在后台的一个角落里，全身只剩下那条破烂的短裤。我沿着墙壁走,别人看见我像看到老鼠一样躲开。听到最多的是"他好臭""真是脏""真是我们学校的耻辱"。

是的,他们说得对。我确实是学校的耻辱。我的生命,我的世界,全是一团糟。1973年6月2日,一个可悲的男孩注定要来到洛斯皮诺斯一个贫困的家庭。一个头脑不清楚、爱吃泥巴、会跳霹雳舞的傻子,听从了一个病恹恹的母亲和一个还在吃牢饭的父亲的决定,异想天开不顾众人的反对要去学习芭蕾。这个也许就是我注定的命运吧。

最后因为我持续的逃课,乌利塞斯取代了我在卡马圭艺术节上的演出。尽管卢佩也尽全力替我争取,但是大家都怕我在演出当天放鸽子,所以我和卡马圭的演出失之交臂。最后我们学校摘得了比赛的大多数奖牌,卢佩的《水手之梦》也备受好评。

在家里,我们达成了某种共识:因为不想让父亲生气担心,我逃课的事实全家对他只字不提。上个月父亲刚从科比纳多东部监狱转到了劳改营,一个月挣七十比索以贴补家用。这些钱对我们的生活是杯水车薪,我们依然得节衣缩食。我再也没去过电影院,零花钱只有一个用处,就是往返学校的公车费。我只有一条裤子,如今已经小得让我走路都困难,但还是得继续穿。母亲卖了我们的缝纫机,姐姐变卖每个月政府发放的肥皂和咖啡,来和农民交换食物。

1984年9月,我应该读舞蹈学校的三年级,但是因为我九岁

Chapter 7 一个囚犯

入校，比同龄人早上学一年，加上上一年逃课次数太多，校方决定让我重读二年级，也正好进入正确的年龄组：十一岁，芭蕾二年级，文化课六年级。

父亲不在，没有人给我压力，我的逃课也愈演愈烈。每次去监狱探望父亲的时候，我就跟他说，老师对我很满意，我们在卡马圭的演出获得了很多奖牌，我很喜欢那个城市。

我的谎言非常奏效，每次父亲听到这些都非常开心。于是我开始编造不同的故事，让他相信我在学校的表现是多么的令人满意。

然而事实上，母亲已经被校方多次传召参加纪律听证会。母亲试图为我辩解，我们家住得很远，让一个十一岁的孩子每天早起赶多趟公车不是一件容易的事情。她还有两个女儿，同时管住三个孩子确实有点困难。当母亲提到父亲的遭遇时，她总是伤心欲绝，于是学校一再给我机会。我会乖乖上学一段时间，然后继续故技重施。接着母亲再被学校传召，这样进入了一个周而复始的死循环。

在学校，我的名字成了坏小孩的代名词。班上同学开始叫我"灾难鬼朱尼尔"，我讨厌这个名字。但是我越用逃课来躲开这个绰号，我的名声就越糟糕。芭蕾课的钢琴老师玛丽亚·多洛雷斯实在看不下去，她决定周末的时候把我带回她的家。她的儿子伊斯雷尔是我们班上个子最高的，他把很多穿不下的衣服给了我。我的人生第一次穿上了没有破洞的裤子、滑溜溜的衬衫和彩色的背心。更棒的是，我第一次尝到了口香糖的味道。当我向姐姐描述口香糖的时候，她们充满了羡慕。

"口香糖超级柔软，跟塑胶一点也不一样。"我试着解释嚼口香糖的感觉，她们都无法理解，直到有一天，多洛雷斯多给了我一条，我留给了姐姐们。

"嗯，真的跟塑胶一点也不一样。"

到了期末考试的时候，我不幸得了腮腺炎，所以我的缺席变得名正言顺。要不是南希老师知道了我生病的情况，每个周末专门跑到洛斯皮诺斯给我补课，我一定无法毕业。多亏了她，我的考试勉强及格。1985年6月我迎来了十二岁的生日，9月新的学年又开始了，我将进入舞校三年级，文化课七年级。在这一年，卡洛斯·朱尼尔的逃课变得一发不可收。

班上同学对我的嫌弃溢于言表，我听到一个女生悄悄地对她朋友说："离他远点，我妈妈说，'近朱者赤，近墨者黑'。"

同学看我像看怪物一样，我越发觉得孤独、郁闷，逃课的次数也越来越多。但是每次看望父亲的时候，我还是会说，我被老师选为了小组长。

"真不愧是我的儿子，我的儿子就该这样！"父亲骄傲地说，他站了起来，手掌用力地拍了一下桌子。

"昨晚我做了一个神奇的梦，"父亲继续说道，"梦见你在外国一个大剧院里演出，突然一只蟋蟀跳到了你的肩膀上。"

母亲的眼睛睁得像核桃那么大，我们也对父亲的话大惑不解。

"你们不明白吗？蟋蟀代表着好运。这意味着你一定会出人头地。"父亲郑重地宣布。

空气中一片沉寂。我看了看姐姐，又看了看父亲，显然父亲因为我的谎言产生了不切实际的幻想。我似乎只擅长逃课、说谎。父亲要是发现了我的谎言，我一定会被撕成碎片。这一天剩下的时间我都在思考，我是怎么一步步陷入这个泥潭，无法自拔的。世界上没有后悔药，我也不可能让时间倒流。

我十三岁的生日过后没几天，父亲就被释放了。然而就在父亲被释放的第二天，学校又发来了传召令，要父母和我一起出席讨论我的情况。父亲心情非常好，母亲很慌张，我惊恐万分。

学校开会的目的只有一个，就是告知我们：卡洛斯·朱尼尔·阿科斯塔·克萨达没有通过这一年的期末考试，将被学校开除。

"什么？"父亲跳了起来，鼻翼翕动。

老师们不疾不徐地细数了我的所有"罪状"：我是全校逃课最多的学生，所以学校也不得不撤去我参加演出的机会；我不仅没有参加芭蕾考试，连文化课的考试也没参加。

"玛丽亚，怎么回事？！"

母亲没有敢看父亲。我也低着头，没有半点抬头的勇气。

"怎么可能？他跟我说，他参加了卡马圭艺术节，他还说他非常喜欢那个城市！"父亲极力辩解。

"看起来你真的很会编故事啊，卡洛斯！"其中一个老师笑着说。

我的眼睛始终没有离开地面。

我们离开了。父亲一把夹住我,飞快地往家赶;母亲一边小跑步跟着,一边替我向父亲求情。

虽然现在时过境迁,但是那一晚仍然是不堪回首。没有人阻止得了父亲的暴怒,我被打得奄奄一息。用姐姐的话来说,只看到我的身体在床上被打得弹上弹下。

第二天,父亲一早就出去买了水果和糖果,摆在他的神像面前。他又摆放了一些鲜花,然后开始默默念叨。整整两个星期,他几乎不吃不喝,每天只做这一件事。

"佩德罗,来吃点东西吧。别拜了,你看上去太虚弱了。"母亲劝父亲吃饭,但是父亲似乎完全听不到。

父亲不仅在白天周而复始地进行着同一个祈祷仪式,他在晚上也展开了另一种新仪式——用沙球、海螺和椰子壳撞击地板。邻居虽然很郁闷,但是敢怒不敢言,因为父亲的火暴脾气是当地出了名的。

几周后的一天,父亲把我喊到了他的面前问我:"你为什么要逃课?"

"学习芭蕾,没有半点幸福可言。"我坦诚地回答。

"幸福?你对幸福一无所知!"他吼起来,"你听好了,幸福是一种突然降临的感觉,没有人知道它什么时候会出现。口头上说自己幸福的人,其实一点都不幸福。我一生中只体会过一次幸福,仅有一次,那是在……"

父亲盯着我,突然又转移了眼神。

"唉,也许现在还不是告诉你的时候。我能说的是,幸福是过程,而不是终点。"

不知道为什么,我哭了。但父亲仍然面无表情,像一只公牛。

"别忘了我说的话。"说完他就朝神像走去,把我一个人留在了阳台。

两天之后,学校给父亲打了电话,说因为今年考试不及格的人数太多,区教育部长决定让学生重考其中的几门课。父亲回到家把这个消息告诉我时欣喜若狂。他从拉帕尔马(La Palma)买了两只大公鸡,把鸡血洒在了神像前的铁碗里,并用朗姆酒祭拜。接着他砸碎了一个硕大无比的椰子,还不断把嘴里的烟吹到我们脸上。父亲兴奋地庆祝了一个晚上,他用数把铁勺用力地敲击地板。那一夜,整栋楼没有人睡得着,我们就更不可能了,因为奇迹出现了。

Chapter 8

比那尔德里奥

我没有放弃上天给我的第二次机会，不仅不逃课，而且在学习上也铆足了劲儿，期末考全部顺利过关。但尽管如此，学校还是觉得我是一块朽木，想尽办法开除我，最终他们决定把我转到省内的寄宿学校。

"我们已经和圣克拉拉（Santa Clara）的艺术职业学校谈过了，他们可以接受朱尼尔的转学。"校长严肃冷酷地对我们说。

父亲再一次道了歉。从学校回来，他非但没有打我，相反地，他决定亲自陪我去圣克拉拉走一趟。

开学的前一天，父亲带着我坐了六七个小时的长途大巴，终于在周日的凌晨一点到了长途汽车总站。一位热心肠的绅士告诉我们学校在五千米外，靠近拉密涅瓦水坝的地方。等我们走到了学校，才发现那位先生帮了倒忙。我们要去的是艺术职业学校，而不是艺术教师进修学校，但为时已晚，我们只好找了一个便宜的小旅馆歇脚。

第二天上午,我们终于找对了学校。在校长室里,我们见到了一个中等身材、神情傲慢的中年女人。

"你好,女士。"父亲很有礼貌地主动打招呼。

"你好,有什么可以帮你们的吗?"

"我是卡洛斯·阿科斯塔的父亲,我们从哈瓦那转学过来。这里是他的成绩单和其他转校文件。"

"转校?什么转校?"

"从阿莱霍·卡彭铁尔舞蹈学校转来的。"

"我没有听过有谁要转来。"

"可是,那里的学校说你们同意接收我的儿子。"

"你儿子叫什么名字?"

"卡洛斯·朱尼尔·阿科斯塔·克萨达。"

"这是我第一次听到这个名字。"

"他要读芭蕾四年级。"

"抱歉,我们这里根本就没有四年级的男班,男班只有三年级和五年级,目前四年级只有女班,所以根本不可能有转校生。唯一接收四年级男班的学校只有一个,就是比那尔德里奥的艺术职业学校。"

"但是学校说,你们可以……"

"抱歉。"校长打断了父亲的话。

回车站的路上,我暗暗高兴,想象着自己凯旋的景象。我头戴王冠，身披圣剑，洛斯皮诺斯的臣民夹道欢迎，高声呼喊：

"看到那个充满自信的男孩了吗？他是我们中的一员，他是我们的摩洛人！"

但幸福是短暂的，我不忍心看到父亲一副被打败了的神情，他看起来很没有精神。我们到车站的时候，当天已经没有回哈瓦那的车了，我们只能在公车站的一个长凳上躺着将就一晚。父亲一言不发，坐着靠在墙上思考。没过多久，他的头耷拉下来，父亲睡着了。他的眼珠快速地在眼皮下转动，仿佛正在经历一场噩梦。过了一会儿，我的眼皮也慢慢变得沉重，直到被小贩的嘈杂声吵醒才再次睁开。天刚蒙蒙亮，但街上已经车水马龙。我和父亲坐着一辆破旧的送牛奶的火车回到了哈瓦那。

"舞蹈学校一定是在骗我们！"母亲看到我和父亲一起回来非常惊讶，生气地说道。

"我们要去另一个学校试试。"父亲说。

"我们要先去学校问个清楚，他们不能这样对我们……"

"玛丽亚，我们现在已经没时间了，这边的学校暂时先不管了。"

"怎么能算了呢？你们在旅店住一晚，第二天又像流浪的吉卜赛人一样在公车站过夜！还有，这两天往返的车票几乎花光了我们一个月的积蓄！如果学校要开除他，也应该当着我们的面直说，而不应该编造这样的理由浪费我们的时间！"母亲非常生气。

"冷静，玛丽亚，我们要冷静，生气对你的身体不好。过去的事情就让它过去，明天又是新的一天。"这一次父亲出奇地镇定。

第二天早上四点，父亲就把半睡半醒的我带上了一辆大巴。经过四个小时的颠簸，我们终于到了比那尔德里奥的艺术职业学校。父亲诚恳地请求校长收留我：

"女士，请看他的成绩单，芭蕾课分数很高，剧目排练的分数也很高。请你看一眼他的文件吧！他之所以被开除，是因为他年纪小，不懂事。"

我从来没有见过父亲求人，这让我觉得很不好意思。校长同情地看着他，但是也没有马上答应接收我。最后学校说需要时间考虑，让我们先回家。一周之后，我们就接到了好消息，这个学校愿意接收我，但是我必须先通过一个月的试读期。

父亲紧紧地抓住了我的手，用威胁的眼神看着我，似乎在跟我说：你要想活命，就给我好好读书。

我一点也不习惯住在比那尔德里奥，这里离家非常远。平时住校，我至少还有同学的陪伴，他们总是慷慨地和我分享他们父母每周三下午送来的小零食。而周末，我只能住在我同父异母的哥哥佩德罗家，家里还有他的母亲玛丽亚和女友内娜。我睡在客厅硬梆梆的地板上，到处都是蟑螂和蚊子。屋外二十米处有一条蜿蜒的小河，周围是一片芋头庄稼地。我总幻想着躺在河边柔软的青草地上，看着杏黄色的满月将银雾般的月光洒向宁静的大地。不过，河里散发着的臭气一瞬间就会把我从幻想传送回现实。客厅的顶角有些潮湿，一旦下雨，我睡觉的地方就会有水滴下来。

正值青春期的我,只能寄人篱下,这让我越发想念自己的家,想念父母。只有一种情况我能见到我的父母,就是教小号的老师给我塞点回家的路费,但是这种机会毕竟很少。一到周末,我就非常孤单。我习惯一个人坐在屋外的墙上,仰望着天空的繁星,用它们拼凑一张张人脸,以此来想念我的父母。

学校位于比那尔德里奥的市郊。三栋教学大楼围成一个巨大的环形,每栋大楼之间都有楼梯连接,通向音乐、视觉艺术和芭蕾的各个教室。就是在这里,我第一次品尝了爱情和友谊的滋味,也让曾经的男孩变成了今天的我。

也是在这里,我发现了我对芭蕾的热情与执着。

有一天,学校组织我们去雷亚尔街(Real Street)的塞登大剧院(Saidén Theatre)观看古巴国家芭蕾舞团的演出。我很不情愿,因为我想留在学校看哈瓦那工业队的棒球比赛,对手是比那尔德里奥的雪茄种植者队。学校里的其他同学也更愿意看球赛,只不过他们支持的是雪茄种植者队。我拖着脚步,跟其他人一起去了大剧院,还坐在第三排一个不怎么舒服的座位,就在老师胡安·卡洛斯的旁边。

我和我的同学罗赫略小声地讨论今年谁会赢。他的偶像是拉萨罗·巴尔加斯,每次我们在操场上打棒球,他总是模仿拉萨罗得分时的招牌动作。

幕布拉开的时候我们才闭上了嘴。舞剧的节奏好慢,老师看了一定会说"太有教育意义了";芭蕾评论家则会惊叹,这真是

Chapter 8　比那尔德里奥

"芭蕾舞剧中的一块瑰宝";而我觉得,这是"一堆垃圾"。

我默默地算着时间,现在差不多进入比赛第三局了,雪茄种植者队之前领先,不过如果他们输了,那我们工业队将离冠军不远了。这不仅仅是一场比那尔德里奥和哈瓦那的棒球比赛,更是一场名誉攸关之战。作为一个哈瓦那人,我一定期望我们赢。但是我心里却清楚得很,今天不管谁赢,我都会成为一个失败者。如果我们工业队赢了,同学们会拿我出气;如果雪茄种植者队赢了,三百个人会一起对我大喊:"哈哈哈,哈瓦那输了,你们哈瓦那人永远赢不了我们,因为我们就是比你们强!"然后推倒我,把我的蓝领巾扯下来扔到其他地方。一想到这个进退两难的局面,我就头昏脑涨。

我决定看一会儿芭蕾,舞台上的女演员轻盈地跳跃在氤氲虚幻的舞台上,一时间我忘记了工业队。突然,一名男演员从侧幕飞跃而出,他几乎在空中停滞了整整一秒钟。

天啊!他怎么做到的,他怎么停在空中的?!

场下掌声雷动,我仔细观察,觉得他一定背后挂着一条看不见的线。他再次跳跃,看起来还是那么的轻松,不费吹灰之力,他甚至都没有流汗。音乐节奏飞快,但他依旧保持着轻松自信的笑容。

一瞬间我感觉自己穿越了,仿佛变成了舞台上的他,凌空一跃,十秒钟之后才稳稳地落地。

我醍醐灌顶一般,突然明白了父亲一直以来对我的严厉,父亲是希望我可以像舞台上的他一样成为一名出色的舞者。想到这里，一种莫明的羞愧感让我悔恨莫及：我为什么要逃课让父亲生气，为什么浪费家里的钱莫名其妙跑了一趟圣克拉拉，为什么让父亲在公交站的长椅上躺了一夜……悔恨的同时，我也有一丝欣慰，毕竟我得到了上帝给我的第二次机会，我一定要抓住它。

当我们回到学校，比赛结果已经出来了。经过加时赛，工业队以 1∶2 败给了雪茄种植者队。

"哈！哈！哈！你们输了！哈哈哈，黄色哈瓦那，黄色哈瓦那，你们是一坨黄色的屎！"班上的同学都在嘲笑我，他们拉着我的蓝领巾，庆祝雪茄种植者队的胜利。我并没有反击，只是微笑地看着他们，心里想着刚才的舞剧。我暗暗发誓，总有一天我要成为那样的舞者，我要像阿尔韦托·特雷罗[1]一样跳跃！

我仿佛听到了内心深处传来的振奋人心的号角声。我不在乎工业队的成败和同学们的讥讽，也不在乎佩德罗家时不时漏水的屋顶、满地乱爬的蟑螂和打不完的蚊子，更不在乎我时时刻刻忍受的寂寞。我现在清楚地知道了我的使命——成为像阿尔韦托·特雷罗的舞者！

自从那一天起，我将全部精力放在舞蹈上。我发疯一样地跳舞，像海绵一样饥渴地吸收我听到的所有建议。我以前习惯在午饭后休息，但是我现在必须抓紧分分秒秒，我要让我的肌肉变得更强壮。我曾经觉得胡安老师，这个橄榄色皮肤、身材瘦高、拥

1　那位男舞者的名字。——编者注

有着安达卢西亚人的眼睛的人,就像个无情的监工头,而学生就是他的奴隶。如今我才发现,他是一位多么优秀的老师。他曾是卡马圭芭蕾舞团的演员,但是由于多年的舞蹈训练让他膝盖旧伤复发,他不得不离开自己钟爱的舞台,并选择当老师。虽然有些不舍和不情愿,但是他的付出很快得到了业界的一致认可。

与此同时,我还有了另外一个目标。
奥尔加。
第一次见到她是我刚入校后不久的一个下午,那时候我十三岁。她安静地靠在校园里的一堵墙边,聚精会神地读着一本青少年诗歌集。入校的第一周,我很少主动和别人说话,生怕惹出什么事端,更怕被贴上"麻烦精"的标签。但是这一次,我的脚却不听使唤地走到了她的身边,假装不经意地挨着她坐下。她饶有兴趣地问我住在哪儿,我只说了三个字——哈瓦那。这个无趣的回答让我无地自容。我只能假装漫不经心地看着学校栅栏外破旧的木屋,浅咖啡色的椰子树,绿油油的橘子树和簇拥的芙蓉花。她又问我喜欢这个学校吗,我一转头正好遇上了她的目光,瞬间愣住。天啊,她的明眸犹如桃木,双唇饱满,鲜嫩欲滴。一阵微风拂面,树林发出沙沙的声响,这一切仿佛一股温柔的浪拍动了我的心弦。我彻底沦陷了。

她的眼睛像有咒语一般,我语无伦次地呢喃。
"什么?"她问我。

"嗯，什么什么？哦，你问我是不是喜欢这个学校？哦，喜——喜——喜欢。哦，太棒了，椰子树，芙蓉花，阳光。"我不知道我在说什么。

她温柔地看着我笑，又问了我其他一些问题。我不是耸肩，就是摇头或点头。我似乎突然丧失了语言能力，舌头打成了一个结，发不出任何声音。

爱情，我在歌里听到过，在书中看到过，甚至在朋友的聚会上，我也对一个女孩说过"我爱你"，但我其实并不知道什么是爱。不过遇到奥尔加的那一刻，我一下子就明白了。

我总是想着她的一颦一笑，经常想得睡不着，只要我一闭上眼睛，脑海里全是她的影子。我希望时时刻刻都可以在她的身边。

我开始悄悄地关注她，她喜欢罗伯托·卡洛斯[1]的歌，喜欢跳跳萨尔萨舞。她的大腿浑圆结实，充满诱惑，喜欢被人触摸。她的男友是爱德华多，她曾在三楼音乐系的走廊上亲吻威廉，她常和罗斯卡、莫利纳在校园调情。尽管我知道我们之间的爱情——确切地说是我的单恋——不过是我的一厢情愿罢了，但我还是飞蛾扑火一般，无可救药地爱上了她。我想占有她。

我像着了魔一样，无论怎么挣扎，都逃不出爱情的魔爪。尽管清楚地知道我只是她众多玩具中的一员，并且常常被遗忘在角落，但我就是不甘心，我一定要争取我年少青涩的爱情。

---

[1] Roberto Carlos，巴西歌手兼创作者，被誉为"拉丁音乐之王"。——编者注

有一天，我给她准备了一首我自创的小诗和一朵红玫瑰，她非常喜欢。我兴奋不已，感觉自己在她心目中上升了好几个等级。我们手牵手在学校里徜徉，一直到太阳从西边悄悄地藏进了椰子林。

我吻上了她柔软的嘴唇，但是我一点经验都没有。奥尔加耐心地教我去感受她的舌头和双唇，我亲吻着她，感受到她的双腿温暖有力。我的手在她身上游走，顺势和她在草坪上躺下，我已不能自已。缠绵过后，一阵凉风抑制住了我炽热的身体。奥尔加对我耳语，她说一会儿回来。她看着我时，眼睛就像月光下的湖水。

半个小时后，奥尔加还没回来。我到处找她，结果在音乐系的教室里目睹了她和爱德华多的深吻。她和爱德华多做了我们半个小时前一模一样的事情。我想要上前把那个男人从三楼的窗口扔出去，然后一拳揍上他的脸，但是我没有，只是低着头默默地离开了。爱情，刚刚让我尝了一点甜头，现在却让我怒不可遏。

第二天是周六，我又回到了同父异母的哥哥佩德罗的家里。晚上，一轮苍白的月亮孤独地挂上天幕，我还是无法忘记奥尔加对我的背叛。我努力忘记发生的一切，和邻居聊起了管弦乐。著名的管弦乐团 Revé 正负盛名，他们演奏的 Changüí[1] 总是在每个电台的正点循环播放。远处的黑暗中，佩德罗蹒跚地向我们靠近，我知道他又喝醉了。他的影子在月光的投射下像一个无头怪。我

---

1 Changüí，一种古巴的传统音乐。——译者注

把他扶进屋,来不及再说什么,一阵尖叫咒骂和一堆碎盘子就飞了过来,我赶紧躲开。对佩德罗和他女友内娜吵架,我已经司空见惯。我站得远远的,不想被卷入。

吵架声渐渐平息了,佩德罗的母亲一脸倦容地找到我。

"尤利,拿上蚊帐和草席,去另一间屋子睡吧。"

另一间屋子其实就是一个快要散架的窝棚,一到阴雨天,屋里下的雨反而比外面大。更恶心的是,它就在河边,所以屋内充斥着化粪池的味道。房子的屋顶是用海鸟粪建造的,地上也很脏。整间屋子似乎是谁一时心血来潮却又中途放弃的半成品。我已经不是第一次住进这里了,所以我清楚地知道今夜注定失眠。

与此同时,他们房子里的争吵声又开始了。内娜歇斯底里般的吼叫我听得清清楚楚,之后我听到一串沉重的脚步声。我看到佩德罗走出房子,无力地靠在墙边。

"你还好吗?"我试探着问。

"那个女人简直不可理喻。"

"滚吧,你这条醉狗,滚得越远越好!你让她给你洗衣、熨烫,你看看她愿不愿意!"内娜气得声音都发抖。几秒钟后她开始啜泣,听上去她似乎快要死了。

我努力屏蔽所有的嘈杂,只想好好睡一觉,这样第二天晚上回学校的时候,就可以以饱满的精神状态跟我的奥尔加打招呼。我铺上草席,搭好蚊帐,很快就睡着了。

早上六点,我感觉一阵冰凉。雨水打湿了蚊帐和草席,地上

Chapter 8　比那尔德里奥

积了一层厚厚的泥浆，散发着和河水一样的恶臭。我走到屋外，大雨瓢泼，凛冽的寒风尖锐地刮过沧桑的树皮。我站在雨中，任凭黑夜一般的雨水把我淋透。倘若这雨水要剥夺我的性命，要让我与这烂泥融为一体，我也毫无怨言。不一会儿，老天似乎妥协了，天空开始放晴。厚厚的云朵向远处的城镇移去，仿佛一张暖和的棉被笼罩在小镇上方。东边一缕阳光穿过薄薄的晨雾，给所有的屋顶镀上了一层金色。大多数人还沉浸在梦乡里，只有几户人家的灯亮着。街上一只小白鸟清脆的鸣叫唤醒了这座城市。我湿答答地站在远处，双手交叉环抱于胸前，欣赏着这个美丽宁静的早晨。

下午，我突然发烧了，难受得说不出话，浑身酸痛，也下不了床。不过晚上，我还是坚持坐上巴士回到学校。但是周一的早上，我仍然没有退烧，学校找来了一名护士照顾我，并给我吃了一些退烧药。正当他们在考虑要不要把我送回佩德罗的家时，我周二就奇迹般地好了起来。虽然脸色苍白，但是至少吞咽没那么困难，体温也恢复到正常。

周二下午是胡安的课。他讲解了热身的动作，十秒钟后，钢琴声就响了起来。我感觉他的目光一直在落在我身上，看着我活动膝盖、脚踝、头颈。之后我做其他组合练习时，他的眼神也一直没有移开。做 fondu[1] 的时候，他压着我的双肩，让我蹲得更深一些。他用力之大，以至于我的跟腱都在隐隐作痛。在练习 frappé[2]

1　芭蕾术语，一种单腿蹲的动作。这个词在法语中是"融化"的意思。——译者注
2　芭蕾术语，一种小腿弹射的动作。这个词在法语中是"击打"的意思。——译者注

的时候,他再次纠正我的动作,让我注意动力腿的外开。

"出腿,快一点!"他命令道。

我的膝盖痛得快要罢工了。

在做 grand adagio[1] 的时候,他把我的腿掰到几乎 180 度,我的筋、膝盖、屁股像被撕裂了一样痛。

做完最后一个大踢腿训练,我瘫倒在地上,我不明白为什么自己被孤立了出来。他明明知道我刚刚痊愈,却一丝都不留情。这节课结束后,我大汗淋漓,虚脱得几乎站不起来。

胡安走了过来,"感觉怎么样?"

"您觉得呢?您几乎要把我杀了!"我想要这么说,但事实上我只说了两个字"还行"。

"好的,"他继续说道,"你要多下功夫,因为我打算让你和奥尔加搭档,在我的最新舞剧《青春期》里担任主演。"

不要,不要,为什么偏偏是和奥尔加?为什么不是卡蒂斯卡,或者马里内维斯?我不要,不要和奥尔加……

"没问题。"我却张口答应了下来。

"太好了,你去吧。"

这是我最后的机会,尽管我明明不想和奥尔加跳舞。

"好的,我会努力的。"我再一次口是心非。

胡安的安排搅乱了我的生活。每当排练的时候,我的手碰到了

---

[1] 芭蕾术语,指慢板,一般训练腿的控制力。——译者注

奥尔加的腰，我就开始变得像另外一个人，动作不协调、笨重。她还在我耳边吐气说："放轻松，别紧张。"但这只会让情况变得更糟。

胡安也看出了有些不对劲，我学动作比平时要慢许多。奥尔加还带着她的小伙伴来看我笑话。我头发湿得像涂了发蜡一样光亮，讲话也结结巴巴，还经常自己绊到自己。胡安在一旁皱着眉头看我，奥尔加继续嘲笑我："放轻松！"我像一个小丑一样被她玩弄。

我扪心自问：对这样一个不珍惜你、不在乎你的人动了感情，值得吗？我那颗已经被爱情冲昏了头的心却毫不犹豫地回答——值得。我无能为力，只有继续任她玩弄。

有一天，奥尔加突然问我时间，然后说："哦，你没有手表。"

"不，我有手表！"我想都没有想就脱口而出，"只是我平时不戴而已。"

她怀疑地看了我一眼就走开了，那一天我再也没有见到她。傍晚，我偶然撞见了她和爱德华多抱在一起接吻。奥尔加的手环绕在爱德华多的脖子上，她看到了我，但是并不打算理我，只是看着我笑。我像傻子一样，站在那里一动不动，好像我才是那个被诱惑的男人。奥尔加的眼神从我的脸上移到了爱德华多的手腕上，那个家伙竟然有一块手表。

我的希望就在她看向表的那一瞬间破灭了，我知道她要的是什么。那一晚，我一夜未眠，脑海里总是时不时地浮现出爱德华多的那块手表。窗外的蟋蟀鸣叫起来，我这才发现，天竟然已经亮了。

我从床上爬下来,蹑手蹑脚地走进了宿舍另一头爱德华多的房间。我的目标就是他的那块手表。我犹豫了一下,心都快从喉咙里跳出来了。深吸一口气,我轻轻地托起手表,小心地松开表带。爱德华多发出一阵鼾声,转了个身。我心跳再次开始加速,吓得不敢动,只得暂时观察着。外面的冷风从窗缝钻了进来,爱德华多紧紧地盖住毯子,还好他的手还在外面。

再不动手就没机会了。我颤抖着伸出手,手心已经湿透了。我知道我应该马上回到自己的床上睡觉,然后忘记这一切。但是我竟然再次慢慢地靠近了这支充满魔力的手表,小心翼翼地把它从爱德华多的手腕上取下,然后紧紧地攥在手里。

突然,他好像醒了,但似乎又没醒,蹬了一脚,大喊道:"住手,住手!"

我转身就逃,他追了过来,一边追一边喊:"路易斯·阿尔韦托,你别跑,我抓到你了!"什么?我有一点糊涂了。他不知道我的名字?他在做梦?他把我逼到了一个角落,我来不及多想,一把抓住他的脖子,说道:"还给你!你要是敢说出去,你就死定了,听懂了吗?!"

爱德华多把手表戴回手上,一句话也没说。他看上去也不打算跟我吵架,只是扭头回到了他的床上。我努力说服自己,爱德华多刚才一定是在梦游,因为他不仅没有生气,竟然还叫了另外一个人的名字。他应该不记得刚才发生的事情吧。

三个小时后,起床铃声一响,我的神经绷了起来,默默地拿着我的东西去洗漱。总感觉同学们的脸上都写着阴谋，觉得大家似乎都知道了。对着镜子，我的脸看起来苍白而疲倦。朋友罗赫略、胡利奥和阿列尔问我是不是病了，他们担心我又发烧了。我尴尬地笑了笑，告诉他们我没事。洗漱完，我筋疲力尽地走回房间。突然，一个我最不想见到的身影跳进我的视野，爱德华多似乎刚刚起床。他经过我身边的时候，我用眼睛警告他，一个字都不准泄露，他一点反应都没有，身后的奥马尔也跟着他去了盥洗室。这不是一个好兆头，爱德华多和奥马尔都是打击乐班的，他们比我低一级。爱德华多的个子比我瘦小一些，但是奥马尔非常强壮，有六英尺[1]高，他的肩膀和手臂都像钢铁一样结实有力。我刚入学的时候，曾和他打过一架，那就像一场拳击赛，全校的同学都过来围观。奥马尔追着我，他给我一记右勾拳，我侧身躲避，然后趁势攻击他的底盘。周围一阵欢呼声和口哨声。最后，奥马尔用一击重拳给我留下了一个"纪念品"——一颗变灰的牙齿。每天早上照镜子，它成了我第一个看到的东西。

　　我匆匆下楼去吃早饭，不希望在餐厅再次撞见爱德华多和奥马尔，就拿着面包、牛奶和黄油，悄悄地从后门溜走了。走到室外，看着黎明的曙光一点一点照亮大地，我后悔：怎么把自己拖进了这么一个窘迫的境地？我究竟是有多傻才会想到要去偷同学的手表？我一定是头脑发热了。

---

[1] 六英尺约一米八三。——编者注

我郁闷地望着远方,一只黑鸟落在了我身边。它缩起一只脚,抖了抖羽毛,然后歪着头,用一种控诉的眼神盯着我。它仿佛在说:"别人都知道了。他们在笑,因为他们知道了;他们在呼吸,因为他们知道了;他们在交头接耳,因为他们知道了……"这只黑鸟似乎预示着,我终将被审判。

集体晨会的铃声响了,那只黑鸟扑腾了两下翅膀,飞到屋顶的一角,继续盯着我。我走进队伍,越来越不安。

同学们看起来和平时一样,罗赫略跟我说了一个最近的笑话。

"跟你说个好玩的。有个女人正在用母乳喂养她怀里的婴儿,一个男人走了过来,他说:'女士,你可能不相信,不过您的孩子邀请我和他共同进餐。'"我听完哈哈大笑。

他又把这个笑话说给班上其他同学听,大家都笑得前俯后仰。

一切如常,我想爱德华多大概是顾忌到我的威胁,所以应该没有说出去,我不要自己吓自己了。

晨会结束后,我们七年级的学生走回教室。突然,其中一个老师喊住大家,校长拿过麦克风:

"大家注意,今天早晨,学校发生了一件情节严重的事情……"

不要,不要……

"……我们的一个学生,卡洛斯·朱尼尔,偷了他同学的手表。朱尼尔,到这里来!"

三百个学生和十五个老师把目光都聚集到了一个身影上。他

Chapter 8　比那尔德里奥

低着头，拖着沉重的步伐，一步一步走向讲台。当他走到最后一级台阶时，校长说："朱尼尔，我要你在全校师生面前向大家保证，今后不会再偷同学的东西。"

麦克风的回声在我耳边回荡，我听不到自己说的话，只听到心里在说："早知如此，何必当初，原谅我，原谅我……"

我的心在哭泣，但是眼睛却是干的。我站在那里，顶着无数双羞辱的眼睛，我没有机会给自己辩解。三百一十五名师生，爱德华多，如天使般美丽的那个她，还有屋顶的那只黑鸟，他们都在笑我。

我的父母从不来看望我，也很少有书信，更不会有电话。因为我们家没有电话，所以老师也通知不到我的父母，我自己当然更不会说了。只在学期末，我带着全部过关的成绩单回家时，父母才见到了我。

"这才是我的儿子，继续保持啊。"父亲非常满意。

两个姐姐也长大了，她们总是取笑我腋窝下长出的腋毛。

"别弄他了。"妈妈抱着我，使劲地亲我，说她想死我了。

暑假的每一天都是快乐的，我不是去第一次让我学会游泳的那个蓄水池，就是去以前逃课踢球的足球场。有时候和胡利奥玩"吃泥巴"，有时候欧皮托也会突然出现嘲笑我两句，可是这完全不会影响我的心情。待在家人身边，我感到无比幸福。直到暑期结束，我又不得不收起行囊，回到学校。

新学年开始了，我十四岁，身体开始慢慢发育，这让我觉得很尴尬。每次排练的时候，只要我的手一碰到女同学，下身就会产生一些变化。我只好借口跑到厕所，过一会儿才敢出来。对女老师，我也会有同样的生理反应。这一年我的身体似乎不受控制，每次看到女孩，我都想脱光她们的衣服。同时，我开始和长笛专业的贝德莉娅调情。她也是黑色皮肤，身材丰满。某个深夜我在学校的一条小路上，感受到了她紧实的臀部。另一个女孩，小提琴专业的阿德米莉，总是向我眨眼睛。她是一个混血儿，我们也曾接过吻。但是，我的脑海里始终只有一个人，奥尔加。

那时的我有着极强的虚荣心。我发现身边的同学都比我有钱，穿得也比我漂亮、体面，而我一无所有。在虚荣心的驱使下，加上有偷窃的前科，我就又操起了老本行。我开始偷同学的钱，然后给自己买新衣服。在意识到这种行为可耻之前，我已经偷上了瘾。凌晨四点，我就悄悄地爬下床，开始逐一搜索同学的储物柜。有时候，我的朋友，来自曼图阿（Mantua）的罗赫略和瓜内（Guane）的赫苏斯，也会加入。我们扫荡一切——钱、零食，以及看起来值钱的东西，之后，我们三人再平分。

"谁看见我的蓝短裤了？""我的长裤不见了！"宿舍里经常听到有人这么喊。尽管如此，我还是继续偷东西，但似乎总觉得有一双怀疑的眼睛盯着我。我心里的另一个声音一直在大喊："是我做的，对不起，原谅我吧！"但是我却像一个怯懦的小丑，没有勇气说出口。

Chapter 8　比那尔德里奥

然而讽刺的是，全校都把我当作一个好学生。我的文化课分数不错，芭蕾舞的分数也一直位居全班前三。每次演出，我都担任主角，演出后老师也向我祝贺，替我感到骄傲。他们不会知道，我实际上是一个卑鄙肮脏的小偷。我越来越讨厌这样的自己，但是没有人可以帮助我，唯一信任的母亲也不在我身边。有的时候我甚至想，要不要跟我同父异母的哥哥佩德罗说出我的心事，不过他一定会告诉父亲，所以我也放弃了。

我最讨厌周三的晚上，因为其他同学的父母都会带着好吃的零食来看望他们的孩子。每当他们欢聚一堂的时候，我只能跑得远远的，独自吞下所有的自哀自怜。为什么我的生活不能和其他同学一样呢？

然后到了周末，休息日只会更加强烈地提醒我，自己是多么孤独。我和佩德罗屋子里的蟑螂变成了好朋友，因为我们有很多共同点：我们都让人讨厌，让人瞧不起。有一天早晨，我被佩德罗的母亲吼醒，她愤怒地呵斥我为什么睡这么久。我还没有完全清醒，一时间甚至分不清我到底是人类还是一只蟑螂。

我活得像一只人人喊打的害虫。我每周三都会去偷同学的家长给他们带来的零食，直到有一天，几个男孩开了我的储物箱发现了一件"赃物"——一个视觉艺术专业男孩的背心，他们马上报告给了校长。我又一次被召到了校长办公室，学校召开了一个临时委员会讨论我的去留。一些老师决定要开除我，另外一些老师拿我和之前的"困难"学生做比较。曾有一个来自哈瓦那的学生胡安·马科斯，他为了赚钱，愿意吃蜥蜴，还把头伸进充满大粪的马桶。还有一个老师也是来自哈瓦那，他曾和六个学生发生过性行为。哈瓦那人，在这些老师看来，就是道德败坏、行为诡异的代言人。而我，卡洛斯·朱尼尔，也不会是一个例外。

芭蕾舞系的教导老师胡安·卡洛斯和马格达·坎波斯一直替我说情。他们强调我是一名有舞蹈天赋的学生，会以优异的成绩通过毕业考试。

我被拉到会议室，目睹了老师之间的辩论。我在想，如果父亲也在场的话，一定会让我死无葬身之地。不过我其实并不大在乎这个结果，也许一只蟑螂的终极命运就是被消灭。

委员会最后的决定是住校观察，一直到毕业前夕，我只要再犯任何错误，就会被马上开除。听到这个结果，我内心依然痛苦纠结。我想要成功，想要成为像阿尔韦托·特雷罗那样的舞者，但是我却耐不住寂寞。

无论如何，我还是小心翼翼地遵守学校的各项规章制度。

年底，我们和音乐系的男孩踢了一场足球赛。我们玩得非常开心，阿列尔从右路给我传球，他继续跑向球门。我一脚抛射，威廉像公牛一般，用头接住球，然后迅速传给了已经跑到球门附近的阿列尔。阿列尔用右脚凌空抽射，为我们队赢了胜利的一球。

当我们在女孩的欢呼声中庆祝胜利的时候，音乐系的队员个个垂头丧气。突然，一阵怒喊传来："全部给我回来！"

Chapter 8　比那尔德里奥

原来是胡安·卡洛斯。我们乖乖地跑过去。

"你们还有两周就要毕业考了,竟然还有心情在这里踢球?你们不知道这个毕业考将决定你们是否有资格成为职业舞者吗?还不回教室练习,小心我告诉校长!"胡安非常生气。

我们转身就要回教室。

"回来,卡洛斯,你留下。"

完了,我的舞蹈生涯就要在今天结束了。

"孩子你疯了吗?你不知道你还在观察期吗?"

"可是现在是休息时间呀。"

"你不明白吗?你现在不能引起任何的注意,即使一丁点儿小错,都会被马上开除,更不要说马上就要毕业考试了。"

"抱歉,先生。"我惭愧地低下头,这才明白胡安的用心良苦。

"听着,朱尼尔,我知道你很不容易。"他的眼睛里放着光,"我对你一直很严厉,因为你是一个好苗子,你一定会走上大舞台,这一点我非常确定。"

胡安对我的鼓励顿时让我信心百倍。

考试一天天逼近,我越来越紧张。考试地点在"L和19"——那个曾经让我认识芭蕾,后来又开除我的学校。那里的老师会怎么看我呢?还会把我叫成他们的"灾难"吗?

所谓的"转学"已经过去整整两年了,我长高了,脖子也长长了,声音像父亲一样变得低沉。我暗自想,也许他们并不会认出我。

考试的那天终于到了,这一天将决定我们是否通过中高级的等级考试，以及是否能够继续进入国家艺术学校（National School of the Arts）学习。

教室里坐了至少二十五名来自各省的老师和一两位古巴国家芭蕾舞团的老师。我以前的老师也在，像西尔维娅、玛瑞莱娜·德尔弗拉德斯、钢琴老师玛丽亚·多洛雷斯。南希也来了，不过没有看到卢佩·卡萨迪利亚。正中间的位置留给了一个深色头发的老师，她编了两条长长的辫子盘在脑后，湖蓝色的双眼充满神秘，就像那些算命的吉卜赛女郎。她看起来应该是一位资深的考官，所有老师都对她非常尊敬。

在胡安的口令下，我们十四个人走进考场，站在了把杆边上。这里和五年前一模一样，我清晰地记得墙上的每一道印痕，还有那有着裂纹的大镜子和松木地板。我站在了和当年同样的位置，似乎都能听见卢佩在我耳边说"把肚子收进去，膝盖伸直了"。我把眼睛定在那群考官中，忽然，我看到卢佩安静地坐在角落。她来看我了！我突然兴奋了起来，有一种冲动要向他们展示我离开学校这两年学到的技巧。

考试结束一个小时后，胡安走到我们中间，宣布考试结果。

我们中有十个人通过了考试，刷新了学校历史上的录取率。我们太高兴了，把老师一下扛上肩膀，准备抬到走廊上去。这时其他老师走了过来，我们赶紧放下胡安。

意外地，这些老师竟然直接走到了我的面前。南希和卢佩紧紧地抱住我，玛丽亚·多洛雷斯笑着对我说："看看我给你带了

Chapter 8　比那尔德里奥

什么？"她拿出一个小袋子，里面装了十条口香糖。

在我们庆祝的时候，耳边传来了那个曾经安排我"转学"的校长的声音："……学生卡洛斯·朱尼尔，确实是一名具有舞蹈天赋的学生……"

我的脸上展开了一个大大的笑容，目送着老师离开。那个编着长辫子、有着深邃蓝眼睛的老师回头对我眨了眨眼。

忽然，楼梯口出现了一个熟悉的身影。妈妈来了，就像第一天她来送我甄选一样。

看到妈妈，各种情绪一同涌上心头，我扑进妈妈的怀里，又哭又笑，瞬间感觉浑身的包袱都卸下了。那些不堪回首的记忆——在火车站过夜，与蟑螂为伴，奥尔加的背叛，我的孤独，我偷同学的东西……像洪水卷着碎石奔涌而下，我哭得不能自已。

为了安慰我，母亲不停地重复刚才卢佩对她说的话：卡洛斯拿到了这个考试历史上少有的高分。我哭得更响了。我的哭声似乎有传染力，妈妈哭了，两个在门口等我的姐姐也哭了。我们三个泣不成声，被眼泪打湿的衣服都能拧出水来。

父亲没有哭，他站在一旁看着我们四个，没有其他更多的表情。我一个人霸占着妈妈，父亲也没有地方可以抱我们。他只是站着，我甚至看不出他是替我感到骄傲还是在想其他的。或者他觉得这只是生活中本来就存在的一部分，就像生老病死一样平常。

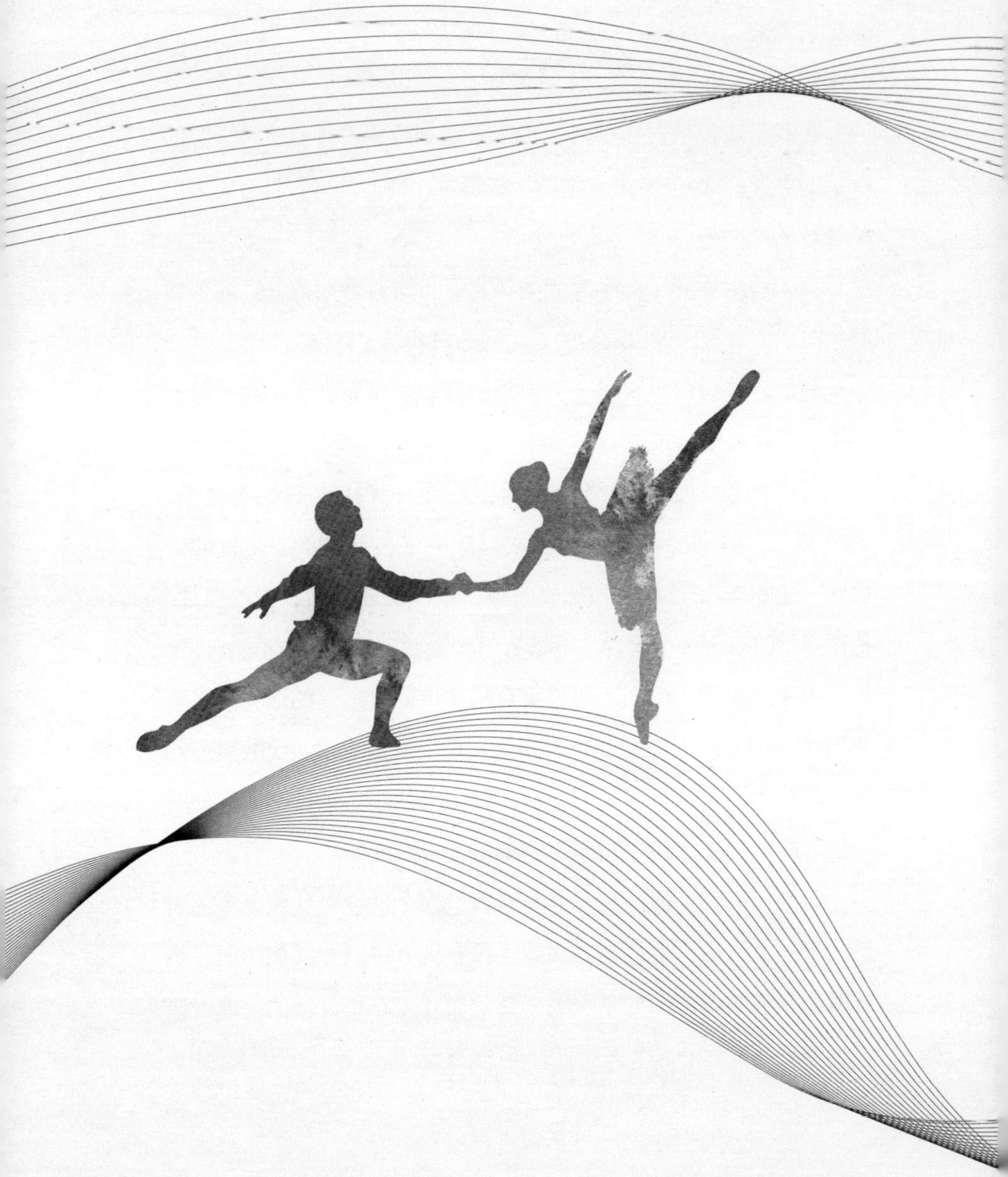

PART 2

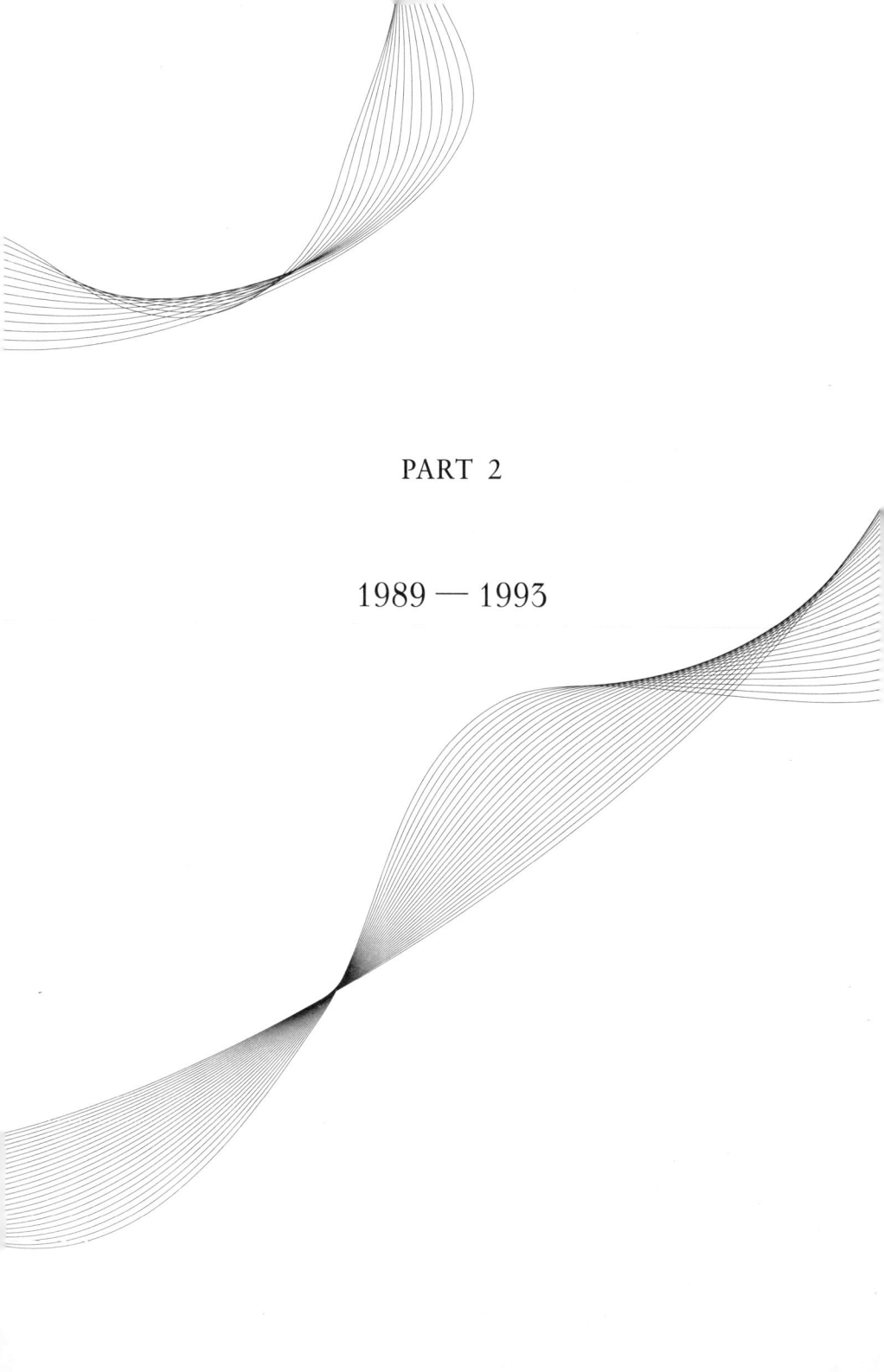

1989 — 1993

Chapter 9

启程

火光烛天，熊熊烈焰，父亲看着电视里火灾现场的报道，感慨道："我就知道，我就知道。"

我目不转睛地盯着电视，心里咚的一声。画面中，警察拦截车辆，维持交通秩序；消防员毫不犹豫地钻进火苗乱窜的房子，抬出一具具早已变得焦黑且面目全非的尸体；媒体记者把现场围堵得水泄不通，争着记录这惊心动魄的一幕。

"有果必有因！"父亲斩钉截铁地说。

这是戏剧化的一天。清晨，浓雾逐渐散开，一缕阳光穿过晨露照进国家艺术学校的宿舍大楼。

管理员库卡打开房门，让我们起床。我和阿列尔·塞拉诺被一位叫拉莫娜·德萨的老师——我们喜欢叫她"谢里"——选中，代表学校远赴意大利的都灵新剧院（Teatro Nuovo di Torino）参加为期一年的文化交流学习。今天是周五，我们要坐今晚的飞机启程。虽然现在还没有拿到签证，但我们一点儿也不担心，因为签证处向我们保证，今天中午十二点之前我们一定会收到。宿舍里的其他男生用枕头砸我们表示祝贺，还把我们扛上了肩膀。他们看起来比我们还兴奋，仿佛要去意大利的是他们。

国家艺术学校位于米拉马尔（Miramar）——哈瓦那上流社会聚集的住宅区，周围都是各国领事馆和富豪的深宅大院。我们的学校是一栋两层楼的建筑，曾经是20世纪40年代当地一个亿万富翁的宅邸。直到现在，天花板和地板还光亮如新。站在这栋房子里，我仿佛能看到曾经的主人正慵懒地靠在沙发一角，品尝着上等的咖啡和美酒。他们不会想到这座奢华的大楼如今会变成一个教室，并摆上整齐的桌椅，墙上钉着一块绿色的黑板，空气中还有粉笔的味道。

学校离海边有四个街区，四周被枝繁叶茂的植物包围着，包括柠果树、星苹果树、芙蓉花、芋头叶以及各种热带蕨类植物。郁郁葱葱的枝叶和校门口乳白色的花岗岩地砖形成了鲜明的对比。我平时住校，因为家里住得远，不想每天在公交车上花去大半天的时间。这座大楼承载了我三年的学习和生活，也记录了我走向成熟的点点滴滴。

我们的芭蕾课不在这儿上，而是在距离寄宿学校大约二十千米远的加西亚洛尔卡大剧院——一座气势宏大的文艺复兴建筑。我们在三楼上课，让我印象深刻的是教室里粗糙的地板。舞鞋总是轻易地被磨穿，我们就用胶带贴住破损的地方，这样可以再坚持一个月。每次在正式演出之前，学校会给我们发一双新鞋，一旦演出结束，我们再换回之前的旧鞋。

大剧院并不专属于学芭蕾的学生，西班牙舞蹈艺术团和其他当地的艺术团体也在这里排练上课。教室之间的隔音极差，一到上课时间，这里就开始变得疯狂起来。一间教室传来连绵不绝踩踏地板的声音，混着吉他伴奏和拍掌声；另一间教室，钢琴叮咚，伴随着足尖鞋落地的声音；走廊尽头的另一间教室把收音机的音量调到最大，放着明库斯和罗德里戈[1]的音乐，还会听到一个大嗓门的老师喊着："腿伸直，伸直！"在这样的环境下，你必须集中精力，才能分辨出哪一种音乐才是属于自己的。

不仅如此，由于芭蕾在当时还没有得到国家的全力支持，所以我们还常常吃不饱，也没有足够的纯净水。学校没有健身房和练功毯，当然也没有空调。那个时期不同于现在，舞蹈护身是用来辅助治疗男性生理疾病的，所以我们男孩子并没有舞蹈护身。洗澡没有热水，上厕所也没有卫生纸。尽管如此，学生仍然士气高涨，因为大多数毕业生都能够走进职业舞团，并且声名大噪。退一步说，芭蕾舞学校在那个时期，已经拥有一座条件还不错的欧式殖民建筑作为教学大楼，已然令我们知足。从另一个角度来说，也许就是这种艰苦的环境才激发了我们的斗志。——说句题

---

[1] 路德维希·明库斯（Ludwig Minkus）和华金·罗德里戈（Joaquín Rodrigo Vidre）均为芭蕾舞音乐大师。——译者注

外话，我希望现在的舞者可以珍惜当下的条件。

回到那个周五，那段时间正逢"古巴芭蕾季"，大剧院里聚集了国内外一流的舞者。运气好的话，还能在后台看到古巴国家芭蕾舞团的演员。这一天，我结束了早课，正走向更衣室。突然，一个熟悉的人影闯入了我的眼帘——阿尔韦托·特雷罗，那个在比那尔德里奥让我爱上芭蕾的巨星。他从我身边匆匆走过，消失在大理石走廊的尽头，完全没有发现他身边的那个男孩像石头一样对他行注目礼。这一刻我等待已久，机不可失，时不再来。我屏住呼吸，努力让自己冷静下来，走到他所在的那间教室。特雷罗正躺在地上，做着演出前的热身。

"呃，你好，我叫朱尼尔。"我紧张地做自我介绍。

"你好。"他平淡地打了个招呼，似乎对我没多大兴趣。

"你可能不认识我，但是，我……我想……我想像你一样。"我结巴了。

特雷罗转过身，有点不解地看着我。

"什么？"

"呃……就是自从第一次看了您的表演之后，我决心要成为像您一样的舞者。"

他看了我几秒，然后爆发出一阵大笑，他对他的一个朋友喊道："多明各，快过来，听听这个孩子说的！"他让我再重复一遍。

我又说了一遍，他们两个笑得更开心了。特雷罗站起来，走到我身边，友好地揉了揉我的头，然后继续做热身。我不明白他什么意思，默默地离开了教室。

下午，天色昏暗，乌云密布。我的一个同学卢西托提议去隔壁老外家偷杧果，其他同学纷纷附和。他们翻进围墙，我却站在围墙外没有行动，因为现在我只要一想到"偷"这个字，就浑身起鸡皮疙瘩。

"朱尼尔，快，翻过来，别像一个傻子似的戳在那儿！"胡利奥和阿列尔在围墙的另一边喊着。我有一种不好的预感，天上的云也压得更低了。

"你们快出来，当心被人抓到。阿列尔，别忘了，我们今晚还要坐飞机去意大利呢！"我着急地喊着让他们出来。

"不会有事的！"阿列尔一边喊，一边用力地晃动着一根杧果树的枝丫。

我远远地看着，一点也不想靠近。

"朱尼尔，快过来帮我们接水果，别像个胆小鬼一样躲着，不会有人发现的！"

我发抖着靠近围墙，不禁想到了我因为盗窃向全校师生道歉的那个早晨。周围潮湿而闷热的空气，也像极了那些我翻找同学储物柜的日子。一种熟悉的愧疚感让我心跳快得好像万马奔腾，我再也听不见他们喊我的声音。

突然，两个男孩像忍者一样以闪电般的速度翻出来了，差点把我扑倒。

"你们要去哪儿？"我被撞得七荤八素。

没有人回答。另外一些男孩也迅速地翻过这三米高的围墙，他们抓着墙头上尖锐的倒刺，好像那些都是软塑料做的摆设一样。

"朱尼尔，快跑！"他们中有人大喊。不过一切已经迟了。

警察一把抓住了我和来不及逃还挂在杧果树上的阿列尔。对待我们这两个来自国家艺术学校的学生，他粗暴地把我们的手牢牢地拷在背后，喝声质问我们，好像在审讯囚犯一样。阿列尔和我乖乖地听从他的一切指令，不仅仅因为他是警察，更重要的是，我们不想因为这件事耽误了我们晚上的飞机。警察拧着我们的胳膊，把我们带回学校。"好疼啊，我的手都被你弄青了！"我大喊着，但是那个警察一点反应都没有，他真的把我们当作十恶不赦的罪犯。尽管他凶神恶煞的样子有些吓人，但好在后果不严重，我们只是被校长玛尔塔·乌略亚训斥了一顿。

虽然逃过了一劫，但不幸的事还是发生了。因为我们的签证仍然没有下落，所以飞往意大利的行程只好延期。阿列尔和我都垂头丧气，在这个紧要关头，"万事俱备，只欠东风"——护照、出境许可、机票都准备好了，就差可恶的签证。为了这一天我们盼了好几个月，谁都没想到竟然以这种结果告终。

看样子，这又将变成一个平淡无比的周五。然而之后发生的一切，让这一天令我终身难忘。

"我就知道，我就知道！"父亲低吼着。晚上我回家过周末，电视里的新闻让我汗毛耸立。父亲在我身后，兴奋地转着圈，念叨着他的口头禅："有果必有因，有果必有因。"他似乎在对我做着什么驱魔的仪式：父亲先是拿着一个鸡蛋在我头顶摇晃，然后用罗勒叶拍打我的颈部和手臂。最后他给神像又摆上了新鲜的水果和其他供品，开始手舞足蹈地祭拜。

当天下午的暴雨转变成了飓风，一小时上百千米的风速使得机场的塔台下令，暂停所有航班的起飞和降落。然而，有一架飞机因为没有注意到塔台的指示，按照原定计划起飞，结果刚起飞，就坠毁在机场附近的一个村庄。机上一百六十名机组人员和乘客全部丧生[1]。

这架飞机的目的地是意大利。

我本应该死在这架飞机上，但是各种状况阻止了这一切。

上帝？父亲的神像？我的命运？谁知道呢。

"选择芭蕾，意味着你要用无数个小时来训练你的身体，以适应那些违反正常人体结构的运动，直到你受伤、手术、身体罢工。胫骨骨折、椎间盘突出、脚踝扭伤……这些都是再正常不过的。等到你身体完全复原，回到团里，一切又变了。新的舞者如雨后春笋，艺术总监委婉地把你劝退。这些年在练功房留下血汗，为团里付出，十字韧带受伤，踝关节受损，把最美好的青春献给了舞蹈团，这个时候你已经三十五岁……重新找一个舞蹈团已经不

---

[1] 指1989年9月3日古巴发生的空难，其中机上126人及地面24人全部遇难。作者提及的遇难人数与报道不符。——编者注

可能……一些人把记忆留在了过去的光辉岁月,一些人仍活在梦魇之中,不肯接受现实对于一个舞者的残酷……"

一周之后,我们拿到了签证,顺利地抵达了意大利米兰马尔彭萨机场。老师谢里在出租车里一边给我们讲课,一边时不时地给司机指方向。找对了方向后,她继续给我们讲课。

"正如你们所见,我就是早早地明白了这个道理,才离开了舞蹈团。不过,你们要记住一点:你们是这个世界上少数的被芭蕾选中的幸运儿。想象一下你们成为职业舞者后的荣耀,人们将为你们的辛勤付出鼓掌,你们也会有机会出国巡演,给更多的人带去艺术的正能量。这绝对是极少数的人才能享有的特权。所以现在,你们必须努力。"

我们静静地听着。阿列尔忍不住问:"劈叉太痛苦了,每次练习的时候,我感觉我的筋都要断了一样的痛。更不要说视频里的巴雷什尼科夫[1]的舞步,我们怎么样才能学得会呢?"

"他在你的年纪也会觉得这是不可能完成的任务。"谢里说,"你要做的就是坚持,再坚持。你们现在都是一个个小懒鬼!"

我忍不住笑了,阿列尔和谢里也受了我的影响,三个人开心地一路说说笑笑。出租车向都灵开去,我趴在窗边,试图弄明白窗外那些奇怪的东西:连绵起伏的小山包,嫩绿色的小树林,马力强大的摩托车,豪华的小轿车,空荡荡的巴士,还有酒吧和咖

---

[1] 米哈伊尔·尼古拉耶维奇·巴雷什尼科夫(Mikhail Nikolayevich Baryshnikov),拉脱维亚裔美籍苏联芭蕾舞者,20世纪最出色的舞蹈家之一。——译者注

啡店……一切都是新奇和令人兴奋的。

我们的车开进了科尔索蒙卡列里（Corso Moncalieri），停在了一间冷饮店前。一个挺着啤酒肚的男人，一位戴着眼镜、穿着有些过时的瘦高女人和一个有着栗色眼睛、双颊绯红的女孩站在门口等着我们。

我们下了车，那个男人友好地向我们伸出双手。

"乌拉乌拉乌拉。"他说的我一个字也听不懂。

我们转向老师求助。

"这位是梅斯图里诺先生，大剧院的经理。他说欢迎你。"还好有谢里帮我们翻译。

梅斯图里诺给了谢里一吻，那个瘦高的女人分别给了我和阿列尔一个正式的拥抱。

那个有着栗色眼睛的女孩自始至终盯着我看，她双颊的绯红已经扩散到了整张脸庞。

"你好，我叫伊雷妮。"她竟然说了西班牙语。

"你会说西班牙语吗？"我急切地问。

"乌拉乌拉乌拉。"

"阿列尔，她在说什么？帮我听听。"阿列尔一脸茫然，跟我一样。

我们提着行李箱，跟着梅斯图里诺走进了三楼的一间房子。

一个有着橄榄色皮肤的女人把门打开，她介绍她叫南希。她领着我们穿过一个小客厅，走到卧室。这间卧室小到仅容得下两

Chapter 9　启程

张并排的单人床。我和阿列尔对看了一眼,不知道要怎么办。老师谢里也有些纳闷。

"别担心,我睡厨房好了。"我主动说。从小到大,虽然睡过无数奇怪的地方,但是看到这个厨房我还是有些退却。仅仅几米长的厨房,冰箱就占了一半的面积,剩下的地方覆盖了恶心的油乎乎的亚麻地毯。

"哦,不用不用,你看,客厅的沙发实际上是个沙发床。"南希向我们解释。

她从冰箱里拿出了两盒纸包装的饮料递给了我和阿列尔后,就和谢里聊天去了。我们两个坐在客厅的沙发上,兴致勃勃地研究怎么打开这个饮料,因为在古巴,饮料都是用玻璃瓶装的。

"最近怎么样?忙吗?"谢里问南希。

"一如既往的忙,大家在排练《卡门》。"

"我也听说了,卢恰娜来了吗?"

"是的,她周三就来了,现在在和马尔科·皮耶里排练双人舞。"

我们两个还在研究怎么打开这个纸包装的饮料。我们咬不开,摔在地上,它也没有破损。谢里和南希在一旁聊天,完全忘记了我们的存在。

"那演出前,还要再进行一轮角色甄选吗?"谢里问。

"应该会有一轮,大概在月底。男演员有点少,对了,这两个男孩怎么样?"

"他们两个确实很有天赋，但是还需要时间磨炼。"

她们两个人聊得忘我，直到阿列尔站了起来，走进厨房。他回来的时候，手里拿着一把明晃晃的菜刀。我们准备用刀把这两盒饮料戳开。

南希看傻了，她声音颤抖。

"傻孩子，你要干吗？用吸管。"

"什么吸管？"

"你看饮料的侧面。"

来不及了，刀尖已经戳中了饮料。果汁像加农炮一样喷射而出，弄湿了整个沙发。

"啊！"阿列尔大喊，绝望地吸了几口手上残余的果汁。我吸取了阿列尔的教训，小心地把吸管插进了饮料上方一小块用锡纸封住的洞口。刚尝了一口，我就惊呆了，我从来没有吃过梨子，更没有喝过雪梨汁这种甘甜爽口的饮料。阿列尔也插进吸管，试图吸尽剩下的一丁点果汁。

"没事的，孩子，大家都会这样。"谢里跟我们说了其他人第一次出国的荒唐事，这让我们心里好受些，也没那么尴尬了。

第二天是周日，南希和谢里一早就出门了，她们说要去大采购，然后做一顿前所未有的美味佳肴给我们。我和阿列尔也决定要为这个房子做点贡献。根据南希之前的介绍，我们试着使用那个叫作"吸尘器"的东西，一点一点地清理地毯。我们也洗了所有的碟盘和杯子，甚至还去除了厨房地上大块的油渍，剩下的就是卫生间了。

"这里怎么弄？他们都没有板刷。"我看向阿列尔。

他耸了耸肩，环顾四周。突然，他看到在座便器的一旁有一个细长的刷子。

"啊，这一定就是意大利的板刷了。"阿列尔看起来也不太确定。我从来没有见过这样的刷子，姑且认同他的看法。我们似乎都能看到南希她们回来后吃惊又感动的表情了。

阿列尔把 Los Van Van[1] 的磁带放进录音机，我们一边听着音乐，一边拿着马桶刷刷浴缸、洗脸池，还有镜子，不知情地把大便涂得到处都是。

两个老师回来了，她们站在门口，嗅了嗅鼻子。"这是什么味道？你们没有冲厕所吗？"

我们认真地打扫了厕所，虽然觉得味道奇怪，但并不知道发生了什么。南希循着气味，找到了"犯罪现场"。

"天啊，你们干了什么？"她惊声尖叫。最后，我们用浓烈的漂白水再一次清洗了浴室。

周一上午，天色阴沉，树叶抵挡不住凛冽的寒风，离开了大树，漫天飞舞。谢里穿着彩色的呢大衣和深色皮靴，我和阿列尔穿上了雨衣和在哈瓦那国际商店买的网球鞋。她带着我们穿过马路，站在67路公交站。我和阿列尔冷得发抖，躲进车站的玻璃檐。

---

[1] Los Van Van，20世纪古巴流行音乐中最有影响力也是最重要的乐队之一。——译者注

谢里在路边来回踱步，时不时用手指玩弄耳边的卷发。一辆出租车停下了，谢里向我们招手，示意让我们上车。

当她刚打开前座的车门，正要上车，司机看到我们冲了过来，慌张地关上门，然后一秒钟就消失在远方，把目瞪口呆的我们留在了路边。

"天啊，这个傻子，竟然把我当作……他疯了！"谢里很生气，"难道我的妆太浓了吗？"她从包里掏出一面镜子，使劲地抹去脸上多余的胭脂。

阿列尔和我完全不知道这是什么状况，后来才意识到我们当时正站在当地著名的红灯区。那天早上，一群浓妆艳抹的女人和异装者在这条街上游行，招揽生意。自从那天起，谢里每次在出门前都反复跟我们确认，她的腮红是否太浓，还让我们对她即将从古巴飞来的丈夫圣地亚哥保密那天发生的窘事。

在意大利的一切都是新鲜的，我就像孩子一样，探索周围的未知世界。我过去的十六年仿佛白活了，连生活技能都要重新学习。这种翻天覆地的变化，让我有些措手不及。我必须时时刻刻提醒自己，我代表着古巴的学校来参加这次文化交流，肩负着老师和其他没有被选上的同学的信任，我必须要拿出最出色的状态。回想起在洛斯皮诺斯的日子，我从没有想过有一天我会离开那里，更没有想过会离开古巴。我现在真实地站在意大利，周围的人是那么的友好和善良。

更加幸运的是，我学习的地方是著名的都灵新剧院。虽然剧院只有十五名群舞演员，但是作为一个现代的剧院，它拥有五个排练厅，也有自己的舞蹈学校。排练的剧目种类繁多，从古典到现代，甚至还包括巴兰钦[1]的一些作品。歌剧院定期在国内外巡演，其首席也是意大利舞蹈界首屈一指的明星演员。

进了歌剧院，谢里给我们指了更衣室后就消失了。路上我们碰到了一群纤瘦的女孩，年纪和我们相仿，应该也是舞蹈学校的学生。她们用惊奇的眼光看着我们。阿列尔朝我眨了眨眼，就走到女孩们的中间。

"你们好，我们是新来的。请问更衣室在哪里呢？"

其中一个女孩向走廊的尽头指了指。

"你们不和我们一起去吗？"阿列尔开玩笑地说。女孩们被逗笑了。我突然意识到，她们听得懂西班牙语。

"阿列尔，你真是一条不折不扣的狼。"我羡慕地看着他游刃有余地周旋在一群美女中。他怎么那么会招女孩喜欢，真不知道从哪里学来的。

"阿列尔，快点，我们要迟到了。"我大喊。

我注意到有个女孩并没有离开，她有着深棕色的长发、雪白的肌肤、薄薄的嘴唇，眼睛深深地藏在一对浓眉下面，正好奇地看着我。

"你好，我叫梅拉。"她竟然主动开口了，"你就是卡洛斯吧？"

---

[1] 乔治·巴兰钦（George Balanchine），美籍俄国人，现代芭蕾中期最重要的代表人物之一，也是20世纪最伟大的编舞大师之一。——译者注

"咦？你怎么知道？"

"谢里给我们看过你的照片。"

"快点，朱尼尔，还有五分钟上课。"这次轮到了阿列尔催我。

"很高兴认识你。"我礼貌地吻了她的脸颊。

她看着我的时候眼睛直发亮："哦，不不，是我的荣幸才是。"

我们走进一个长方的大教室，地板有些不平，但是镜子大得铺满整个墙面，显得教室更加宽敞。班上有十个美丽的女孩和五个不高的男孩。当我们走进教室的那一刻，他们齐刷刷地看向我们。被这么多双眼睛赤裸裸地盯着，我有些不好意思，感觉自己像实验品一样。我们默默地走向把杆，等待上课。这时一个瘦高的男老师和谢里走了进来。他用力地拍了几下手掌，让大家都看过来。在说了一堆我听不懂的话后，班上突然响起了掌声，大家都看着我们笑。阿列尔也自信地展露了他雪白的牙齿，我歪着嘴角笑了笑，因为不想让大家第一天就发现我那颗被奥马尔打成灰色的牙齿和大门牙中间的牙缝。

谢里在教室的中间跟我们讲解组合，我的目光飘到了站在钢琴附近的一个女孩身上。她穿着黑色的纱裙和棕色的练功衣，浅栗色的长发盘在脑后，额前金色的刘海让她看起来格外可爱。看着她光滑闪亮的皮肤和姣好的身材，我不禁脸红了。她突然也看到了我，我咧开嘴大方地笑了笑，脸红得像古巴初升的红日。

完了，我的心再次被爱情捕获。

Chapter 9 启程

十六岁的我所理解的爱情,就是各种强烈的感情刺激,就像鞋里有一块硌脚的小石子。奥尔加莫名其妙地离开了我,让我觉得不忠就是女人的天性。但是纳里纳好像并不是这样。

一开始,她拒绝我所有的示好。我绞尽脑汁逗她开心,教她跳萨尔萨舞和西班牙语——我唯一拿得出手的。但是因为纳里纳今年二十三岁,她觉得如果跟我在一起,她会成为大家的笑柄。很多次,我不得不吞下所有的骄傲,面对她无情的拒绝和无止尽的沉默。不过一个月后,当我们跟着《卡门》的国内巡演到达贝加莫(Bergamo)时,我终于等来了这一天。

谢里和编舞老师一直在指导我的动作,到了午休时间,纳里纳悄悄地把我喊到了排练厅一个别人看不到的转角。

"我们可以在一起,但是你要保证不能让别人知道我们的事。"她轻声说。

我高兴坏了,深深地吻住了她。回到排练厅,我还在品尝着纳里纳在我嘴唇上留下的芬芳。老师不停地纠正我旋转时吸腿的位置,但我的脑子里全是纳里纳的影子。

在她向我告白的那一刻,我感觉自己身体的温度融化了覆盖在这座城市的大雪。

爱情,一旦开始,便一发不可收。尽管我们努力保守着这个秘密,但是周围的朋友开始向我们投来怀疑的目光。与此同时,阿列尔在和维维安娜——纳里纳的闺密兼室友约会。所以我常常和维维安娜交换,我和纳里纳睡在她们的宿舍,而维维安娜和阿列尔睡在我们的宿舍。每天早晨，我们总是舍不得分开。课堂上，我们的目光也在追随着彼此。

谢里的丈夫圣地亚哥从古巴赶来之后，我们就从原来的公寓搬了出去。校长把我们安排在街对面的另一个公寓里，南希住在四楼，我和阿列尔住二楼。我们秘密地分配好房间，我和纳里纳一间，阿列尔和维维安娜一间。

可惜好景不长，纳里纳觉得知道我们事情的人越来越多了，她决定结束这一段关系。我年纪还小，不知道怎么表达她对我的重要性，也不懂怎样挽回一个女人的心。我绞尽脑汁，变着花样送她花，给她惊喜，但是一切于事无补。

"Tu sei un bambino!"[1] 她对我说，"你还是个孩子！"

我们的结束就像开始一样，还是在剧院那个见不得人的转角。我们无声无息，风平浪静地分手了。

不久，剧团到威尼斯演出。纳里纳一直刻意避开我，每次我试着跟她说话，她总是一口回绝。

"Tu sei un bambino."

我不敢相信我已经置身在威尼斯这座浪漫的城市中。幸福的恋人或在叹息桥上相吻，或偎依在运河的小舟上，而我却是单身。一个周日的下午，上完课后我们几个人跑到了街上，准备好好探索这座美丽的城市。和我们一起的还有梅拉，那个我到达大剧院

---

[1] 此处为意大利语，意思是"你还是个孩子"。——译者注

Chapter 9　启程

第一天见到的谦逊女孩。威尼斯的街道人头攒动,到处可见招揽生意的小贩。他们似乎是天生的生意人,旅客面对他们毫无抵抗力,心甘情愿地花钱收集各类穆拉诺岛(Murano)的玻璃饰品、小船模和其他小玩意儿。

我们一行十个人坐上了水上巴士,向利多(Lido)进发。阿列尔和维维安娜仍在拥吻,我茫然地看着远方。著名的圣马可广场上的那个尖塔看起来就像吓人的断头台,我想起了奥尔加对我的背叛。即使我知道自己是她爱情游戏里的一个小兵,但是我还是义无反顾地爱她。现在历史再次上演,纳里纳一再的拒绝深深地伤了我的心,但我还是那么的想她。

"卡洛斯,你还好吗?"梅拉关心地问我。

"哦,我没事,别担心。"

"你是不是和纳里纳分手了?"

我愣了一下,果然,我们之间的事情早已家喻户晓。我盯着船边激起的浪花,又郁闷又气愤。

"我知道有个女孩,其实想做你的女朋友。"她害羞地笑着。

"谁?我认识吗?"

"我不能告诉你,这是一个秘密。"

我们互相看了许久,我突然明白了,为什么她看着我的那双大眼睛会发光。我的心还在纳里纳那里,一时间无法接受这个现实,主动把目光移开了梅拉的脸庞。

利多海边,鲜花怒放,沙滩上高大的棕榈树让这里像极了古巴。我还发现了一家萨尔萨舞俱乐部。我和阿列尔跳上舞台,跟着熟悉的旋律,自如地跳着舞,找回了我们在哈瓦那的感觉。我忘记了所有的不快,尽情地跳舞,周围的人都停下来看着我们。阿列尔对维维安娜做出一个邀请的动作,而梅拉小声地问我,可不可以教她跳舞。我欣然答应,梅拉是个聪明的舞者,一学就会,我也逐渐加大了难度,开始教她各种更复杂有变化的舞步。忘我地跳到傍晚,我才发现身边的朋友早已走光。梅拉也意识到了这一点,她忽然靠近我,贴上了我的唇。

"梅拉……我……"

"我知道,但是我就是喜欢你。"

我紧紧地抱住梅拉,这一刻我忘记了其他所有人。晚上我们各自回房间。奥尔加和纳里纳的经验告诉我,对待女孩如果一开始就爱得忘我,那么我注定会成为爱情悲剧里的穷光蛋。

这段时间,谢里就像我第二个母亲。她知道我经历的一切,每次排练中间,她都给足够的时间让我调整自己。她常对我说,我会是个很有前途的孩子。与此同时,她还告诉了我一个好消息。

"编舞老师建议你参加洛桑国际芭蕾舞比赛。"

一开始我没听清,我以为她是在说什么意大利千层面[1]。谢里耐心地向我解释,洛桑是瑞士的一座城市,在那里将举行一年一度的青少年芭蕾舞比赛,这个国际性的大赛从世界各地选拔优秀且

---

[1] 此处原文是 lasagne,意思是意大利千层面。这个词的读音和洛桑(Lausanne)相似。——译者注

有天赋的舞者,为他们提供奖学金和著名舞团的学习机会。"不过你别高兴太早了,我还没跟梅斯图里诺先生谈过。"

那一晚,我蜷缩在自己的小床上,反复想着谢里的话。她疯了吗?我虽然在古巴的卡马圭艺术节上表演过《玛祖卡》,但是我怎么有资格参加这么重要的国际比赛?的确,我很努力地跳舞学习,但似乎从来没有人对我有任何期望。成功对于我来说,仍然遥不可及。如果我参加了,那我绝不能给学校丢脸,更不能让祖国蒙羞。不过一切都是我自己的想象,我努力让自己平静下来。梅斯图里诺先生一定会说不,我也不会得到瑞士的签证。

回到都灵后,对洛桑比赛的期待就像笼罩在这个城市的雾霾一样,越来越模糊。虽然梅斯图里诺先生最终答应让我去参加比赛,也愿意替我支付一切旅行费用,但是申请表迟迟不来。当我好不容易收到申请表并寄回洛桑之后,注册的材料又毫无音讯。

我开始准备比赛,正如我前面所说,拼尽全力。谢里也每天盯着我,纠正我的每一个细节。她一再强调脚的位置,舞台上走路要优雅,每一个旋转、每一个跳跃都要保持直立。下午排练完演出剧目后,我还要再单独训练,排练《堂吉诃德》的变奏——我将在洛桑比赛中的选段。随着排练的强度增加,我对自己的要求也越来越高,我几乎跳遍了舞剧中所有的变奏。每次都是谢里提醒我该回家了,我才依依不舍地离开练功房。

曾经陌生新鲜的都灵现在已经再熟悉不过了,但我还是想念纳里纳,想念我远在古巴的家人。因为没有电话,书信也要几个月才能送达，所以我几乎没有任何和父母交流的机会。但是，我现在找到了一个逃避的方法，就是跳舞。我回到公寓，仍然疯狂地压腿，不停地做仰卧起坐和俯卧撑。

"老兄，你悠着点，这样会把你逼疯的。"阿列尔好心劝我。但是他不知道，这里才是我真正的避风港，而且我对芭蕾早已上了瘾。

元旦前夕，我还是没有收到比赛的注册表，即使谢里始终鼓励我，说我一定会被接收，但我仍然感到不可名状的失落。在梅斯图里诺先生的新年晚宴上，面对着堆成小山一样的食物和窗外绚烂的烟火，我一点精神也没有。

阿列尔正和梅斯图里诺先生的长女米丽娅姆跳舞，老师谢里坐在她丈夫身边，优雅地欣赏着宴席上散发着青春活力的舞者。伊雷妮，那个第一天在门口迎接我们的女孩向我走来，问我愿不愿意教她跳萨尔萨舞。随着浪漫的音乐，我们越跳越近，我眼前的人仿佛是纳里纳。她的话在我脑海中盘旋："你还是个孩子……"宴会上的每个人都很开心。伊雷妮一不小心踩到了我的脚趾，我一下晃过神来。我应该乐观一些，我命好，没有坐上那架坠毁的飞机，幸运之神的眷顾又让我被老师选中来意大利参加文化交流。我其实已经拥有了很多，冥冥之中自有安排。

几周后，我终于收到了比赛的正式注册函，距离开赛只有一个礼拜了。摆在我面前的还有一个障碍，就是签证。持有古巴护照在申请他国签证时，总会遇到各种各样奇怪的问题。何况现在离比赛仅有一个礼拜,大家都说这几乎是不可能的事情。比赛前三天,我还坚持训练到傍晚。我告诉自己,如果这次去不了,是命运的错,不是我的问题。

比赛的前一天,我还是没有收到签证,我已经做好了放弃比赛的心理准备。我像往常一样上课,忽然,梅斯图里诺先生闯进教室,琴师立刻停下,教室里死一般的寂静。他说了三个字:"Domani si parte。"

我的意大利语水平很有限,但是同学的掌声和疯狂的喊叫声让我突然明白了。

"我们明天出发。"

一百二十七名来自三十多个国家和地区的选手将在洛桑大显身手。

我的号码是 127 号。

Chapter 10

决战洛桑

1990 年 1 月 25 日傍晚，我们抵达了洛桑火车站。谢里因为工作原因走不开，大剧院派劳尔陪我备战。劳尔约莫四十岁，身材瘦削，戴着一副金丝眼镜。他一般在剧院跑龙套，有时帮忙采购或者送货，有时充当一下礼仪接待或者司机。这次带我参加洛桑的比赛是他有史以来接到的责任最重大的一次工作。

"你知道吗？我会说五种语言噢。"就这一句话，在短短四个小时的火车上，他重复了不下三十遍。他总是把我当小孩一样，动不动就问"你饿吗？"然后不等我回答，就从一个黄色旅行包里拿出一堆五颜六色的巧克力："拉莫娜说你需要用巧克力补充体力。"

我不喜欢巧克力，但更不想让他觉得我不够友好，所以勉强吃了好几板，以至于到了洛桑，肚子痛如刀绞，脸上也突然冒出了至少十颗痘痘。劳尔还是乐此不疲地拿出巧克力，我终于忍不住爆发了："不吃不吃，你看看我脸上的这些痘吧。"

Chapter 10　决战洛桑

他随意地一笑："哈哈，痘痘嘛。没事没事，会好的。"

劳尔左手拖着沉重的行李箱，右手拎着那个装满巧克力的黄色旅行包，走到了我们预定的酒店门口。我的行李和劳尔的相比之下就少多了，南希借了我一个小旅行袋，里面只装了练功衣、舞鞋、《堂吉诃德》和《古巴咬鹃》[1]的演出服。可恶的巧克力让我肚子越来越痛，一秒也忍不住，我要上厕所！

然而，劳尔却慢悠悠地在前台登记入住。前台小姐说的是法语，劳尔混杂着意大利语、法语、德语回复，女孩脸上全是疑惑。我夹着腿，做着深呼吸。劳尔笑着说他喜欢女孩的红棕色头发，那位小姐害羞地笑了笑。劳尔仍不罢休，继续赞美她的眼睛像翡翠一般通透。我快不行了。

"喂，喂，劳尔，劳尔……快点，我不行了……我要上厕所。"我溜到他身边，轻声地喊着，不想让别人听到。

"什么？"他漫不经心地敷衍我，眼睛却不肯离开那位棕发碧眼的小姐。

"屎要拉裤子上了！！！"我终于忍不住爆发了。

他这才有了反应。

"Arrivo, arrivo!"[2] 他一把拿过钥匙，提着我冲进电梯。

第二天，我们和驻瑞士的古巴大使馆取得了联系。当告知他们我们是来参加比赛，并且希望在这个人生地不熟的城市得到一

1　古巴咬鹃（tocororo）是古巴的国鸟，也是卡洛斯参赛的现代舞的名称。——译者注
2　arrivo，意大利语，"到达"的意思。此处是劳尔故意在说意大利语。——译者注

些帮助时，使馆的回答让人大跌眼镜。工作人员竟然指责我们行事鲁莽，不计后果。他说如果我们输了，岂不是要给祖国蒙羞！我简直不敢相信使馆的工作人员竟然这么说。我给谢里打了电话，她生气地联系了驻意大利的古巴使馆，结果也是如出一辙，令人沮丧。

"别担心，朱尼尔，随他们去吧，"谢里说，"你现在要考虑的不是这些。"

的确，大赛在即，我应该把精力放在舞蹈上。博利厄宫（Palais de Beaulieu），这座极具现代感却不乏古典优雅的大剧院，从1973年开始承办历届的洛桑国际芭蕾舞比赛。大赛一共经过四轮资格选拔。第一轮是芭蕾和现代舞的课堂表现，来自世界的舞蹈大腕组成评审团，观看全部选手的表现。第二轮是舞台上的表演，分别是古典变奏和现代舞。第三轮进入半决赛，要求演员化妆，穿着正式的演出服。最后一轮是总决赛和颁奖仪式，有电视台拍摄记录。在这场大浪淘沙中，没有任何种族、性别的歧视，所有人都全力拼搏，争取最后的大赛金奖。当然还有一些小的奖项、奖状等，因为大奖有时会空缺。

比赛的第一天，我站在巴士站等车。人群中我一眼就能分辨出哪些是去参加比赛的，舞者们常常脖颈颀长，身姿挺拔。那些参赛者都用怀疑的眼神看着我，因为我有着圆蓬式的爆炸头，又厚又圆像个麦克风。我看起来就像 Boney M 迪斯科演唱组，或者是年轻版的迈克尔·杰克逊。

Chapter 10　决战洛桑

大赛共有一百二十七名选手报名参加，他们多半有家长陪同。一到会场，我感觉瞬间掉进了一个无数种语言混杂的地方，各种嘈杂让我的头脑一片空白。暗自庆幸，还好我有个会说五国语言的劳尔。

可是没多久，我就发现劳尔夸大了他的语言能力。一位金发的女士对劳尔用法语说了些什么，劳尔似乎没有听懂。她用德语又说了一遍，劳尔一边摇头，一边说："Italiano, Italiano, per favore."[1] 女士走开了，花了半个多小时才找来一名能说意大利语的翻译。他转译，今晚在附近的酒店有一场欢迎宴。之后又给了我们一个文件夹，里面包括比赛的日程安排、评委老师的信息，和两张我的号码牌——127，我需要在比赛中分别贴在前胸和后背。

第二天，我们参加了一堂非正式的芭蕾课，以帮助我们熟悉老师的教学习惯和口音。这个宽敞无比的教室里同样混杂着各种我听不懂的语言。环顾四周，一个看起来比我小一点的男孩正在扳旁腿——一条已经靠到了耳边的旁腿。

天啊，他是怎么做到的？很少男孩有这么好的柔韧性。我保持镇定，不想在一开始就让别人看出我的怯懦。我主动跟他问好，他不耐烦地上下打量我，并不准备搭理我，那条腿仍然保持在耳边的位置。另一个角落，一个看起来也比我小的男孩在练习旋转，每次至少转五圈。另一些人劈着横叉，放松地趴在地上。这些都

---

[1] 此处是意大利语，意思是"意大利，意大利，请说意大利语"。——译者注

是我想做但从来做不到的。

我开始冒汗。真不明白谢里是怎么想的,为什么要让我参加这个比赛?如果我输了,古巴和意大利的老师会怎么说呢?古巴著名的舞者洛雷娜·费霍(Lorena Feijóo),年仅十五岁就成为特鲁希略(Trujillo)舞蹈比赛的金牌得主,被古巴政府授予模范先进工作者。即使是她当年也没有通过洛桑的半决赛。就在头脑混沌之际,我回想起了谢里在我出发前说的一番话:

"任何一场比赛,没有人会成为输家。你要做的就是集中精力,只做眼前的事情,并牢记学到的知识,仅此而已。跟你较量的是过去的自己,而不是其他选手,所以即使结果不甚理想,你也是自己的赢家。你才十六岁,要学的东西还有很多。事实上,展现最好的自己,你就已经赢了。"

我顿时觉得放松了很多。这一堂课也没什么难度,任课老师还常常开玩笑来活跃课堂气氛。唯一有点不习惯的是每次组合他只说一遍,我知道这其实是故意的。这场比赛不仅要考验舞者的技巧,还要考验其学习的能力和速度。这位老师是我见过脾气最好的,所以我也就卸下了心理包袱,期待明天的课堂同样轻松。然而,事实证明我错了。

第二天,不知道是老师自己紧张,还是故意,他讲话像机关枪一样飞快,我的大脑瞬时像被电风扇搅了的糨糊一样,一边拼命回想动作,一边悄悄偷看别人然后跟着比画。我还暗自庆幸,因为站在了把杆的最后面,所以评委不容易看到我,我也可以看到其他同学的动作。可是音乐一响,老师让我们转身,我才意识到我突然变成了第一个。

中间部分,难度陡增。和昨天完全不同,这个老师像换了个人一样,没有任何说笑,只是冷酷无情地压榨我们消耗殆尽的体力。随着时间的流逝,我们体力透支。有些人直接躺在地上,像马一样喘着粗气,再也爬不起来。轮到按照序号表演变奏的时候,我们的身体已经不受大脑控制,只是听着音乐下意识地跳着烂熟于心的舞步,当然更没有精力顾及到这还是一场比赛,此时此刻评委正在盯着我们的一举一动。一些选手直接摔到了膝盖,还有一名选手扭伤了脚踝,当场被送进医院,至少有十五名选手因为大大小小的失误,把变奏连续跳了三遍。印象中,只有一位名叫维克托·阿尔瓦雷斯的西班牙选手,毫无瑕疵地结束了他的表演,看起来那些舞蹈技巧对他来说轻松得就像喝水一般。

轮到我了。其实排在最后一个也并不是件坏事,我有足够的时间向上帝和各路神仙祷告。

"桑戈[1]和上帝,赐予我力量吧!等我回到古巴,一定给你们一人供上一只大公鸡!"

我不知道耶稣接不接受公鸡当供品,但是我想,为了稳妥起见,祷告总没有坏处。

---

1 Changó,又名shango,古巴萨泰里阿教掌管火、雷、电的神,也是音乐、打鼓、跳舞的象征之神。——译者注

* * *

傍晚，我们在酒店旁边的餐馆等待宣布比赛结果。维克托，那个西班牙男孩，跟我们说，已经有20%的人被淘汰了。劳尔听不懂主持人说的每一个字，最后还是我给他做翻译，告诉他我可以进入下一轮了。

"妈妈咪呀！"他欢快地喊着，啜了一口白葡萄酒。

之后我们回到了酒店。当天劳尔特别开心，一方面是因为我的晋级，另一方面是因为那个让他一见倾心的前台女孩当晚值班。虽然彼此的交流总是不大顺利，但这并不妨碍他们互生好感。第一天我尴尬地破坏了他们的好事，所以这次我悄悄溜回房间，好让他们多一些独处的时间。

接下来的现代舞课难度也不大，所有人都进入了下一轮舞台表演环节。接下来就没有那么轻松了，因为出场时间晚，所以我必须像蚂蚱一样，不停地原地跳跃，以保持身体和脚的温度。主持人一再强调让观众不要鼓掌，这样虽然有助于我们集中精力，但是观众和家长们都太听话了，现场安静得像葬礼一样，我紧张得都能听见自己的心跳。

我找到后台的一个有把杆的房间压腿，不知不觉忘记了时间。直到一个褐色头发的女士进来跟我说了一堆听不懂的话，我才意识到可能轮到我上场了。她大喊着找来一个西班牙语的翻译。

"我们需要知道你所想要的音乐速度。"他一边解释，旁边的钢琴师一边给我弹《堂吉诃德》。

"就这个速度,可以。"我脱下护腿,走到舞台的角落准备上场。

我根本来不及紧张,整个过程跳得酣畅淋漓。当我跳跃在空中的时候,我只感受得到从未有过的幸福和快乐。我想我一定是把这种快乐传递给了观众,当音乐结束,全场观众爆发了雷鸣般的掌声,一直到我走下舞台,掌声依然没有停下。神奇的这一刻,让我不禁联想到我在梅斯图里诺先生的晚宴上许下的愿望。现在的我,真实地站在比赛现场,享受着观众赞美的掌声。我不禁贪婪地想得到更多。之后现代舞的部分我也完成得很顺利。

在此之前,比赛的选手大都不认识对方,但是现在竟然有人主动跟我说话。一个名叫雪莉的迈阿密女孩也是古巴裔,她主动跟我打了招呼,维克托向他父母介绍了我,甚至那个把腿抬到耳边的男孩也主动要和我做朋友。

"……93,97,102,103,115,120,125……"

主持人念着号码牌突然停下了。

劳尔紧张地看着我,"你跳得还行吧?"他的嘴形扭曲得就像一个大问号。

我点点头。

"还有127。"

太好了,我闯进了半决赛!

晚上我做了一个梦。梦里,我在洛斯皮诺斯的街头跳《堂吉诃德》，一旁是欧皮托、那群街舞小混混、我的家人、奥尔加、谢里……他们都在为我鼓掌！这一切真实得不像一个梦，直到我看到向来不苟言笑的父亲激动得号啕大哭，才意识到，好吧，原来是场梦。我从床上坐起来，听到劳尔还在打呼噜。我试图摇醒他，结果他竟然从床上掉了下去。

在剧院的后台，维克托的私人教练友好地帮我化了妆。我自信满满，觉得拿到大赛的证书、奖牌或者其他什么奖励，就如同探囊取物。

化完妆，我兴奋地走到侧幕，挑选了一个好的角度坐下，像观众一样，观看每一位选手的演出。我完全没有意识到，自己犯了比赛前的大忌。

我看到一个大约十三岁的女孩，她的表演成熟得具有首席的风范，紧张开始一点一点将我吞噬。一个男孩技艺精湛，还有一个男孩身体条件一流，空中的大跳几乎完美。维克托·阿尔瓦雷斯的表演也是一如既往的完美……我像掉进了一个黑洞，曾经的自信消失得无影无踪。

我几乎颤抖着走到了准备上场的角落，预想着几分钟后从台前幕后传来的讥笑。所有的希望都在瞬间蒸发，脑海里还有好几个卡洛斯在争吵。

当我在舞台上站定后腿点地，准备开始的时候，一个卡洛斯突然冒了出来："你想变成洛斯皮诺斯的小丑吗？"随着我右手的一个手势，铿锵有力的音乐响遍大厅。我努力抬腿想做一个漂亮的 double saut de basque[1] 开场，但是我的腿却感到一阵虚弱，跳不起来。下面接着一个类似于"剪刀"的跳跃，这是这段变奏中最重要的部分，我完成得糟糕极了，落地的时候还差一点摔倒，幸好用手扶了一下。旋转时我也掌握不好平衡，当跳到大斜线的 double tours en l'air[2] 的时候，我知道，之前失误太多，回天乏术，已经没有努力的必要。我不仅是洛斯皮诺斯的小丑，还是洛桑的小丑，一个失败者，一个傻瓜，一个只会吃泥巴、有着厚嘴唇的"灾难"。我已经无药可救。

回去的路上，我沮丧得一句话也不愿意说。劳尔也不知道怎么安慰我，走到公布结果的那个餐馆，他才对我说了一句话。

"我想让你知道，无论结果如何，我都以你为傲。"

他紧紧地抱住我，几乎让我窒息，沉默再次降临我们之间。

紧张弥漫到餐馆的每一个角落，几乎每一张脸庞都凝聚着焦虑。仅有几个面带笑容的人，显然他们已经接到了晋级的通知，可惜我不是其中一员。维克托和他的老师及父母坐在桌前庆祝，他们向我走来，跟我聊一些和比赛无关的话题，但这让我更难过。劳尔似乎还嫌不够，他坐在角落，同情地看着我。我唯一能做的就是交叉手指，低头默念。

"20，59，77，93，115，120……"

时间凝固了，就像我偷爱德华多手表的那个早晨，耳边充斥

---

1 芭蕾术语，在空中单腿旋转跳跃的一种技巧。——译者注
2 芭蕾术语，在空中原地转两圈的一种技巧。——译者注

着杂乱的声音，视线也越来越模糊。我用手捂住耳朵，什么都不想听。我辜负了古巴和意大利的老师，也让同学失望了，我对不起所有人！

我绝望至极，没有听到主持人喊出的127号，也没有看到劳尔兴奋地朝我冲来。直到他用力地晃着我的肩膀，在我耳边大喊："你做到了，你做到了！"我才发现世界上真的有奇迹。

劳尔拉着我要去其他地方庆祝，我婉言谢绝了，直接走回酒店，倒头就睡。第二天，我向劳尔提出了一个要求，不要跟我说话。他真的一句话都没说，只是时不时地从黄色的包里拿出几块巧克力，用眼神试探性地问我要不要。

参加决赛的选手只剩十一名。我早早地到了剧场，化完妆，不跟任何人说话，只和维克托打了一个招呼。我披上老师马尔科·皮耶林在贝加莫巡演时送我的红色斗篷，穿上两层护腿——一层尼龙、一层毛线，找了一个离舞台最远的地方，一个人安静地做热身。

四十分钟后，我准备完毕，上楼穿上演出服——黑白红三色的夹克。走廊上，一架摄像机跟着我拍摄，直到我到楼梯口。大会的主席宣布比赛开幕，观众席爆发出的掌声像足球场的欢呼一样热烈。我完全沉浸在自己的世界里，再听不见外面的掌声和对话，维克托从我身边走过，祝我好运，我也没有任何反应。我一直走到一个没有人的地方，对自己说："这是你改变命运的最后机会，绝不能轻易错过。"

Chapter 10　决战洛桑

　　我起初小声默念了一遍，但后来我决定大声喊出来，没什么大不了的。

　　现在是《海盗》的女变奏，掌声一结束，《胡桃夹子》男变奏的音乐立刻响起。还有三个节目就轮到我了，我开始出汗，手心冰凉。掌声再次响起，仿佛在说："卡洛斯，加油！"大家都站在了我这一边。

　　我顿时信心倍增，心潮澎湃，激情四溢，实现梦想的时刻已经来临。

　　"卡洛斯！卡洛斯！卡洛斯！"我听着观众似乎都在欢呼我的名字，但事实上他们的掌声是献给刚结束表演的维克托。

　　"卡洛斯·阿科斯塔。"

　　主持人喊出了我的名字。这一次，我沉着地走向舞台一角，收紧臀部，扬起下颌，左手叉腰，左腿经过细致地擦地、点地站稳，展露出自信和骄傲的笑容。观众席上一片寂静，我右手给出手势，第一个跳跃，我就几乎飞上了天花板。双腿就像鹰的翅膀，我振翅高飞，无所畏惧。每一个转圈干净利落，结束的时候也不忘仰头增添一份完美。这一回的 double tours en l'air 充满力量，恰到好处地卡准了音乐，每一个落地都保持着舒展的阿拉贝斯克[1]。就差最后一个旋转了，不能功亏一篑。我的心狂跳，就在要质疑自己的时候，我在心里大喊："来吧，不要犹豫！"我擦地到旁二位，

---

1 arabesque，一种芭蕾舞姿，表现为一脚着地，另一只脚向后平伸。——编者注

画圈到后四位,准备旋转。啪!在钢琴结束的最后一个重音上,我完美地完成了这段变奏。

我跪在地上好几秒,震耳欲聋的掌声在观众席上爆发,无数的闪光灯亮得我睁不开眼。我深深地鞠了一躬,回想着刚才的那段舞蹈,好像释放了我心中的困兽,我第一次感受到舞蹈的自由。

二十分钟后,颁奖仪式开始。大会主席站在舞台中央接过麦克风,用法语一一介绍每一位评委,然后把他们领上了舞台的一侧。我们选手在侧幕等待,身边围着好几个摄像机。我们看看彼此,心里只有一个问题:"我获奖了吗?"我对我自己说:"你这个笨蛋,我怎么知道你赢没赢?"

主席说了什么之后,我身旁的一位舞者走向舞台,掌声响起,这个男孩获得了一张奖状。之后是一个日本女孩上台,掌声再一次袭来。周围的摄像机离我们更近了,好像要给我的毛孔来个大特写。接下来分别是来自英国和美国的舞者,主席说的话我听不懂,所以我也不明白他们拿的是什么奖。

还剩六个人,我看了一眼维克托,他拍了拍我的肩膀。

"如果喊到我的名字,能不能告诉我?"我担心自己听不懂。

"放心吧,喊到你的名字你一定会知道的。"他笑着安慰我。

舞者的名字被叫了一个又一个,现在只剩下我和维克托两个人。当主席喊维克托的名字时,观众的掌声空前绝后的响亮,他一定获得了最后的大奖。主席再一次拿起麦克风。

Chapter 10　决战洛桑

"乌拉乌拉乌拉……乌拉乌拉乌拉，卡洛斯·阿科斯塔，古巴。"
我只听懂了关键字——我的名字。

"祝贺你，孩子！"主席跟我握手，然后递给我一个小盒子。我向大家鞠躬，掌声像给维克托的一样热烈。还有人从观众席上站起来，向我们挥手，吹口哨。我不能自已地感到喜悦和骄傲。

"我就说你会知道别人喊你名字的吧。"维克托悄悄地跟我说。我和他握了握手，还不知道自己到底获了什么奖。我打开小盒子，惊呆了。

洛桑国际芭蕾舞比赛的金奖！

更让我感到惊喜的是，南希和谢里也赶来和我分享这成功的喜悦。我们四人，南希、谢里、劳尔和我抱在一起放声痛哭，谢里说我让她很骄傲。我在更衣室，跪在地上亲吻地板来表达我对上帝和桑戈的谢意。感谢他们满足了我在梅斯图里诺先生晚宴上许下的疯狂愿望。

如果要说我人生中最开心的一天，那非在洛桑的这一天莫属。

第二天我们坐上了回意大利的火车。检查护照的时候，海关发现我的古巴护照仅持有意大利的单次签证，这意味着除非我拿到一个新的签证，否则我不能入境意大利。我苦苦哀求了十五分钟，解释了我们的特殊情况。他突然说："你说你是古巴的舞者？你不会是比赛中获得冠军的那个人吧？"

谢里马上翻出了报纸上我的照片给他看，结果我不仅没有被抓起来，他还向我要了张签名，并非法地让我通过了海关。

比赛归来，我成了大剧院的独舞演员，我的名字和海报也在大街小巷中传开了。我还参加了剧团中的其他作品，担任重要角色。7月，在维尼亚莱舞蹈节（Vignale Danza festival）上，我获得了特殊荣誉奖。

纳里纳开始主动找我约会了，还时常问我和摩纳哥的卡罗琳公主拍照是什么感受。我无法回答，因为我也不记得报纸上那个充满光辉的男人当时想的是什么。

在意大利的学习交流结束后，我终于回到了自己的祖国古巴。几乎整个学校都在机场迎接我：朱尼尔、罗赫略、赫苏斯、拉斐尔、路易斯……我所有的朋友都来了。我冲到他们中间，迫不及待地要告诉他们我在意大利和洛桑的一切，但是情绪一涌而来，我什么话都说不出，只是掉眼泪。他们用手揉揉我的头，好像我是他们的弟弟一样。班上的女同学都哭了，老师也不例外。这一天好像就在大家止不住的泪水中流过了，直到第二天我才有机会跟他们分享我的故事。

回到洛斯皮诺斯，我把礼物分给父母和姐姐之后，就去买了四只大公鸡。按照萨泰里阿教的教义指示，我放了两只在最近的一棵木棉树下，另外两只摆放在神像前。我们一家五口出门吃起了冰激凌，父亲也和母亲牵了手，就像他们刚开始恋爱一样。我

Chapter 10　决战洛桑

用比赛获得的钱给姐姐们买了新的裙子，她们也和我一起分享小镇上的八卦。

每个月朗风清的夜晚，我都会爬上屋顶和我的那群鸽子并肩而坐。我会跟它们说起意大利、都灵、浪漫的瓦伦蒂诺公园（Valentino Park）和神秘的威尼斯运河。我喜欢那里银装素裹的冬天和五彩斑斓的秋叶。我还会向它们诉说我在洛桑的故事，像可爱的劳尔、天才的维克托、课堂上把我们累得半死的老师，当然还有半决赛时的失利。鸽子们咕咕地对我的述说做出回应，好像听得懂我的话似的。

一天晚上，一阵低沉的声音在我耳边响起。

"你的前途一片光明，我的朋友。"

"真的吗？"我怀疑地问。

"保重，也要珍惜你的家人。"说完这句话，这个声音就消失在遥远的天边。

我不明白他话里的意思，也不知道这个声音究竟是从哪儿来的。直到很久以后，我才逐渐明白那天听到的这句话。

Chapter 11

历史的重演

因为没有电话,所以在意大利的一年我都不能和家中联系,直到现在回到古巴,才慢慢了解家中的近况。

我刚进家门,姐姐贝尔塔就给了我一个惊喜:"尤利,我和爱德华多结婚了。"

爱德华多和姐姐在一起有一段时间了,他是个好人,并且真心地爱着姐姐。我替贝尔塔感到开心,但是她之后的一句话,让我又感到有些不对劲。"不过这只是暂时的,我真正的丈夫永远是上帝。"我从来没有听过姐姐说过这么奇怪的话。

"你还好吗?"我担心地看了看家里另外几张忧心忡忡的脸。

"当然,我现在再好不过,我就要和上帝结婚了。"姐姐又重复了一遍。空气中笼罩着诡异的寂静,贝尔塔突然一阵大笑缓解了这份凝重。她是在开玩笑?之后,贝尔塔又恢复到她之前的状态,我才终于放下心来,赶紧翻出我从意大利给他们带的礼物。

Chapter 11　历史的重演

那个时候，我完全没有想到这将是厄运向我们走来的第一步。

贝尔塔向来沉湎于宗教信仰，而如今已到了无法自拔的地步。她十几岁的时候就摒弃任何课余活动，一心学习《圣经》的《旧约》和《新约》。她坚信有来生，所以一直向父母追问卢西亚阿姨自杀的细节。我怀疑姐姐的这种变化是不是和家里的变故有关，难道是母亲的脑中风、阿姨的自杀或者是基因中遗传着疯狂的因子？不管什么原因，原本温柔的姐姐，现在像变了一个人似的。她开始变得傲慢自大，一旦发作，力气还大得惊人，有时毫无缘由地使用暴力，说起话来也口不择言。她常常和父亲发生口角，有一天，她像恶魔上身一样，竟然拿了一个玻璃花瓶向父亲头上砸去，还好父亲闪避及时，否则后果不堪设想。

不久，贝尔塔已经不再满足于自己学习《圣经》，她强迫我们跟她一起学。她说，世界末日马上就要来临，上帝将惩治所有邪恶、罪人和不相信他的人。

"玛丽琳，尤利，你们一定要跟我一起学，这样才能被上帝拯救。"她一遍又一遍地苦苦哀求我们，最后我们妥协了。我同意每个周末回家后，在邻居拉莫娜家里和她们一起学习《圣经》。一方面是不想让贝尔塔那么难过，另一方面我确实被她说得有点害怕。

贝尔塔执意说服我，让我皈依一个宗教团体。尽管我想让姐姐开心，但是我对于神创造世界以及耶路撒冷一点兴趣都没有。我也知道一些小故事，比如一个男人建造了挪亚方舟拯救遭受水灾的动物。又比如亚当是用地上的尘土造出来的，夏娃则是耶和华取亚当身上的肋骨造的，他们在蛇的诱惑下，偷食禁果而被逐出伊甸园。那要是没有蛇呢？学习《圣经》的时候，我常犯困。贝尔塔总是用胳膊把我顶醒，但我的眼皮像灌了铅一样，一点也抬不起来。对此，姐姐非常生气。我向她解释，因为之前去意大利学习，这一年我必须要赶上两年的功课才能和同学一起毕业。但是她对我的解释毫不理会，也不愿意跟我说话。她对我大吼，上帝绝不能被忽视，你也永远到不了伊甸园。看着她如此执着的眼神，我才意识到她陷得太深了。

在学校寄宿的时候，我总忍不住联想，姐姐现在极具攻击性人格，特别像卢西亚阿姨自杀前的状态。

她对神的信仰与狂热与日俱增。与此同时，她原本幸福的爱情生活也逐渐瓦解。一个来自隔壁街区名叫弗朗西斯科的波希米亚男人卷入了这场混乱的旋涡。弗朗西斯科昭告天下，他有着和贝尔塔一样的精神追求，并且鼓励贝尔塔对《圣经》的专研。但是我们旁观者心里都清楚，他醉翁之意不在酒。往后的日子，早晨和下午，贝尔塔总是和弗朗西斯科待在一起，一边听他弹吉他，一边学习《圣经》。晚上，她再回到爱德华多的身边。就这样，姐姐贝尔塔从不愿提起自己已婚的事实。

"你要是不爱爱德华多就跟他离婚，你不能这样朝三暮四。"贝尔塔一点也听不进母亲的好言相劝，继续和弗朗西斯科约会。父亲对此沉默不语，自从贝尔塔向他砸花瓶的那一天起，他似乎

Chapter 11　历史的重演

就明白了什么。有一天，我忍不住对姐姐说，不要再见弗朗西斯科了，他动机不纯。没想到姐姐轻描淡写地说，她想去见他的时候还是会去的。

　　同时，学校里也是压力重重。谢里坚持让我参加每年一度的巴黎国际芭蕾舞大赛，但是她却找不到任何赞助机构。我们尝试了国家中心艺术学校（National Centre of Arts Schools）和国家文化部，但是他们都说抱歉，没有钱支持我们比赛。一切就像历史的重演，和我们在洛桑之前经历的如出一辙：恳求，等待，彷徨……绝望之际，我们找到了另一个文化公司 Artex。前台小姐让我们坐着等一会儿。十分钟后，一个高个子的男人领我们走进了他的办公室。当他和谢里礼貌交谈并交换合作条件时，我却盯着窗外，做了一个逼真的白日梦：

　　姐姐贝尔塔站在厨房，她看上去就像十六岁那年一样，无忧无虑。她的模样如此真实，仿佛触手可及。忽然她消失了，取而代之的是弗朗西斯科和他怀里的吉他。他穿了一件格子衬衫，嘴里叼了一支烟，大声地嘲笑街边一个玩泥巴的孩子——我。我愤怒地冲上去，想要给他点颜色看看。但被姐姐一把拉住，我只好郁闷地在地上打滚……

　　谢里一声大喊，把我从逼真的梦境中拉回了 Artex 的办公室。

　　"如果你不愿意提供赞助的话，那就当作把钱借给我们。等我们回来再用比赛奖金还给你。"

　　我盯着谢里，简直不敢相信我的耳朵。她又疯了吗？如果我没有拿到奖金,那可是要吃牢饭的。

谢里保持着一如既往的镇定,微笑着看着前面的这个男人。

"那好吧,"他扬起眉毛,堆出笑容,"我来看看具体怎么操作。"

接着就把我们送出了门,让我们下周再来。

金塔大道(Quinta Avenida),哈瓦那向来最繁忙的街道,今天却冷清得可怕。街上静止得像一幅油画,只有纹丝不动的建筑,没有来往的人和穿梭的车。我还沉浸在刚才那个梦里,总觉得这片死寂预示着什么凶兆,我甚至开始怀疑是不是上帝因为我在学习《圣经》时打瞌睡而惩罚我。

谢里表现得出奇的冷静,当我质疑她疯狂的提议时,她却轻描淡写地说:"听着,朱尼尔,这是一个千载难逢的机会。我知道你现在压力很大,身体也不在最佳状态,所以你更要好好吃饭,加倍努力,暂时抛开其他的杂念,把心思放在比赛上。"

谢里湖蓝色的双眸似乎看穿了我的心,我迟疑了一下。

解铃还需系铃人,贝尔塔的爱情终究需要她自己去解决。再说,人们有宗教信仰也是再正常不过的事情。父亲信仰萨泰里阿教,母亲对各种教派都信一点,但又不完全相信,现在姐姐是宗教团体的一员。这种情况在古巴的家庭里不过是稀松平常的事情罢了。再说,我印象中贝尔塔也不曾遇到过什么解决不了的大麻烦。

我决定不再庸人自扰,而是把精力全部放在舞蹈上。

Chapter 11　历史的重演

　　知之非难，行之不易。我敢保证如果谢里撞见了贝尔塔这天的模样，她的担忧一定比我有过之而无不及。我在公寓的楼梯口看到了姐姐，她双眼通红，眼窝深陷，深得发紫的黑眼圈让她看起来彻夜未眠。她衣衫不整，披头散发，左手拿着《圣经》，右手拿着一串十字架念珠。

　　"尤利，你准备被救赎了吗？世界末日就要来临了。"我呆立在楼梯上，听她说出了这样的话。

　　我从没想到，那场梦预示的不祥之兆竟然应验了。

　　"贝尔塔，发生了什么？你到底怎么了？你怎么会这样？"我心如刀绞。

　　"世界末日就要来临，我已经准备好了。"说完她撒腿就跑。

　　"你去哪儿？别跑了，你快回来！"

　　我把书包一扔，正要去追她，父亲和玛丽琳三步并作两步从楼梯上冲下来，撞到了我身上。

　　"抓住她，尤利，抓住她！"玛丽琳尖叫着。

　　我转身追向贝尔塔。不到半个街区，贝尔塔被一个邻居拦腰抱住。尽管我们很快赶到，但可怜的好心人已经被贝尔塔打得鼻青脸肿。我们试图抓住贝尔塔时，她像一个神志不清的角斗士，毫无顾忌地挥动着她的拳头。

　　"乖，贝尔塔，我的好孩子，没事了，没事了。我们现在回家。"在父亲的安慰下，贝尔塔终于安静了下来。我们再次谢过那个受伤的邻居，搀扶着无力的贝尔塔向家的方向走去。母亲站在阳台上捂着嘴哭泣,我们一进房门,她就把贝尔塔抱在怀里,轻轻地抚摸她的头发。

街上站满了人,还有好多狗,我们家再一次被众人围观。我们知道,那些认识卢西亚阿姨的人都在想贝尔塔会不会变得和她一样。

很显然,姐姐和弗朗西斯科大吵了一架,所以晚上也不睡觉。凌晨,她又独自游荡在洛斯皮诺斯安静的街道,对着月亮和其他一切自然存在诉说她的信仰。白天,她还要挨家挨户地敲门,传播她所认为的福音,游说每一个邻居皈依她的教派,但是没有人对此感兴趣。这些负面情绪逐渐堆积,最后终于爆发。

母亲让贝尔塔吃了镇定剂后,又陪着她吃了一些食物。可姐姐只是无神地发呆,一坐就是几个钟头。妈妈和玛丽琳泪流成河,在一旁不知所措。父亲出去找医生,我也不知道自己能帮着做些什么,只能看着她们三个。不一会儿,父亲带回了一个护士。爱德华多也赶来了,他看起来很紧张焦虑,想要上前抱住贝尔塔,却被护士拦下了。护士说,现在抱她只会让事情更糟,最好暂时让她一个人静一静。护士仔细地检查了贝尔塔,并给她注射了另一种镇定剂。"你们不用担心,这些症状都是由缺乏睡眠引起的。每个人都会有,只要她休息好了,就会完全康复。"护士的话让我们悬着的心落了地。

贝尔塔睡着了,母亲和玛丽琳也暂时停止了哭泣。爱德华多听了护士的说法,也逐渐镇定下来并回了家。我盯着可怜的姐姐,

Chapter 11　历史的重演

乞求上帝让她梦到一些美好的事物，忘记那些噩梦。这是他能为这个虔诚、善良的女孩所做的唯一的事了。我祈祷让我们的家回归宁静，所有厄运都离开这里。

第二天清晨，整个街区都被持续不断的尖叫声所惊醒。我们从窗户看出去，姐姐贝尔塔竟然赤身裸体地站在街道中央。玛丽琳冲上街，用床单裹住贝尔塔，父亲问邻居借了三轮摩托，要带贝尔塔去医院。母亲看到这一幕几欲崩溃，我只好先安慰妈妈。还好有邻居出手相助：德莉娅帮贝尔塔穿上衣服，凯尼亚用手捂住贝尔塔的嘴，让她停止喊叫。我随便抓了几件衣服，就跳上父亲的后座，让贝尔塔坐进三轮摩托的侧面。我们向马索拉（Mazorra）开去，那里是哈瓦那精神病医院。

去医院的路上也并不顺利，贝尔塔多次试图跳车，幸好我们及时拉住了她。她一直盯着刺眼的太阳，好像在和太阳对话，以至于她的视网膜也被烧坏。到了医院，医生给她注射了镇定剂，要求留院观察，让我们第二天再来接她。

第二天我们回到医院，在聚集了上百个年纪不小的疯子的住院部见到了贝尔塔。我们不忍心让她在这里多待一秒，于是把她送到了加利加西亚医院——卢西亚阿姨自杀前所在的医院。但不幸的是那里没有空床位了，唯一的选择只有阿瓦利医院。姐姐住进了精神科八号病房，经过数周的测试和检查，医生严肃地通知我们诊断结果。

"很抱歉，您女儿得了妄想型精神分裂症。"

* * *

我坐上了俄罗斯航空飞往巴黎的飞机,害怕、沮丧吞噬了我的心。我一点也不在乎冗长的航班——哈瓦那—甘德[1]、甘德—莫斯科、莫斯科—巴黎,也不在乎莫斯科零下三十摄氏度的天气和我们落脚的破旅馆,即使饥肠辘辘也无所谓,机场聚集了上百号想要逃离莫斯科"改革"[2]的人也与我无关。

到了巴黎,我也根本不在乎会不会赢得比赛,输了还不起钱怎么办。没有练功房,我们就在大使馆的一个会议厅里排练。和我的愤怒与无助相比,一切都不重要了。我痛恨弗朗西斯科,是他对姐姐疯狂信仰的推波助澜导致了这场悲剧;我也感到无奈,因为世界上有太多无法治愈的疾病,姐姐的病就是其中之一。

当我最终赢得了金奖,我像所有参赛者一样,挂着假面具似的笑容。没有人看得出我是在演戏,无论是老师、其他的参赛者、欢呼的人群,还是观看了整场比赛的希拉克夫人。也许看起来我很享受胜利的喜悦,但是一切都是装的,包括我的眼泪也不是喜极而泣。或许我应该懂得感恩,毕竟我赢得了一场至关重要的比赛,获得了成功。但是我越来越感觉到,这种成功带来的"快乐"转瞬即逝。真正的快乐需要健康、爱、朋友、金钱和家人。对于

---

[1] Gander,加拿大的一座城市。——译者注
[2] Perestroika,指苏联领导人戈尔巴乔夫自1987年6月起推行的一系列经济改革措施,其意图为改变苏联陷入僵局的经济状况。——译者注

我来说，毋庸置疑，家人是最最重要的。

回到古巴，我们就把当初向 Artex 借的钱还了。没过几天，我的新闻就被登上报纸头条，政府还给我颁发了胡利奥·安东尼奥·梅利亚[1]奖牌。名利并不能使我快乐。贝尔塔依然躺在家里，虚无地看着远方，沉浸在她自己的世界里。我给她看了我的奖牌，她一点反应也没有。母亲愁眉苦脸地叹了一口气，父亲用力地咬了咬他的假牙，姐姐玛丽琳走到我的身边，把手搭在我的肩上。我再也忍不住，放任自己哭了个痛快。

第二年开始，无论我是睡在学校宿舍的上铺，还是出国参加文化交流时睡在宾馆的床上，我都会在睡前花三十分钟想一想我的家人。我怀念我们一家五口挤在一个房间睡觉的日子，那时两个健康的姐姐还穿着母亲缝缝补补的旧裙子。突然另一个画面跳入我的脑海：贝尔塔茫然地站在洛斯皮诺斯的街上传播"福音"。

我甚至把责任推到了芭蕾上。要是我没有学习芭蕾，不上舞蹈学校，不出国演出，也许就可以早一点发现姐姐的病情，也许还能阻止其恶化。排练的时候，只要我一想到这里，就浑身无力，无法继续。一切都失去了意义，我的努力也是徒劳。

有一天晚上，我躺在宿舍的床上辗转反侧。等到宿舍管理员库卡给我们熄了灯，我立刻就翻出宿舍的围墙，连夜赶回了家。

1　Julio Antonio Mella，古巴共产党的创始人之一。——译者注

到家的时候已经是凌晨一点。

父母看到我气喘吁吁、大汗淋漓地站在门口,以为我又出了什么事。弄清了我的来意,他们才松了一口气,说姐姐平静了一些,并且已经回了爱德华多的家。

"那我去看一眼。"我坚持要见到她。

"不行,刚才你妈已经说了她没事。再说现在那么晚,'海盗'已经在看门了。"

父亲说的"海盗"是爱德华多家的一条斯塔福德郡斗牛梗[1],我们都叫他"Cujo"[2]——杀人犬。

"好吧,那我先住家里,明天再去看她。"

"不行,你明天必须回芭蕾舞学校。"父亲的语气里容不得半点商量的余地。

"但是我想和你们在一起。"我的声音带点哽咽,却依旧坚持。

父亲生气地转过身,走出了卧室。母亲爱抚地拍了拍我的头,对我说:"别担心,她确实好多了。"母亲让我上床睡觉,就在这个时候,父亲像龙卷风一样又杀了回来。

"听着尤利,这话我只说一遍。"他把一双大手重重地压在我的肩上,"你帮助贝尔塔、妈妈还有我们全家的办法只有一个,就是在舞蹈上多下功夫,做出一番事业。不要再顾虑我们,走你该

---

[1] Staffordshire Bull Terrier,犬类品种。——译者注
[2] Cujo 是美国畅销书作家斯蒂芬·金的恐怖悬疑小说《狂犬库丘》中一只感染了狂犬病并具有巨大杀伤力的圣伯纳犬。——译者注

走的路，我们也会照顾自己。你明白吗？"

"但是爸爸，我之所以不能常回家，就是因为芭蕾占据了我几乎所有的时间，可我还是忍不住想起贝尔塔……"

"你现在要做的就是忘记一切，专注于你的事业。你知道你有多幸运选择了一条与众不同的路。如果你半途而废，那才是罪过。你对不起的不仅仅是你自己和我们，还有那些并没有天赋但是仍在努力的人。"

我被郁闷和愤怒冲昏了头，实在无法控制自己的情绪，对父亲吼了起来：

"两年来你们对我不闻不问，两年！现在还不让我看自己的姐姐，不让我得到一丁点的安慰，就因为我必须跳舞，来满足你自私的虚荣心！你不会懂我每晚做的噩梦，你是个冷血、没有感情的人。我小时候骑自行车撞向路灯，你也不关心我，甚至都不抱我一下。再这么下去我就要完了，去他的芭蕾！你知道吗……"

我犹豫了半秒钟，把下面要说的话停在了舌尖，但我的愤怒还是让它脱口而出："我恨你，我恨你一辈子！"

父母没有说话，窗外树静风止，屋顶上的鸽子也突然安静了下来。父亲低头走出了房间，母亲也跟了出去。我独自一人瘫在房间地上，我刚才真的对父亲说了我恨他？我不敢相信自己竟然说出了这样的话，但是一切为时已晚，覆水难收。

我离开了家。

站在街角，我仰视着家里的玻璃窗，母亲也正看着我。她的半张脸被灯光投射下的影子遮住,她一直目送着我,直到我消失在街的尽头。

我走到公交车站,一头倒在长凳上。我还是无法相信自己对父亲说出了那么残忍的话。他的话在我耳边回荡:

"不要再顾虑我们,走你该走的路,我们也会照顾自己。"

我突然意识到,我恨的不是父亲,而是自己的生活——芭蕾让我过得糟糕且孤寂。

黑夜无星,我的心里空空的,仿佛有一只巨虫盘踞在我的身体里,吸走了我所有的快乐和希望。那只虫子还用父亲的话狠狠地讥笑我:"你知道你有多幸运选择了一条与众不同的路。如果你半途而废,那才是罪过。"寒夜凄凉,对于我来说,真正的罪过是当你大获成功,却无人分享。为了挽回家人,我可以放弃一切。

Chapter 12

谢里的决定

1991年3月,受委内瑞拉舞蹈学校校长尼娜·诺娃的邀请,我将参加为期两周的合作交流。虽然尼娜已经年逾古稀,但当年她也是一位誉满天下的舞者。她想要广泛引进古巴的芭蕾教学技巧,所以也同时邀请了委内瑞拉其他舞蹈机构,组织了一个小型交流会。当天,我们被安排了一节表演展示课,谢里解说,我做示范。我还与来自尼娜舞团和特雷莎·卡雷尼奥舞团的四位舞者表演了一小段舞蹈。

在委内瑞拉,我亲眼见证了谢里和她孪生姐妹曼金在分别三十年后的重逢。古巴大革命时期,曼金追随她的丈夫到了美国,由于之后古巴国门紧锁,她们像大多数古巴家庭一样,无奈地被分开。

那天早上,曼金和她的女儿从美国宾夕法尼亚飞到了委内瑞拉首都加拉加斯。我们约在希尔顿大酒店碰面。姐妹俩一看见对方，没说半句话，就抱头痛哭。我站在一旁观察她们，感叹血缘在她身上留下的神奇烙印——两个人像一个模子里磕出来的。谢里还是像往常一样，用彩色皮筋扎着及腰的黑辫子，浓妆下的脸比曼金的稍稍长一点。谢里的穿着非常简单：白色短袖加灰色运动裤，搭配舞蹈老师常穿的卡培娇[1]舞鞋。曼金则是一头染成红褐色的齐耳短发，手臂和下巴的皮肤有些松弛。她几乎没有化妆，穿着比较保守的长裙，但看起来价格不菲，一双黑色的高跟鞋让她似乎比谢里稍微高一些。迥然不同的生活使她们有着不同的装扮，两个人站在一起时，我有一种无比奇妙的感觉——既像，又不像。虽然打扮不同，但是她们有着如出一辙的红色嘴唇、湖蓝色的眼睛和挺拔的鼻子。看到她们团聚，我不禁想起了我的家人。如果母亲也能和她在美国的家人团聚就好了。

曼金在宾夕法尼亚开办了一所舞蹈学校，因此她必须当天下午就赶回去。我们在特雷莎·卡雷尼奥的一间练功房做了最后的道别，姐妹俩再次抱头痛哭。把曼金和她女儿送上出租车后，像三十年前一样，她们再一次分道扬镳。

三天后我们回到哈瓦那，学校正传出小道消息，英国国家芭蕾舞团的艺术总监伊万·纳吉要来古巴挑选演员。这个消息像野火一样，在各个舞蹈团以及芭蕾舞学校中迅速蔓延。有人说共有十个名额，还有人说他只去卡马圭芭蕾舞团，还只挑高个子、黑

---

[1] Capezio，一个美国舞蹈用品品牌。——译者注

Chapter 12　谢里的决定

皮肤的男演员。各种版本的传言都各执一词，但事实上没有人知道真相。

一个周二，我们得到确切消息，伊万已经抵达古巴，甄选被定在了周四，地点是加西亚洛尔卡大剧院，也就是我们上芭蕾课的地方。当天上午八点，学校的走廊里人头攒动，好像把"五一"劳动节在革命广场聚集的"三月革命"战士全部挪到了这里。这里不仅有来自普罗丹扎舞团（Prodanza）、国家芭蕾舞团和卡马圭芭蕾舞团的应届毕业生，还有驻足围观的圈内人士。

我和往常一样在教室里练习跳跃，普罗丹扎舞团的负责人劳拉·阿隆索走了进来。她鼓励谢里让我参加这次甄选，尽管我还没有毕业。她私下也已经给伊万讲述了许多我在洛桑和巴黎获得各类大奖的经历。于是，我们的课暂停了，五分钟后，大家都挤进楼上的会议室，观看这次激动人心的甄选。

劳拉让我临时和剧团的一名演员苏美拉·雷耶斯搭档，表演《堂吉诃德》中的一段双人舞。我们两年前确实曾有合作，那个时候苏美拉身材娇小，托举等动作都相对容易完成。但由于长时间没有合作，我们这一段双人舞简直惨不忍睹——我们的每一步几乎都有错。苏美拉往右，我却往左；她的手肘戳到我的肋骨，我忍着疼，继续表演；她要旋转的时候，我还常常给错了手的方向。尽管我们笨拙的表演漏洞百出，但是围观的同学们却掌声连连，喝彩不断，甚至还有人跳起来给我们吹口哨，好像球迷看到进球一样激动。对于他们来说，我们表现得好还是不好并不重要，重要的是我们在为自己的将来争取机会。

我悄悄地瞥了一眼坐在正中间的伊万。阳光从侧面投射到他灰白色的头发上，在他脸上留下一片阴影，所以我无法看清他的表情。周围的掌声热烈，他却无动于衷。他弯下身，拿起地上的水壶，喝了两口，又放回去。然后像小狗似的，把头歪到一边，继续保持着他令人捉摸不透的表情。没有人知道他在想什么。

一个半小时后，伊万用蹩脚的西班牙语磕磕巴巴地说，他想让我加入英国国家芭蕾舞团，担任首席。谢里、劳拉还有其他的老师完全不敢相信。伊万的西班牙语太糟糕，谢里担心有什么误会。

"先生，您是说想要他加入你们剧团的群舞吗？"

"不是，我是要他一个人跳舞，一个。你明白吗？"他一边说一边举起食指，"一个，就一个。"

所有老师都怔住了。谢里表面冷静，但是内心狂喜。她镇定地向伊万解释，我现在还只有十七岁，还没有毕业，但她保证会和他保持联系。起初，谢里把一切转达给我时，我还以为她在开玩笑，不过看着她认真的眼神，我才知道这是真的。我兴奋得几乎要晕倒了。

这一年的6月2日，我过了十八岁的生日。一周后，我们参加了将决定我们分配方向的毕业考核。我们中的一些人会加入卡马圭芭蕾舞团，另一些会加入刚成立的古巴圣地亚哥芭蕾舞团，最幸运的则会留在哈瓦那，进入由著名芭蕾舞蹈家阿莉西亚·阿隆索成立的古巴国家芭蕾舞团。没有被选上的，则会考虑加入劳拉的普罗丹扎舞团或者克里斯蒂·多明格斯的电视芭蕾公司。

这一年古巴国家芭蕾舞团选中了五名男生、两名女生，我便是其中之一。对此我很是骄傲，因为这里是所有舞蹈学生的梦想天堂。在这里跳舞，冥冥中就注定走上了一条前程似锦的光明大道，同时也意味着我可以和舞蹈大腕们一起上课，比如那个激发我舞蹈潜力的阿尔韦托·特雷罗。不过话虽如此，我心里还是有一丝小小的不甘心。毕竟英国国家芭蕾舞团之前还邀请我担任主演，而现在在古巴芭蕾舞团我就只是一个不突出的群舞。按照团里的计划，我们将去墨西哥巡演芭蕾舞剧《吉赛尔》，我的角色是扮演一个放鹰的狩猎人，得拿着一只鹰十五分钟一动不动。不过我也知道，在这里要想当上主演，甚至是首席，只凭一两天、一两年的等待和努力是远远不够的。

古巴国家芭蕾舞团有太多优秀的舞者，胡利奥·阿罗萨雷纳，埃内斯托·肯尼迪特，还有我的偶像阿尔韦托·特雷罗，他们加入舞团已经数年，但是至今也没有当上首席。所有的芭蕾舞团都会不惜一切代价，挖掘有潜力有天赋的舞者。唉，我究竟要当多少年的"猎鹰人"才能完成我的梦想？幸亏之前还参加了一些国际比赛，拿过一些奖，所以我有时也会被安排一些独舞角色，比如弄臣、农民或是茂丘西奥和班伏里奥[1]。可我想演的是王子，是罗

---

[1] 茂丘西奥（Mercutio）和班伏里奥（Benvolio）是芭蕾舞剧《罗密欧与朱丽叶》中罗密欧的两个好友。——译者注

密欧。

还有一件事让我感到焦虑。离开学校加入古巴国家芭蕾舞团，意味着谢里就不能天天陪在我身边。拥有一个身为卡车司机的父亲和一个身为家庭主妇的母亲，我其实非常需要一个强势有能力的人来照应我，以使我免于因为肤色而可能遭遇的偏见。我脑海中还闪过一个人影——安德烈亚斯·威廉斯，他曾被阿根廷剧院的保安拖出去，就因为当一名女士表示出对他肤色的蔑视时，他出言不逊。但即便如此强势，他也没能在剧团担任过一次《吉赛尔》中的阿尔布雷克特王子。这么看来，在古巴当首席的梦想似乎更加遥不可及了。

我开始幻想。

有一天，当我已经老得跳不动的时候，有人意外发现了我身体里藏着的"阿尔布雷克特王子"。在剧院，我用苍老的身躯演完一个跟英俊没有半毛钱关系的王子时，大众群起而攻之，质疑我是怎么当上首席的。最后，我被载入了失败的阿尔布雷克特王子的历史长册……

还有一种可能性，比如某天有人受伤，然后幸运之门向我敞开，我因此坐上了首席之位。但生活不能完全寄托在这些好运气上，我的命运得我自己做主。

尽管我有诸多的担忧，但是一毕业就能被国家芭蕾舞团选中，我还是很开心的，也很期待今年9月墨西哥的巡演。不过在此之前，我要先和谢里赶往意大利。这是之前在都灵新剧院文化交流的一部分，我们将参加维尼亚莱舞蹈节，在意大利各地演出。

我们预计 7 月出发。在此之前，阿列尔已经加入了卡马圭芭蕾舞团，但是谢里向剧团经理费尔南多·阿隆索请求，让阿列尔也来参加。我们三个人就像当年一样，再次一同前往意大利。在科尔索，我们还见到了好几个同样也来自古巴的同胞，其中包括奥斯瓦尔多·贝罗，卡马圭芭蕾舞团的主演之一，也是附属学校的老师。我们几个在一起，在科尔索凑成了一个小小的古巴圈。

到了歌剧院，我们才知道由于政府资金匮乏，剧院不得不大幅裁员。梅斯图里诺先生解释，这实在是无奈之举。有数十名舞者被迫离开，其中包括我的前女友纳里纳。现在要排演大型舞剧，就必须借用舞蹈学校的学生。维尼亚莱舞蹈节是梅斯图里诺先生每年都要安排的活动。我和剧团演员卢恰娜·萨维尼亚诺、乔治·扬库合作，排练了《卡门》，我饰演西班牙斗牛士埃斯卡米罗。此外还有《月河》(Moon River)，一个类似于大学校园的诗歌舞剧。其他的表演还包括马克西姆·莫里科内为我编排的独舞《奥菲欧》(Orfeo) 和罗伯特·诺思编舞的《古巴序曲》(Overture Cubana) 和《疯狂的一天》[1]。演出的城市包括罗萨诺韦内托 (Rossano Veneto)、的里雅斯特 (Trieste)、西西里岛、奥西莫 (Osimo) 和波西塔诺 (Positano) 等。我还有幸获得了奥西莫特别舞蹈奖和波西塔诺舞蹈奖。奥西莫的奖品是一个银色的奖杯，有

---

1 此处原文用了意大利语 Il Giorno della Follia。——译者注

点像足球世界杯的大奖杯;而波西塔诺的奖杯则摆放在一个像医药箱的小木盒里,这是一件陶土制成的雕塑,上面写着"莱奥尼德·马辛优秀奖"[1]。

这一天,我去波西塔诺领奖。这是个风景如画的渔村,小溪环绕,泉水叮咚。这里的人们也安静谦逊,家家有花,户户有水。山中更是曲径通幽,浪漫无比。

住所的窗外,一座小岛远远地漂浮在碧蓝色的海天交界处。

"那里是努列耶夫[2]的岛屿。"陪我前来的奥斯瓦尔多骄傲地说。

"谁?"我耸了耸肩膀。

"你竟然不知道努列耶夫?他是世界上最棒的舞蹈家,是个天才!"

我再次摇头表示完全不知道这个人。我知道的男性舞蹈家只有巴雷什尼科夫,费尔南多·布琼内斯,还有电视上看到的一个肌肉发达、长得有点像丹麦人的舞者,就这么多了。

奥斯瓦尔多对我的无知有点生气。

"因为努列耶夫,才有了今天的你我,你竟不知道他的大名!"

放屁,我今天能站在这里要归功于我的父亲和谢里,还有我自己的腿。我暗自想。

维尼亚莱舞蹈节一结束,我就回到了科尔索,在那里,我还

---

[1] 莱奥尼德·费奥多罗维奇·马辛(Leonid Fyodorovich Myasin),原文用的是其法语音译名字 Léonid Massine,俄罗斯著名舞蹈家、编舞家。——译者注

[2] 鲁道夫·努列耶夫(Rudolf Nureyev),苏联时代的著名芭蕾舞蹈家,20世纪伟大的舞蹈巨星。他改变了芭蕾舞中男舞者仅作陪衬的现象,提升了男舞者的地位。——译者注

Chapter 12　谢里的决定

意外地遇见了纳里纳。一天下午，我悠闲地坐在一家咖啡店里，一个女孩低着头，松散的头发遮住了脸。她扬起脸，轻啜一口咖啡，我这才清楚地看到那张熟悉的美丽脸庞。

我开始心跳加速。往事如流水一般，一幕幕地出现在我的眼前——我们的初吻，我们一起包意大利饺子，她拒绝和我见面时的冷酷……但是那些不美好的记忆已经让我逐渐淡忘。我犹豫了一秒钟，但是我的嘴已经控制不住地喊出了那个名字。

"纳里纳，是我，朱尼尔。"她抬头疑惑地看了我一眼，然后眼睛一亮，站起来冲到我身边。她用双手紧紧地搂住我的脖子。

"剧团不要我了。"

我更加用力地抱紧她，眼睛一酸，两行泪水滚落了下来。

我轻轻地吻住她，安慰她，我想要给她安全感。她也紧紧地贴住我，恨不得钻进我的身体，消失在这个世界上。我感觉两颗心再次贴在一起，用同样的节奏律动着。我想要向她证明，我就是为她而存在的，我愿意跟她分享她的不快。然而事实证明，我的存在只会让她更加难过。

第二天早上，空气湿润，阳光下弥漫着浓郁的花香，波河的水缓慢地流淌在别致的石桥下。这美好的一天却不属于纳里纳，她打算离开这座生活了五年的城市，去米兰展开新的生活。我们走到了波尔图诺夫火车站（Porto Novo station），她的眼睛还是肿得像桃子。

我努力地想着如何让她开心一点。

"你知道吗,纳里纳,"我开始了,"我想对你说三个字。这句话我已经考虑了很久,就三个字。我想也许现在就是说这句话的时候了……你准备好了吗?好吧,我要说喽。有个女人正在用母乳喂养她怀里的婴儿,一个男人走了过来,他说:'女士,你可能不相信,不过您的孩子邀请我和他共同进餐。'……"

纳里纳大笑起来。看到她的笑容我终于放下心来。

"三个字?"她看起来并不快乐,"我看你都不会数数了吧。唉,你还是个孩子……"她在我胸前轻轻拍了一下,然后又重复了一遍:"你还是个孩子。"

这是我最后一次见到她。这一刻,她带着笑容坐上了11:15开往米兰的火车。随着火车的启动,她靠在窗口的身影越来越小,最后变成一个小点消失在远方。我依然对着空气挥手,脑海里全是她含着眼泪的笑。

拖着沉重的心情,我回到了科尔索。谢里打电话要我过去,大概她又想向我展示厨艺了吧。我走进她的公寓,桌上空空的,什么菜都没有,空气中也没有一丝调味品的味道。

谢里正在打电话,夹杂着西班牙语、意大利语和英语。我好奇她在跟谁说话。

"好,没问题。Va bene[1]。我还需要签证和机票。对,你可以把合同寄到……可以吗?Nos vemos[2]。"

---

1 意大利语,意思是"好的"。——译者注
2 西班牙语,意思是"再见"。——译者注

Chapter 12 谢里的决定

她挂下电话。

"朱尼尔,过来。"她看向我。

"你可能已经听到我电话里说的了,也一定在想,我在说什么鬼东西。"

我被谢里说中了心思,忍不住笑了出来。

"我的英语很糟糕,但是我刚才和伊万·纳吉通了电话,他会给你寄来合同和你下周飞往伦敦的机票。"

"我的合同?机票?"

自从伊万离开古巴,我们谁都没有再提起他之前的那个邀请,我也早以为这件事情就这么不了了之了。再考虑到一向繁琐复杂的签证问题,我早就认命,决心脚踏实地留在古巴,加入国家芭蕾舞团,走一条传统舞蹈学生该走的路。今年9月我还要跟着剧团去墨西哥演出,扮演一个站立十五分钟一动不动的"放鹰人"。这些都是事先说定了的,如果我现在离开,会让所有人失望的。

谢里喝了一口可口可乐,她摘下眼镜,深深地呼出一口气,仿佛她的心上压着千斤重的大石。

"这件事情我已经考虑了很久,也分析过种种错综复杂的可能性和不好的结果。但只要一想到你的未来,我就觉得你一定得离开。你与众不同的天赋会让你走得更远,一个错误的决定会断送了你的前程。因为这个决定,我也可能会被古巴方面斥责,甚至受到惩罚。但是这关乎你的未来、你的职业,我也顾不得那么多了。机不可失,时不再来。这是你的生活,你的职业道路,所以我一定要让你走出国门。"

谢里说完就陷入了沉默。我非常激动,但是也很紧张。

"古巴那里发现我不回去怎么办?你也会有麻烦吧?"

"我不知道,我只知道你必须接受这份合同。"

一切来得太突然,我不知道该怎么表达自己的心情。谢里站了起来,从厨房的冰箱里拿了一份小点心递给我。她抱了抱我说,她想一个人静一静。

我的头脑乱成一团糨糊。

回到公寓时,阿列尔他们像饿狼一样正在啃着一大块奶油焦糖蛋糕。我开始没有提和纳里纳的重逢,也没有提到合同的事情,不过最后我还是告诉了他们。他们看起来都比我高兴,也都支持我,为我感到骄傲。那一晚我们把音乐开到最大,一直庆祝到第二天凌晨。

两周之后,我们在街边做了最后的道别。很多人都来送我,梅斯图里诺先生一家、阿列尔、安托尼奥、胡安·恩里克、奥斯瓦尔多·贝罗,当然还有谢里。男孩们都很开心,还悄悄地教我怎么追欧洲的女孩子,我被他们逗得哈哈大笑。最后我看向了谢里的眼睛,那一刻我就像被闪电击中。和以往那犀利、严肃、强势的蓝色完全不同,今天她的眼里全是疼爱和悲伤。她盯着我的眼睛没有说一句话,但是我却听得到她的声音:"孩子,你今天要踏上新的旅程了,可惜我不能陪你一起。"

我钻进了出租车,感觉今天的谢里就像妈妈一样。我早已给

Chapter 12　谢里的决定

父母写了一封长信解释这个突如其来的变化。我心里五味杂陈，渐渐意识到，我将离开这个曾给我带来无限欢乐的科尔索，而前方另一片陌生的城市也在等待着我。与此同时，我不再是个幼稚的男孩，而是一个男人。

谢里回到古巴，就受到了国家芭蕾舞团领导的批评，他们指责她对我疏于管教，还把这么年轻的孩子暴露在野蛮的资本主义国家。他们还说我的意识形态会无法逆转地被瓦解摧毁，而资本主义也一定会让我忘记自己是个古巴人。

对于谢里，这是一场艰难的战斗。但是她为古巴舞蹈界输送了一批又一批杰出的人才，她的贡献有目共睹，无人可及。所以那些想要打击她、摧毁她的名誉的控诉，都随着时间慢慢消散了。

2004年，拉莫娜，也就是学生口中的"谢里"，获得了教师优秀奖，并且成为了古巴舞蹈界最重要的人物之一。而今天，拉莫娜则成为了专业领域的泰斗。但是在我们古巴的芭蕾圈内，大家给了她另外一个名字——拯救了卡洛斯·阿科斯塔的老师。

时至今日，我仍然保留着古巴的国籍。

Chapter 13

十八岁在伦敦

一出伦敦希斯罗机场，我就看到了一个举着写有我名字的牌子的男人，他开车把我送到了舞团附近的一个酒店。一路上，我忍不住新奇地看向窗外陌生的世界。那是1991年9月的一个午后，阳光充足，热闹的城市中有来来往往醒目的大红色双层巴士，路边的咖啡店比比皆是。放眼望去，满目绿茵。草坪上有人玩飞碟，有人踢足球，还有几个孩子在喷泉下玩耍。这里的每个人都是那么喜欢阳光，仿佛阳光对于他们是转瞬即逝的奢侈品。一些身材姣好、穿着比基尼的女孩躺在浴巾上享受日光浴，仿佛置身于加勒比的海滩，引得穿着鲜艳T恤的男人们不时驻足。

舞团只负责我第一周的住宿，之后我就要靠自己去联系租房。正当我踌躇怎么在一个说英语的国家生存的时候，两个同样来自古巴并在舞团工作的朋友——何塞·曼努埃尔·卡雷尼奥和洛德斯·诺沃亚，也凑巧刚回到伦敦。我们三个人在奥林匹亚中心附

Chapter 13　十八岁在伦敦

近找了间一室一厅的小公寓。这个房子无论大小还是布局，都像极了我在意大利科尔索住的那一套。唯一的差别就是这里的客厅摆放的是沙发，而不是沙发床。每天晚上我都把沙发垫放在地毯上，然后铺上一张床单作为我的床，这张床陪伴了我整整十个月。坦白说，我并不介意睡在地上，毕竟何塞和洛德斯是一对，他们需要一些私人空间，所以卧室留给他们是理所当然的。能跟朋友住在一起我已经很满足了，否则不懂半句英语的我估计要露宿街头了。当然，住在这个小公寓里还能省钱，我们的工资都不高，要知道伦敦绝对是这个世界上消费最高的城市之一。

何塞在英国国家芭蕾舞团已经工作两年了，说一口流利的英语，对周围也非常熟悉。他告诉我，在伦敦要做的第一件事就是去格洛斯特大街（Gloucester Road）上的巴克莱银行开设一个银行账户。我没用过银行卡，也不知道银行是干什么的。何塞说，剧团每个月会把工资直接转入银行卡，拥有一张银行卡也是在这个国家建立个人信用的第一步。之后我会收到一张信用卡还有支票簿，这两样东西可以让我用信誉预支消费，或者申请分期付款。我听了非常兴奋，想象着给我的姐姐们买东西不用花钱。我要是这么跟她们说，她们肯定不信。

还有第二件更加迫在眉睫的事情，就是学英语。前几周我总是跟着何塞，寸步不离。一旦他离开我，又刚好有人走上前跟我说英语的时候，我就像个神经病一样，在大楼里跑上跑下，把他从某个排练厅里拉出来寻求帮助。结果才知道，别人只是问我多大年纪。

刚开始的两周就像一场噩梦。我该剪头发了,通过何塞的翻译,我询问了我们剧团的前台接待,她给我介绍了一家最好的理发店。我之所以咨询她,因为她也是一个有色皮肤的混血儿,而且她的发质跟我差不多。她好心地给我推荐了一家位于布里克斯顿(Brixton)的男士理发店。我对伦敦的交通一无所知,还常常找不到回家的路,所以叫了一辆出租车,直接把我送到理发店。

我不得不说,这里每个人的发型都像美国的饶舌歌手,头发短得几乎贴到了头皮。理发师们用极薄的刀片,在人们的头皮上大做文章,修剪出一些符号或单词。一个与我年龄相仿的男孩在后脑勺留下了一句话:"妈妈,只有一个"(Mother, there is only one)。

当一个女发型师嚼着口香糖向我走来的时候,我的心里只有一个字,怕。不懂英语,我只能努力地比画着我想要的发型。她不再嚼口香糖,而是像看外星人一样地盯着我。她说了好长一串话,但我完全听不懂。我听得懂的英文单词只有一个——"这里"(here)。我用手碰了碰我的头两侧,说"这里和这里"(here and here),然后又指了指后脑勺,摇着头表示"不要这里"(not here)。最后我抓了一把额前的头发说"más o menos"[1]。她把口香糖吐了,很认真地听我解释。我再次重复了我的意图——"这里和这里""不要这里""más o menos"。她拿起电动剃刀,说了一句

---

[1] 西班牙语,意思是"差不多剪剪"。——译者注

Chapter 13　十八岁在伦敦

"了解"，然后从后面——我刚刚说完不要剪的部分——开始剃我的头发。

"不要，不要，停下，快停下！"

我从椅子上跳了起来，她关上剃刀。我惊恐地发现，我头发的正中央已经完全被剃掉了。我快要发心脏病了。

"Ah carajo！我说了不要动 que。"[1]

她冷静地又塞了一粒口香糖放进嘴里，说"了解"。

我别无选择，安静地坐在凳子上，只希望这一切快点结束。

十五分钟后，我的头就像一个浑圆的桌球，我匆匆地离开了这家理发店，那个和我年纪相仿的男孩的恐怖发型在我心里像一个挥之不去的阴影。

我走到街上，竟然有一些饶舌歌手打扮的人主动跟我打招呼："嘿，哥们儿，你好啊！"但我回到舞团，却没有人认得出我。当发现这个顶着桌球一样脑袋的人是我时，每个人都捧腹大笑，尤其是伊万·纳吉。那个给我介绍理发店的前台接待还一直强调我很性感。

几天后，何塞跟我说，我们将在考文特花园（Covent Garden）举办一场为保护鸟类的公益演出。伊万想让我和剧团另一名女演员表演由罗伯特·诺思编排的一段现代舞。我觉得幸运极了，毕竟我才到伦敦两个星期。何塞悄悄跟我说，能代表剧团参加这次

---

[1]　西班牙语，Ah carajo 意思是"见鬼"，que 的意思是"那里"。——译者注

演出是多么荣幸的事情,因为世界一流的舞者都会出台亮相,比如纳塔利娅·马卡洛娃(Natalia Makarova)。而那个时候,一些如今当红的舞者亚历山大·韦特罗夫(Alexander Vetrov)和达茜·巴塞尔(Darcey Bussell)也刚刚崭露头角。我当时没有听过他们中任何一个人的名字,当然,他们也不会知道我的名字。何塞还说,戴安娜王妃也会出席此次表演,我极有可能在演出后受到她的接见。

"你在开玩笑吧!"当何塞跟我说戴安娜王妃是我们舞团的赞助人,还会定期来舞团上课的时候,我绝对不相信。不过何塞又说,以后再见到她的时候我就信了。

"当她走近你的时候,你只需要说,'Nice to meet you.'(很高兴见到你)。这和西班牙语中的 encantado de conocerle 是一个意思。"

英语对于我来说是很奇怪的发音,我让何塞再教一遍。这次他说得比较慢。

"Nice to meet you."

我不停地重复练习,直到说得顺口了。

演出的那一天来临了,我化完妆,对着镜子再一次练习。

"奈斯兔蜜特油,奈斯兔蜜特油。"

我一边热身一边重复,觉得自己说得顺口极了。脱下了护腿和护踝,我自信地走上舞台。我的每一个跳跃和旋转都轻松自如,高质量地完成了演出后,我还被观众的掌声请出,二度谢幕。整场表演结束,所有演员站成一排,等待戴安娜王妃的接见。

Chapter 13　十八岁在伦敦

　　王妃身材瘦高，举止优雅。她和每一位舞者都耐心交谈，仿佛她想知道一切，我们从哪里来？有什么愿望？害怕什么？我们敬畏地看着她逐渐靠近，她的一颦一笑、举手投足似乎都在证明，她不仅是个女人，更是一个女神。她优雅地把金光播撒在每一张脸庞，而每一个舞者都谦卑而喜悦地接受她的照耀。当她靠近我的时候，我紧张得忘记了那句复杂的话。

　　奈斯兔蜜特油？诺斯兔煤油？

　　天哪，那句话到底怎么说来着！我痛恨我不争气的记性。

　　眼看戴安娜已经走到了我的身边。

　　天啊，怎么说的？怎么说的？奈斯——不，诺斯——啊，我知道了！奈斯兔煤油！

　　接着，一双像海洋般碧蓝透彻的双眼看向了我，我有点不知所措。格里高利圣咏[1]在我耳边回响，就像我第一眼见到奥尔加和纳里纳一样。她的双眼继续盯着我，同时从容地伸出双手。她的肌肤白如凝脂，吹弹可破，优雅的红唇笑不露齿。她跟我说了些什么，眼睛一直专注地看向我。我汗涔涔，头重脚轻，双腿颤抖，感觉意识正在被瓦解，身体也在被融化。她再次张嘴说了一些东西，我才意识到她刚才应该问我什么问题了，但我还没有回答。她一定觉得我没有教养。我很想要告诉她，见到她是多么的荣幸，我叫查尔斯（跟卡洛斯读音相近），跟她丈夫的名字一样，我来自

1　Gregorian chant，罗马天主教仪式中的音乐。——编者注

古巴。我想说的太多了,但是我只能张着大嘴,保持着僵硬的笑容,并且紧紧地握住她的手。我决定说出我唯一会说的那个单词。

"这里(here)。"

站在我两侧的舞者忍俊不禁,用手捂住嘴巴。戴安娜王妃的表情突然凝固了,她诧异地睁大了眼睛,眉毛上扬。从周围人的反应和王妃的表情看起来,大家一定以为我在哗众取宠。我心急如焚,何塞教我的那句话到底怎么说来着?

"这里。"我重复了一遍,旁边的舞者再也忍不住,笑出了声。

戴安娜王妃被我吓到了,她抽出手,向下一个舞者走去。我尴尬极了,用双手遮住我的脸。就在戴安娜把手伸向下一位舞者的那一秒,我灵光一现,突然想起了何塞教我的那句话。我用震耳欲聋的声音喊道:"额斯坨煤油!"

所有声音都消失了,每个人都盯着这股噪音的来源处。有史以来,我第一次有耳鸣的感觉。王妃先是严肃地看向我,然后对我浅浅一笑,继续握住我旁边那位舞者的手。我无地自容地站在原地,恨不得让这个舞台变成一张大嘴,把我吞进去。

当我把这些转述给何塞和洛德斯时,他们对我哈哈大笑。这件事从此成了他们的笑柄,之后每次见面,他们都要拿这件事取笑我。

我要做的和要学的,实在太多,不知不觉伦敦就进入了冬季。这里的白天非常短,常常下午四点天就已经黑了。练功房的外面一片漆黑,但我们并不知情。排练厅四面都是镜子和木制的把杆,

Chapter 13　十八岁在伦敦

空气也不新鲜。我们身上散发出的臭汗味儿像发酵了的芝士,那些湿透了的练功衣也臭不可闻。不过每天在这里待上五到八个小时,慢慢就习惯了,也不会觉得恶心。毕竟在古巴我经历过更糟糕的条件:练功房三十摄氏度的高温,只有一双舞鞋,水和食物的供给也严重不足。那个时候我也不曾抱怨过,现在当然更不会。我是来学习的,不是来抱怨的。

经过四周的密集训练,我对在剧团的首场正式演出已经准备充分。我将跟着剧团开始在英国的冬季巡回演出,第一站是曼彻斯特,我将表演《伊戈尔王子》中的波罗维茨人舞曲。其他的舞者都纷纷祝我好运,并在五颜六色的卡片上写上一些祝福的话。每天晚上我会把收到的卡片拿给何塞看,让他逐一帮我翻译。演出当天,剧团的化妆师给我精心画了一双中国式的眼睛。因为剧情需要,她还帮我画了一条细长并且向上扬起的眉毛,然后给我贴上了一大团胡子,并在我头上固定了一顶小帽子。

"啊!!!"看着镜子中的自己,我简直像一个有着黑色皮肤的中国人。

我穿上了演出服:敞胸的夹克、长裤和靴子。站在更衣室时,听到外面的乐池已经开始调音,我的心怦怦直跳。我独自走进一个小房间做热身,直到开场前五分钟的广播响起,我才走向舞台。幕布缓缓向上升起,我也融进了熟悉的音乐。像挣脱了枷锁的狮子,我一个跳跃飞向舞台。虽然是首演,但是我把它当成我人生最后一次舞蹈,用心地、忘我地舞蹈。演出结束,剧团全体成员向我送上了热烈的掌声,从那一刻起,我真正加入了英国国家芭蕾舞团。

第五周,我们开始排练本·史蒂文森改编的三幕芭蕾舞剧《胡桃夹子》。演出前伊万亲自为我化妆,其他舞者像上次一样送我彩色的卡片和鼓励的话语来为我祝福。演出结束后,我再次获得了所有人的掌声。我这才意识到,为别人的成功感到开心仿佛是这个剧团的文化。这里没有其他舞蹈世界的嫉妒、猜疑和挖苦,我们就像一个快乐的大家庭。

在英国生活了两个月,尽管我还是不会说英语,但是这一点并不影响我的心情。伊万开始教我双人舞的技巧,他耐心地纠正我托举时手的位置,也不厌其烦地重复着所有细节。我逐渐地掌握了双人舞的技巧,舞团也对我给予了充分的肯定。于是,我被指派了新的任务,在布里斯托尔表演芭蕾舞剧《舞姬》,这次的搭档是我的室友洛德斯·诺沃亚。接着是和玛丽亚·特蕾莎·德尔雷亚尔搭档,为我们的赞助商表演《堂吉诃德》。同时,我还在学习委内瑞拉编舞家维森特·内夫拉达编排的《我们的华尔兹》、哈拉尔德·兰德的《练习曲》,并且跟彼得·绍富斯排练弗雷德里克·阿什顿版本的《罗密欧与朱丽叶》,我担任其中的班伏里奥一角。此外,我还有机会和大明星合作,比如卢德米拉·塞门亚卡和伊娃·伊弗多吉莫娃。不过因为我经验不足,和大腕排练有的时候也是要付出点代价的。伊娃善解人意,她的和蔼逐渐帮我克服一个十八岁男孩面对"传奇人物"的恐惧;但是和卢德米拉就

Chapter 13　十八岁在伦敦

没那么轻松了,每次我们配合有问题的时候,她的严厉让我一定会在第一时间主动认错。

一个雨天,当我和伊丽莎白·图希排练《胡桃夹子》的时候,一个看起来挺结实的、满头金发的男人走了进来。他艳丽的热带衬衫下藏着一个凸起的啤酒肚。

"你们好,我是本·史蒂文森。"他害羞地说。在和我握了握手、亲吻了伊丽莎白的脸颊后,他径直走到排练厅前面的长凳前,在维特·洛夫斯基旁坐了下来。我们分别表演了慢板、独舞和最后的变奏。本给我们讲解了一些问题,比如手的位置,还有落地时要如何延续优雅,以及作为剧中王子和公主的姿态。因为我不能很好地理解英文,他就边比画边讲解。他说,舞蹈可以表达多种内涵,包括美丽、力量或者残忍。即使相同的动作技巧,也可以因舞者细小的表情变化而改变。他解释了他改编这个舞蹈的意义和初衷,让我们体会故事的发生背景。他就像讲课一样,滔滔不绝地说了半个小时,等他说完,我们身上的汗早都干了。

这是我遇到过的最奇怪的一个编舞老师了。一般在排练的时候,其他老师都会注重大跳和旋转的质量,但是他只是让我们更注意脸部表情和眼睛看的方向,要有王子范儿。他也没有说过一句赞扬的话,全部是需要纠正和提高的地方。结束之后,我悻悻地拎起包,正要离开,一个声音在我身后响起。

"嘿,卡洛斯!阿莉西亚·阿隆索她怎么样?"

"我不知道,应该还不错吧。"我应付地回答他。

"她还在跳舞吗?"

"你认识她吗?"

"哦,当然。上一次见她应该就是在维也纳,她和玛格丽特、普丽谢斯卡娅和卡拉·弗拉奇同台演出。她们谢幕的时间比演出还长,最后几乎就是阿隆索和普丽谢斯卡娅在比谁谢幕的次数更多。你猜谁赢了?"

我笑了,本继续说着那些我不知道的小故事,有的时候还做鬼脸、说说笑话,跟刚才一身学究味的他截然不同。

然后他又说了一句惊人的话。

"我想邀请你加入休斯顿芭蕾舞团。"

我的脑子一瞬间就爆炸了。休斯顿在得克萨斯州,得克萨斯在美国……帝国主义……"五一"劳动节工人大游行,保卫革命委员会,封锁……啊,这不可能。

本把我的迟疑和震惊当作一种婉言谢绝,他说:"当然,我会跟伊万打好招呼,不要让他觉得我在挖墙脚。"

"抱歉,"我赶忙解释这个误会,"我自己本人是非常愿意去美国的,但是这对于我来说不大可能。您知道,我是古巴人,而美国和古巴在政治上已经结了三十年的仇。我去美国工作就会被古巴当作叛国者。我不想这件事情发生,那样我就再也见不到我的家人了。"

"哦,你别担心这个。"本摸了摸眉毛,温柔地安慰我,"你放心,我们会给你找个好律师。"

Chapter 13　十八岁在伦敦

　　他在我背上拍了几下就转身下楼了，在楼梯口他还碰到了伊万，他们说了什么，然后笑着一起离开了。

　　那天晚上，我做了一个全家在伦敦团聚的梦。演出后走回化妆间的路上，我看到一排熟悉的身影。妈妈身袭一件优雅的黑色长裙，看起来就像戴安娜王妃；父亲一改往日的随意，身穿白衬衫、黑色西装，还打着一条红色的领带；玛丽琳穿着白色的长裙，配着白色的手提包，她用故作高雅的眼神看着我；贝尔塔则穿了深棕色的长裙，她栗色的长发松散地披在肩上。他们一起穿着盛装来看我的演出，之后我们一起去了 Soho 区的一家意大利餐馆。这是一个我永远不想醒来的梦。

　　凑巧的是，第二天我参加了剧团赞助商举办的一个晚宴，正巧遇到了一个在美国大使馆工作的古巴裔美国人，我和他说了我期待家庭团圆的愿望。

　　两周后，我的古巴护照上多了一个美国旅游签证。

　　费了数小时的心思，我终于拨通了远在哈瓦那的邻居德莉娅的电话。她兴奋地大声喊来我的母亲。爸爸和两个姐姐都不在家：玛丽琳一个月前就住到了她男朋友家；贝尔塔的情况也稳定了一些，住在爱德华多家；而爸爸还在外面工作，没回来。当我告诉妈妈我有一个美国签证的时候，她激动得冲上楼找到了外婆和阿姨留下的老地址。

　　"放心妈妈，我一定会见到她们的。"我向母亲保证。

　　"告诉她们我爱她们，我永远不会忘记她们。"

我向母亲再三保证，就匆匆挂了电话，我最害怕听到妈妈哭。第二天，我写了一封不长的信：

姨妈你好，我是尤利，您的外甥。我现在在伦敦工作，是一名职业的芭蕾舞演员。当年你们离开后，爸爸就把我送进了舞蹈学校。外婆还有表姐她们都好吗？我们一切都好，就是很想你们。我会去美国看你们，不知道你们是不是还住在老地方。

一周后我收到了米雷娅的回信，一封像报刊上专栏那么长的致歉信。看她的口吻，我几乎都快认不出她是我阿姨了。在信中，她称呼我"我的孩子""我的侄儿"，第一次把我当作亲戚。可惜在我记忆里却搜寻不出半点她对我和玛丽琳的好，反而是一些让我们郁闷的事情。

生活也许就是这样多变。但我一直忘不掉她带着外婆离开洛斯皮诺斯时说的那句话："你想留下就留吧，我一定要带着妈妈走。"

我清楚地记得那段时间，妈妈总是在夜晚一个人蹲在阳台的角落里，偷偷地哭。被我们发现之后，她总是说洋葱太辣了，然后就扭头走去厨房。我们也都知道，妈妈的心远比她流出的泪痛上百倍。

"妈妈，我这次的美国之行都是为了你。"我默默地对自己说。两周后，我坐上了飞往迈阿密的飞机。

Chapter 13　十八岁在伦敦

我一直认为,到了美国,第一件要做的事情就是去电影院。每一个古巴人,都怀揣着好奇,梦想着看一眼电影中出现的那些场景,比如好莱坞、纽约、帝国大厦。但是要找一个真正喜欢美国的古巴人,恐怕比大海捞针还难。

站在海关入境口,我知道像我这样手持古巴护照,却拥有敌国签证的人少之又少。看到一个霓虹灯的指示牌,闪烁着"外星居民"。那个时候我还不知道在英语中"外星人"(alien)这个词也有"外国人"的意思,我的理解就是电影里长相怪异的外星生物。我就是如此,一个招人讨厌的异类,一个来自古巴的外星生物。

我紧张地把护照递给海关工作人员,从长相看,他貌似是个古巴人,听口音就更像了,我甚至都怀疑他是不是也来自洛斯皮诺斯。然而他不苟言笑,拿着我的护照就像看博物馆的典藏品一样,一页一页地翻,检查每个签证、每个图章。他让我一等再等,我怕这样下去,米雷娅阿姨没接到我就自己回去了。

还好,我一出机场就看到了阿姨,她身边还站着一个甜美的女孩,我惊讶地发现那是多年未见的表姐科拉里斯。走到停车场,我又遇上了一个惊喜。

"这是我的丈夫,罗伯托。"没想到米雷娅已经再婚了。罗伯托也是一个混血黑人,跟我一样。

迈阿密的风光跟电影里的场景如出一辙,在开往海厄利亚(Hialeah)的路上,数不清的摩天大楼和带有复杂轨道的过山车从我眼前滑过。四十分钟后，我们到了一个安静的小区，每家别墅前都有着精心打理过的绿草坪。阿姨家是一栋浅黄色的小房子，拥有前后都挂着窗帘的落地窗。房子里面也大极了，一共有三个卧室，每一间都带有独立卫生间。餐厅铺着厚厚的地毯，开放式的厨房连接着客厅。房子外面有一个"L"形的花园，从门口一直延伸到房子的左侧。还有一个工具棚，大得足以改成一间卧室。

阿姨的家境比我想象中好太多了，房子里尽是那些在洛斯皮诺斯从来没见过的家电。奢华的装潢和满目的名画无一不显示了阿姨现在优越的生活。墙上还有一些照片，我仔细地看，然而没有一张照片出现了妈妈或者是我们之中的任何一个人。

"妈，你看谁来了！"米雷娅说道。

一个肥胖的老太太吃力地从沙发上站了起来。她的双腿已经因为浮肿而弯曲变形，曲张的静脉血管像蚯蚓一样，红色的小血管也隐约可见。她看上去很安详，满头的银发已经逐渐替代了曾经的黑发。外婆老了。

"外婆，你好吗？"我抱住她。

但是她眼神闪烁，欲言又止，像是急于隐藏什么似的。我很乐意对她说我是多么想念她，但我知道这是一个人人都看得出的谎言，于是我客套地说："外婆，时间过得真快啊……"就像从沙发上站起来那么艰难，她的嘴角挤出了一个淡淡的、不带一丝感情的笑容，然后就再没说过一句话了。她是我的外祖母，我身体里也流淌着她的血，可是我能做的也仅此而已。把我们连接在一

Chapter 13　十八岁在伦敦

起的只有那些若有若无的模糊记忆，包括米雷娅和科拉里斯也是一样。我觉得我就像是这个房子里的一个陌生人。好吧，我再一次对自己说，这一切都是为了妈妈。回去我要向妈妈交差，我希望让妈妈通过我的描述，了解到外婆和阿姨的近况。

第二天，他们带我到市中心转了一圈，我依然觉得自己似乎置身于好莱坞的电影场景中。我们路过一家舞蹈用品商店时，发现一本杂志上有我的照片，我这才逐渐有一些真实感。

阿姨一家已经成了虔诚的基督徒，他们带我第一次走进了教堂。我紧张得不知所措，后悔当初姐姐贝尔塔给我们上课的时候我没有好好听。但是当我看到那么多人一边莫名其妙地哭，一边虚弱地喊"阿门阿门，感谢上帝"的时候，就忍不住要笑。我一直在寻找那个能够说服我并让我有动力为之奋斗的东西，不过，显然耶稣基督并不是我要的。

这里的一切与我格格不入，让我不禁回想起十一年前的那场离别：米雷娅分别给我和玛丽琳一个程序化的冰冷的吻，邻居纠结地看着这场悲剧，母亲难过地走下楼梯。

阿姨似乎看穿了我的心，有一天她把我叫到了房间，说要和我谈谈。她先是沉默了几分钟。

"对——对——对不起。"

她说她很后悔，以前的确瞧不起我爸爸、玛丽琳和我，因为我们是有色人种，并且为妈妈的为难也感到抱歉。她保证从今以后要和妈妈有书信来往，但她也没有解释为什么之前的十一年杳无音讯。她说她无数次梦到卢西亚吊在白色的床单上，指责她的无情。说到这里，米雷娅泪如泉涌。

"别哭了，阿姨，都已经过去了。"我镇定地安慰她，"妈妈让我转达，她一直很爱你，也从来没有忘记你。现在已经不能为卢西亚阿姨做什么了，但至少我们还能为自己、为家人做点什么。"

逐渐地，米雷娅停止了哭泣，一动不动地靠在床上。我在她脑后垫了一个枕头，卧室里一片寂静。房子里的其他人也都睡了，我独自走到户外，小区里也是安静的。偶尔有一辆放着萨尔萨音乐的车呼啸而过，几秒之后又恢复了宁静。别家的灯火一盏一盏地熄灭，最后只剩下黑暗。做了一个深呼吸，我听到了小虫的鸣叫和猫狗活动的声音，我还是不明白为什么我们的家人要被分开。

周一，科拉里斯和她的男朋友伊万带我到一家名叫凡尔赛的餐馆吃饭，庆祝第八街嘉年华[1]。我们点了丰盛的午餐：酱汁鸡肉、"旧衣裳"[2]、炸猪肉条、炸香蕉、大蒜煮木薯，还有豆子焖饭。

科拉里斯看我狼吞虎咽，问我："芭蕾舞演员不是都要节食的吗？"

我跟她说，没有人需要把我举起来，然后继续埋头大吃。

---

[1] 美国迈阿密有相当多的古巴籍美国居民，第八街（Calle Ocho）是迈阿密小哈瓦那区最热闹的一条街，也是迈阿密当地的古巴文化中心。每年这里都会举办嘉年华活动，这是美国境内最大的拉丁文化庆祝活动。——译者注

[2] "旧衣裳"或"旧衣服"（ropa vieja）是古巴最典型的代表性菜肴之一，用切丝的炖牛肉和蔬菜做成。这个名字源于菜的外观。——译者注

伊万干咳了一声，他问我："不好意思，但是我总以为芭蕾舞男演员都是同性恋，这是真的吗？"

我边吃边回答，当然不是。芭蕾跟一个人的性取向完全无关。我举例说，有一些空手道选手还有一些奥林匹克的奖牌获得者就是双性恋。我还说了一个男孩的故事，他从小梦想成为一名芭蕾舞者，但是他父亲不让，说跳芭蕾的男孩都会变成同性恋。结果这个男孩没有走上舞蹈之路，却真的成了一名同性恋。伊万听完后想了一下，对我的话似乎不大相信。

阿姨的丈夫罗伯托也有类似的疑问，他不明白我们每天面对穿着紧身练功衣、长相漂亮的芭蕾伶娜，怎么把持得住自己。我努力解释，芭蕾是一种艺术，演员从小接受专业的训练，大家只会把精力放在动作技巧上。不过我觉得我的回答没能说服罗伯托。

和罗伯托的接触总是让人有些措手不及。有一天，他让我到他的工具棚吸食大麻，我尝试过一些烟类，所以觉得大麻也应该没什么不同。但是几分钟之后，当我帮罗伯托除草的时候，我突然觉得自己飘了起来，推着轰鸣的除草机，开始打理长在天上的草。我仍然可以看到我自己的身体在地上除草，却分不清哪个是自己，天上一个，地上一个。紧接着，眼前又出现了好几个卡洛斯，他们都在快乐地锄着草，我们互相招手。忽然一些卡洛斯跳起了霹雳舞，还有一些在跳赛前舞，这里就像一个盛大的派对，处处充满友爱、笑语和绿草。我被一圈快乐的卡洛斯包围着，然而其中有一名卡洛斯似乎没有在笑。他看起来不大像我，也没有对我招手。我眯起眼睛聚焦,才发现那个人不是我,他是隔壁的邻居,正在生气地对我大喊,因为我毁了他的草坪。

我很后悔吸食了大麻,之后的几天身体很难受,只能晕乎乎地躺在床上由阿姨照顾。

离开阿姨家的当天,我们聚集在客厅里道别,可是我还有最后一件事情要做。那个时候,古巴和美国的电讯被破坏了,所以两国无法直接打电话,必须通过加拿大中转,才能实现通话。这意味着我需要一个可靠的加拿大朋友,幸好我有住在蒙特利尔的威廉。我把邻居德莉娅的电话给了他,让他接通后再给我打电话。德莉娅是我们村上唯一一家装电话的,她家就像一个电话亭,每天都有人排着队到她家打电话。所以威廉能拨通她电话的概率微乎其微。

客厅中的每一个人都在等待着,好奇地想要知道我准备做什么。外婆坐在沙发上,一语不发;阿姨用怀疑的眼神看着我;科拉里斯和她的男友在一旁坐着。而罗伯托则像往常一样,在他自己的工具棚里待着。

突然,铃声响了。威廉说我妈妈的电话已经连上了。

"儿子,你在美国怎么样?"我没有回答妈妈,直接把电话递给了外婆。

很长一段时间,外婆一直保持着混凝土般僵硬的表情。她的眼角突然抽了一下,双唇紧紧地合着,眼泪倏地滑了下来。她的身体颤抖得像一只受了惊的小鸟,最后她终于开口说话。

"我的女儿,我亲爱的女儿……对不起,对不起,我不应该抛弃你……"

我很难用语言描述我所看到的场景：一个虚弱年迈的老人哭得像个婴儿；一个中年女人用手撑着额头，试图摆脱之前不快的回忆；一对年轻的情侣用手直接捂着耳朵，因为不想听到老人的哭泣；电话的另一端，通过加拿大的中转，母亲也因为外婆的悲伤而痛哭……

世界上最悲哀的事情莫过于此，我眼睁睁地看着外婆因为见不到女儿而哭泣，但我无能为力。不过同时我也感到欣慰，至少妈妈可以再一次和她的母亲说上话，哪怕这是最后一次。这是妈妈一直以来的心愿。

从美国回到英国，我总算卸下了一个包袱。但我总是纠结于我们破碎的家庭，以至于在排练时分了心，还弄伤了自己。

那天，我们刚结束《玫瑰花魂》(The Spectre of the Rose)的排练，衣服和舞鞋都湿透了。我正和何塞练习着从未尝试过的大跳，起跳的一瞬间，我脚底一滑，浑身的重量都落在了右脚踝上，结果重重地摔在了地上。

何塞和其他的舞者赶紧跑过来，想把我从地面上扶起来，但我决定先坐一下。我慢慢地脱掉舞鞋和护腿，试图转动踝关节。一阵剧痛袭来，我眼睁睁地看着脚踝越肿越大。我又让朋友们帮我站起来，想试试能不能站得住。但是脚踝越来越痛，何塞把我送进了理疗室。他们给我敷上冰块，然而这一点也不能缓解疼痛。

于是第二天，我拍了 X 光片。

"你有一根骨刺。"斯特朗医生淡定地说，"一小块骨头脱离了原来的位置，插进了踝关节。这在芭蕾舞者中很常见，尤其是在英国。你不用担心，一个小手术就能解决，八到十周就可以完全复原。"但自从这一刻，英国黑暗阴郁的冬天似乎变得永无止境。

一周之后，我接受了手术。等我醒来的时候，我正躺在一间空荡荡的病房里，脚踝被缝了七针。窗外疾风劲雨，雨点啪啪地砸在玻璃上。路上步履匆匆的行人在花花绿绿的伞海中奔走，手里提着大大小小的 John Lewis、TOPSHOP 或者 Selfridges[1] 的购物袋。大雨未能阻挡行人的购物欲，他们嘈杂的声音浮上病房，传进我的脑袋。

对于一名舞者来说，最残忍的事情莫过于一觉醒来，发现自己不能动。我一直在骗自己，什么事情都没有发生，但有的时候就是有一股冲动，想要跳一段酣畅淋漓的《海盗》变奏。我还能听见音乐和观众的掌声，甚至感受到了跳完舞后的畅快。但每到这个时候，我就会郁闷地发现自己百无聊赖地躺在床上，像一个囚犯。

我开始换着用一个无聊的囚犯的思维，徜徉在记忆中幸福的街道。我也学会了不抱任何希望。唯一让我开心的是室友洛德斯·诺沃亚会定期来看我。然而她一走，我就再次陷入了沮丧的情绪当中。

---

1 John Lewis 和 Selfridges 都是英国知名的时尚百货商店，TOPSHOP 则是著名的国际时装品牌。——译者注

Chapter 13　十八岁在伦敦

不久之后，我又萌发了许多奇怪的想法。如果我连不跳舞都能接受，那还有什么接受不了的呢？比如，我也许会习惯住在衣橱里。在家里休养一个月后，我发现当我对着镜子微笑的时候，镜子里的那个人竟然一动不动。我开始出现幻听，总觉得沙发下、角落里常常传出奇怪的声音，然而公寓里明明只有我一个人。我打开窗，换点新鲜空气，但是这些声音变成了诡异的笑声。我用枕头捂住耳朵，它们依旧存在。我还听到了我自己的声音，似乎是我在跟自己说话。我发誓这件事我谁都没有告诉过。

八周后，我还是不能勾绷脚。我并不担心疼痛本身，毕竟我还没有恢复练功，我担心的是那个骨刺还插在关节里。我听从了斯特朗医生和理疗师的治疗建议，但是脚踝还是一如既往的痛。

6月，我重新回到芭蕾课堂，我的脚伤依旧没有好转，医生让我耐心等待。我不能表演《玫瑰花魂》了，只能跳《仙女》(*Les Sylphides*)，扮演《天方夜谭》中的奴隶，那都是些不需要跳跃的角色。我才十九岁，但看上去快四十了。我一直在吃镇定剂和消炎药来强压住疼痛。为了避免受伤，我每次演出并没有发挥全力，但我内心深处清楚地知道自己在英国国家芭蕾舞团的日子屈指可数，忍着痛跳舞毫无意义，每次也不能跳个过瘾。我还有许多梦想建立在这份合同上，比如给古巴的家人换一套大一点的房子。我知道我必须在两者之中做出选择，要么为了金钱，勉强跳舞；要么为了今后的发展，暂时休息。

就在我为此犯难的时候，脑子里的声音也在给我捣乱。它们无时无刻不在我脑袋里吵架,一个最过分的家伙竟然说我的职业生涯就此结束。我突然想到了姐姐贝尔塔。她之前也是听到了奇怪的声音,也是那些声音让她在街上裸奔。我开始怀疑自己是不是也有了精神分裂症。

一天,我们在皇家节日演出厅演出,一名演员突然生病,可暂时又找不到能够替代他在《玫瑰花魂》中的角色。我曾经排练过这个角色,所以伊万决定让我试试。我毫不犹豫地答应了下来。我吞下一把止痛药,在脚踝上涂满扶他林软膏,毫无顾忌地站上了舞台。一瞬间,我像被什么东西附体了一样,脑袋里那些嘲笑的声音突然消失,我又像从前一样,尽情地舞蹈,完全忘记了受伤的事实。演出结束后,伊万向我祝贺,我也替自己感到骄傲。也就在那一刻,脚踝上的疼痛几乎快要杀了我。我知道完了。

我回了家,把所有衣服装进两个行李箱,给家人的礼物装在第三个箱子里。何塞和洛德斯看出来我正打算离开。

"别担心,一切都会好的。"洛德斯说。我们三个抱在一起,她像我的妈妈一样,我舍不得离开。何塞跟我做了最后的道别,并叮嘱我要好好照顾自己。

就这样,我结束了在英国国家芭蕾舞团的日子,留下一段让我刻骨铭心的回忆。

第二天,我就坐上了回古巴的飞机。

Chapter 14

没有舞蹈的那一年

因为家里没有电话,所以自然也不会有人来机场接我。离家多年,父母从不知道我哪一天会回家,他们也已经习惯了我的突然出现。

晚上,我坐着出租车来到公寓楼下,房子里似乎在举行什么庆祝仪式。两个陌生的男人背对着我坐在阳台上,房间里的墙上隐约看到好几个人的影子。音乐开得很大声,老远都听得到。我对着楼上大喊:"嘿,我在这儿,我是尤利!我回来啦!"

没人应答。这时玛丽琳走到了阳台,她一眼就看到了我。"妈妈,尤利回来了,尤利回来了!"说完就冲下阳台,像一匹脱了缰的野马,朝我扑了过来。

房间里所有的人都出来了,当然也包括我的父母。大家七手八脚地帮我把行李搬上了楼。

"尤利,这是我的男朋友依尤,还有他的哥哥热苏斯。"玛丽琳高兴地向我介绍。

我和他们握了握手,依尤的手掌很大很有力,他绿色的眼睛和身上的黑皮肤形成了鲜明的对比。

玛丽琳告诉我,今天是他们俩在一起一周年的纪念日,也是依尤三年兵役的最后一天,两个日子碰巧撞在了一起。

"你回来得太是时候了,依尤的妈妈做了超棒的铁板猪肉。"

"贝尔塔怎么样?"我有点担心姐姐。

"放心,她好多了,现在还在爱德华多家。她不喜欢热闹所以不在这里。"听了玛丽琳的话,我心里的石头总算放下了。

离家八个月,我看到妈妈的第一眼就紧紧地抱住了她,一秒也不想分开,一股暖流涌遍全身。

"妈妈,你最近好吗?"我问道。母亲激动得一句话也说不出。见鬼,我喉咙里也像肿了一个大包,再也发不出其他声音。

我们互相抱着走进了客厅,即使玛丽琳向我介绍了依尤的母亲卡里达,我还是靠着妈妈,不想和她分开。

父亲还是老样子,坐在他的藤椅上,自从我上次偷溜回家跟他大吵一架之后,这是我们第一次见面。还好,在英国的八个月冲淡了我们彼此的嫌隙。父亲面带微笑地看着我,但是他的喜悦好像总比大家少那么一点点。妈妈舍不得地放开了我,父亲向我走来,轻轻地吻了我的面颊,拍了拍我的背,问道:"儿子,你过得怎么样?在伦敦还习惯吗?"

我说一切都很好,还跳过一个三幕芭蕾舞剧,认识了两个最亲密的朋友何塞·曼努埃尔·卡雷尼奥和洛德斯·诺沃亚。我刚要继续说，妈妈就打断了我，问我饿不饿，然后就从厨房端出了一份豆子焖饭和铁板猪肉。所有人都在客厅，围着我坐下。

"真不可思议，你竟然见到了戴安娜王妃。"父亲把藤椅向我拉近了些。当我说起当时的困窘时，所有人都笑得前仰后合，唯有父亲依旧保持着一贯的不苟言笑。

"你们让他先吃点东西吧，饭要凉了。"妈妈从厨房伸出头，对我们喊道。不过没人理会她，大家对我充满了兴趣。

他们问：伦敦的大本钟和白金汉宫是不是和电视里的一样？你有没有见到迈克尔·杰克逊？还有没有踢足球？……我尽可能详细地回答每一个问题。

"我听说伦敦是个寂寞的城市，而且总是下雨？"依尤一边走向冰箱，拿出一罐啤酒，一边问我。父亲的脸又阴沉下来。

"伦敦确实经常下雨，不过还有很多好玩的。"我向大家讲述着伦敦的美好，他们都聚精会神地看着我，仿佛我是国家总理一般的重要人物。我得承认我喜欢这种感觉，所以说起来自然滔滔不绝，兴奋过了头，一不小心，说出了之前手术的事情。

"什么？什么手术？来，让我看看！"父亲命令道。母亲也从厨房冲出来，仔细观察我脚踝上的伤疤，我只好从头说起。自从迈阿密之旅结束后，我就无法集中精力在舞蹈上，这就是我受伤的原因。手术后我休息了八周，但是目前仍没有明显好转。妈妈一听到迈阿密三个字就开始流泪，玛丽琳轻声安慰妈妈。但是，父亲已经怒发冲冠。

"我跟你说了多少次,专注跳舞,专注你的事业,其他东西先放一放!你看看,自己吃苦头了吧!还不知道脚什么时候会好!"

客厅一片安静。父亲站了起来,来回踱步。妈妈回到了厨房,玛丽琳坐在她男朋友身上,依尤的哥哥和父母都紧张地看着我们。

我趁大家安静的这段时间,准备吃两口饭。我可不想在离家八个月后,一回来就跟爸爸吵架。毕竟事情该发生的已经发生了,我脚上缝了七针也是不可扭转的事实。我深吸一口气,舀了一勺饭正要放进嘴里,就在这一秒,父亲吼了起来。

"你这个笨蛋!我有的时候都在怀疑你值不值得拥有这些天赋。你只知道抱怨生活,说什么想家这些鬼东西,把你自己当成全世界最不幸的人。让我告诉你我的事情吧……"

父亲重新坐回了他的藤椅,这一次他正面对着我。

"我从来没有见过我的爸爸。我二十岁失去了唯一的哥哥,二十七岁妈妈也离开了我。在我们那个年代,黑人就是擦鞋工、搬运工,要么卖报纸,要么扫马路。我们的工作都是社会最底层、最卑微,也最被人瞧不起的。但即便如此,我们从不自怜自哀。拿着扫地换来的一点点收入,还要面对警察的暴打和羞辱,我们只能忍气吞声,因为这就是那时候的生活。你生活在今天这个'一分耕耘,一分收获'的年代已经足够幸运了,况且你还有别人没有的天赋。但你看看,你自己做了什么?不但不满足现在拥有的一切,反而挥霍你的才能,抱怨你得不到的东西。如果你被别

Chapter 14 没有舞蹈的那一年

人歧视,如果你不能呼吸,那要家人有什么用?不要身在福中不知福。你要走你自己的路,我多希望我们换一换。如果我是你,我一定摒弃杂念,努力发挥我最大的潜力和优势。"

大家都呆住了,父亲牛一样的眼睛还是一眨不眨地盯着我。母亲也从厨房走了出来,看看究竟怎么回事。

爸爸八个月没有见我,怎么我一回来就当着这么多人的面冲我发火。我们互相对视着,我把调羹甩在地上,它清脆地弹了两下就不动了。

"你就会骂我!你每次都把我说得像屎一样烂。为什么我要像你一样无情!我才不会对我的子女这么做。你知道吗?有一种东西叫自由,就是你剥夺了我的自由!"

"你错了。"父亲说,"你想想有几个人能像你一样说起大本钟和比萨斜塔?有多少人可以拥有去英国和意大利的自由?告诉你,电视,就是我和伦敦最近的距离!"

"那你有没有问过我到底开不开心?"我反驳道,"我的快乐也许并不是在伦敦,而是和我的家人在一起,比如和你在一起装载水果。你从不听听我想要的生活,只是凭你的想象,直接把我扔进了芭蕾这个地狱。也许我现在应该对你充满感激,并且忘记所有人,只是一心专注于跳舞,就像你希望的那样,但我的生活我要自己做主。我不明白你为什么这么专制,这么麻木不仁!"

"多愁善感的人注定是个弱者。"父亲的手在空气中晃动,"在生活的这座丛林里,优柔寡断会在子弹到达之前先让你毙命。这也是我这么多年来想要告诉你的道理。"

"那让我死吧。我宁愿带着一颗良心死去,也不愿意活得像行尸走肉。"

客厅安静得可以听到一根针掉在地上的声音。邻居纷纷把电视和收音机的音量调小,他们不想错过我们家的这场好戏。妈妈又哭了起来,父亲独自走到阳台透气。我也一动不动地盯着还没吃过一口的猪肉饭。

"没事了,没事了。"依尤试着缓和家里剑拔弩张的气氛,"尤利,我的右脚踝也做过一次手术,但是也没什么大问题,手术后六周就恢复了,没有任何后遗症。你放心吧,你也会马上好的。"

父亲在阳台用斜眼看着依尤,接着大步走了过来。

"那你有可能成为一名舞者吗?"

他眼睛里透露着要杀人般的凶狠。依尤吐了吐舌头,尴尬地笑了笑。

"爸,听我说两句。"玛丽琳站在依尤和父亲中间,"今天是我和依尤在一起一周年的纪念日,你不要发脾气,毁了这个晚上。大家都冷静点好吗?"

"我在跟我儿子说话,谁不想听就走。"父亲一边说,一边摆了摆手。

"这也是我的家!"玛丽琳也忍不住喊了起来。

妈妈还有依尤的父母及时冲过来,阻止了事态的进一步恶化。

我盯着地面,回想父亲刚刚说的黑人搬运工、擦鞋工,然后

Chapter 14 没有舞蹈的那一年

默默地爬上了屋顶。我的那群鸽子咕咕地叫着，似乎在同情我的遭遇。父亲的侮辱和威胁又一次在我耳边响起，我打开鸟笼，轻轻地抚摸了它们的蓝灰色羽毛，向空中一松。它们越飞越远，慢慢消失在天际。我多希望自己能像鸟儿一样自由。

我回国时，古巴正面临着巨大的经济危机。自从1989年柏林墙倒塌、1991年苏联解体以来，古巴丧失了苏联的支持，经济一直下滑。当局政府必须另谋新策以维持经济，这就是古巴历史上"特殊时期"的开端。在这个时期，政府下令"灯火管制"，我们每天要断电二十个小时。美元是非法货币，所以有一天我因为口袋里被搜出了十三美元而被抓了起来，后来好在警察局里的一个警官认出了我，才把我释放。这个时期，我们有了一种新的货币单位——可兑换比索，这是一种类似于支票的、由古巴政府发行的可自由兑换的货币。只有可以出国的人才能拥有这种货币，并且可以自由出入硬通货商铺购买电器、衣服、鞋子和食物。老百姓也不得不把家里的金银首饰拿去政府开办的"银屋"变卖，用便宜的价格换成可兑换比索。

为了复苏经济，古巴不得不开放旅游业，外国人被允许在古巴投资。于是各类酒店和购物中心纷纷拔地而起，我们国家变成了有名的热带风情旅游胜地。一夜之间，旅游业成为我国经济的中流砥柱，并且远超蔗糖和烟草出口。可兑换比索的出现和引进的硬通货使得比索退居二线。在黑市交易上，一美元可以换得一百二十比索，相当于一个普通工人的月薪。

　　回家一个月，我尝试了理疗、电针和激光治疗，但我的脚伤依然没有任何进展。父亲坚信，我一定是中了邪。有一天，他带我去见了一位住在帕拉格斯（Párragas）的巫医苏·帕德里诺。这个男人哼着某种非洲土著语言，吸了一口烟，然后把烟吹在我脸上，呛得我直咳嗽。接着他又喝了一大口白色朗姆酒，然后用力喷在我身上。他在地上撒了一把贝壳，然后得出了结论：我几乎要被恶灵占据了。

　　他让父亲去买一只小公羊、一只公鸡、可可油、棕榈油和一些烤玉米粒，接着让我在河边捡一块石头，还要我们带着朗姆酒、烟草和三根蜡烛再回到他那里。他说只有这样才能破除魔咒。

　　当巫医用尖锐的刀割开小羊的喉咙时，小羊就像孩子一样发出凄惨的叫声，它不停地挣扎着，但是巫医无情地拧断了它的脖子好让血流得快一些，然后把鲜血沾在我捡回的那块石头上。小羊彻底死去后，他又剖开它的肚子，拿出所有内脏，和砍下的羊头一并装进塑料袋。接着他把剥下的羊皮放进火堆烤，之后混合着烤焦的碳渣一起放进了可可油、棕榈油和烤玉米粒，把乱七八糟的一堆混合成一团糨糊，让我每天涂在脚上。没有人会在那个年代浪费食物，巫医把剩下的羊肉放进了他的冰箱。

　　接着，他切了四分之一的小公鸡摆在那块沾满羊血的石头旁，点上三根蜡烛，再一次唱起了非洲语，然后用嘴对我喷了一脸的朗姆酒。之后他还不停地对我吹着烟，直到我的眼睛痛得睁不开。

Chapter 14 没有舞蹈的那一年

仪式结束了,他要我们支付两百比索,父亲很爽快地付了钱,并再三感谢他替我驱逐了恶灵。

之后的一个月,我每天都坚持涂上那个恶心又可怕的药油。以至于我一出门,所有人都看着我。有一天一个老奶奶忍不住问我:"我的孩子,你是不是踩到了什么动物的尸体?"她一边说一边用手捂着鼻子,一副快要吐出来的样子。

那只小羊和小公鸡就这么白白牺牲了,我的脚依然没有半点好转。

事实变得显而易见,我必须再做一次手术。我像被拽进了一个绝望无助的黑洞,好在还有好友拉斐尔的陪伴。他是为数不多和我同年加入古巴国家芭蕾舞团的朋友之一,并且现在住在洛斯皮诺斯一家烘焙店附近。每天下午,我都会去他家玩,一起聊芭蕾。

有一天,我告诉他我在镇上遇见了一个让我心动的女孩。

"拉斐尔,你记得埃斯特法尼娅吗?那个跳舞的。天啊,她太完美了,我都要流口水了。"

拉斐尔的眼睛睁得跟铜铃一样大。

"听着朱尼尔,别去招惹她。你不会想给自己找麻烦的。"

我不明白他为什么这么说。

"为什么?为什么不行呢?"

"阿列尔之前和她有过一段感情,没过多久他们就分手了。用他的话说,那个女人如同蛇蝎。"

"蛇蝎?"

"她外表看起来温柔无害,但是你不知道她……"

"嗯,不过……"我打断了他,"这个周末我跟她有个约会。"

"好吧。"拉斐尔耸了耸肩,"别怪我没提醒你,不过祝你好运。"说完他递了一杯咖啡给我。

周末,我和埃斯特法尼娅约在了葛蓓莉娅冷饮店。她身材高挑,乌黑的长发垂到腰间,细小的鼻子带一点鹰钩的形状,乌溜溜的眼睛充满笑意地望着我。她对我在伦敦的经历非常感兴趣。

"你的事业好顺利啊!"我们一边排队等座,一边聊天,"你一定很开心吧。"

"嗯,一切都挺顺利的。"我说,"要不是这只该死的脚,我现在应该跟着英国国家芭蕾舞团去澳大利亚巡演了。"

她同情地看着我的脚踝。

"那现在还疼吗?"

我刚要回答,我们就排到了一个空位。她点了一份草莓圣代,我点了巧克力圣代。就在服务员给我们送餐的时候,我突然感觉到脚踝一阵剧痛,忍不住缩了一下。她注意到了我的小动作,又看了一眼我的脚踝。她让我把鞋脱了,说想看看我的伤口。在大庭广众之下脱鞋我实在有些不好意思,况且大家还都在吃东西。但她坚持让我这么做,我只好把鞋脱掉,按照她的要求,赤脚放在她的膝盖上。埃斯特法尼娅因为害怕,紧张得闭起了眼睛。我把她的手放在我的脚踝上,周围的人都纷纷看了过来。她闭着眼

Chapter 14　没有舞蹈的那一年

睛的模样看起来比草莓圣代还要甜，她实在是个善良美丽的女孩。

"你的压力实在太大了。"她就像一个预言家，摸着我的伤口说。几秒钟后，她睁开了眼，又说了一句："不过一切会好的，你的职业道路也会一帆风顺。"

"你从我脚上感觉到的？"

"不，从你内心的能量。"

我不知道该说什么了，我从没遇见过这样的女孩。看着她深潭一般的眼眸，我的心和眼前的巧克力圣代一起融化了。

吃完冷饮，我们沿着L大街散步，我越来越确信拉斐尔一定在什么方面误解了埃斯特法尼娅。这个善解人意的女孩怎么可能是"蛇蝎"？她对我的一切都很好奇也很关心，她甚至问我是不是被家人打过，因为她发现了我有一丝自以为不露痕迹的悲伤。从来没有人这么细致地关心过我，我被她深深地感动了。我毫不犹豫地牵起她的一只小手，她抬头看了我一眼，什么也没说。

走到了"L和19"，那个最早让我学习芭蕾的地方，门口贴着一张我的大海报，下面写着："卡洛斯·朱尼尔·阿科斯塔，洛桑芭蕾舞比赛和法国巴黎舞蹈比赛的金奖得主曾在这里学习。"我悄悄地低下头，不想被人看到，不过还是被人发现了。学生们一下子将我围住，把我当作一个名人，而不是那个曾经被开除的学生。他们纷纷向我索要签名，埃斯特法尼娅站在一旁，安静地看着我笑。突然一个老师走了出来，她戴着小丑一样虚伪的笑容说："荣耀难免会让人忘了过去。"

我喜悦的心情突然像被浇了一盆冷水。我原以为我会退缩，可是我看着她的眼睛，骄傲地说："如果有一些记忆注定要被淡忘，那我希望就是在这里生活的那几年。"

我们沉默地注视着对方好一会儿。

我一直以来都想告诉别人我在"L 和 19"的不快，今天终于出了一口气，一下轻松了许多。我再一次牵起了埃斯特法尼娅的手，并在公交车站吻了她。这个女孩也是我最美好的感情之一。

不过，没过多久，我开始慢慢相信拉斐尔之前和我说的话了。

埃斯特法尼娅总是喜欢在公共场合下和我亲热，要么是在哈瓦那海滨大道，要么是在烘焙店或者是干洗店。只有我带她回我家的时候她才肯罢休，一来是因为我们家附近那几个角落都是别人尿尿的地方，二来我也不想成为村里的众矢之的。她喜欢我们家那张有着尖锐弹簧的破双人床，而且她还有奇怪的受虐倾向。

我做了第二次手术，医生从我的脚踝里取出了一块玉米粒大小的骨头。埃斯特法尼娅每天结束现代舞课后，都来医院探望我，并要求和我亲热。她完全不顾忌我是一个刚刚动完手术的人。有一天，她扶着我在走廊练习走路，走到拐角处，她猛地靠了过来，一把搂住我的脖子，然后另一只手从书包里拿出一根皮带。

"住手，亲爱的，我们还在医院。"她完全听不到我的话，反而爬上了我的身体，"哦，下来下来，我的腿痛。"

"你们在干什么！"

一名护士撞见了我们。埃斯特法尼娅这才罢休，收起皮带，

Chapter 14 没有舞蹈的那一年

扶着我走回房间,仿佛我们之间什么也没发生。

撇开她大胆怪异的爱,埃斯特法尼娅还是一个挺不错的女朋友。她已经成了我们家的一员,并且不知不觉地充当了我和父亲之间的纽带和调解员。自从父亲听说我要再做一次手术后,他就不再理我,他在用他的沉默和我冷战。妈妈跟我说,他只是需要一点时间来反省,与我无关,以前他也这样对过玛丽琳,所以让我别太难过。但是父亲的沉默就像水刑,一点一点地折磨我,我宁愿他用麻绳抽我,或者是拿大砍刀追着砍我,而不是把我当成空气。但奇怪的是,他却很乐意跟埃斯特法尼娅交流。有一天,我女朋友跟我说,无论在什么情况下,都要保证脚伤完全愈合,然后尽快回到英国国家芭蕾舞团。我知道,这句话一定是出自父亲之口。

从医院回来后,我买了一辆车。我通过埃斯特法尼娅问父亲,是否愿意教我开车,没想到他竟然答应了,但条件是要通过埃斯特法尼娅来教。这种怪异的教学方式简直是场灾难。我们三人一起到了四大街(Cuatro Caminos),这是一条人迹罕至的大路。我试图发动车,但是刚一起步车就熄火了。

"你跟他说,离合器不要松得太快。"父亲对埃斯特法尼娅说,"谁要某人动手术,把自己弄得笨手笨脚。"

我再一次启动了车。

"跟他说注意力集中,要是他能记住也不会受伤了。"

我受够了。

我转向父亲跟他说，这是我的脚，我的手术，不能跳舞已经
够郁闷了，不要再雪上加霜了。我下了车，沿着四大街漫无目
的地走着。埃斯特法尼娅劝了我五分钟，我才回到车上，但是爸爸
还是不理我。他整整五周不和我说话，只有一天例外。那一天我
因为无证驾驶，在海湾隧道被警察拦了下来，爸爸在第一时间救
了我，不过之后又继续不理我。五天后，我参加了路考，那个可
恶的混蛋考官，竟然不给我过。

医院距离洛斯皮诺斯的家很远，尽管还没考到驾照，但我一
开始还是会开车去医院接受理疗。不过后来担心我的那辆破大众
车停在街上会被偷，所以我找了国家艺术学校的校长玛尔塔·乌
略亚，问她能否在我养伤期间，把学校后面那间废弃的数学教室
借我当作临时住处，因为那里有公交车可以直达医院。玛尔塔爽
快地答应了，我和埃斯特法尼娅搬出了所有的桌椅，把房间彻底
打扫了一遍。之后找了铁匠吉列尔莫给我们打造铁制的门窗，从
马里亚瑙（Marianao）请了一名木匠给我们做了张床。我自己把墙
粉刷一新，还给门上了釉，给窗户挂上蓝色的窗帘，最后把所有
东西通过埃迪的大货车搬了过来。就这样，我们搬进了新房子。

六个月转瞬即逝，我从来没有这么长时间不碰舞蹈，这段时
间也没有我想象中难熬。我已经习惯了每天睡懒觉，生活自由自
在，无拘无束，不用担心跳舞时的浑身酸痛。

一天傍晚，我们在哈瓦那海滨大道上闲逛，看着太阳一点一

Chapter 14　没有舞蹈的那一年

点下山,我对埃斯特法尼娅说:"你知道吗,我现在有点不想回去跳舞了。"

"你疯了?"她喊道,"芭蕾是你的使命,你明明知道的。再说你爸爸会杀了你的!"

她说得对。父亲听到我这么说,一定会杀了我——不,他会使出更狠的一招,就是不理我。我们家的问题已经够多了——姐姐贝尔塔,还有不完整的大家庭。我不能再让他们失望,更不能再添乱了。

Chapter 15

重新出发

脚伤复原后，谢里决定开始给我上课，以帮助我恢复体力。回到舞蹈教室的第一天，当我穿上练功服，站在镜子面前时，着实被自己吓了一跳。我的腰间堆了一圈又一圈的软肉，后背和小腹的肌肉已经完全看不到了，手臂下的肉像蝙蝠袖一样松软……我的整个身体就像一个大肉球顶着一张肥厚的脸和一个圆圆的爆炸头。天啊，太触目惊心了！以前那个像运动员一样的身材完全消失得无影无踪。我脱下练功服，对谢里说，我有点头疼，可不可以明天再开始。第二天早上，我穿了一条运动裤、一件松垮的上衣好遮挡那一身令我头疼的赘肉。

谢里觉得我应该和古巴国家芭蕾舞团的总监阿莉西亚·阿隆索谈一谈，看看是否可以让我直接回到舞团。我不大确定这是否是个好主意，担心他们嘲笑我当初一意孤行到英国跳舞，但是谢里说古巴毕竟是我的祖国，古巴国家芭蕾舞团也是我的归属地。

Chapter 15　重新出发

我选择去英国学习在任何程度上都不意味着对国家的背叛。

"在你十八岁的时候有幸被世界一流的舞团选中,担任他们的首席,对于古巴芭蕾舞团,乃至于整个古巴都是一份骄傲。"谢里反复强调她的观点。

阿莉西亚·阿隆索不仅仅是芭蕾界的知名人物,她和她的前夫费尔南多·阿隆索更是古巴芭蕾舞的创始人。他们二位建立的古巴芭蕾舞的基本教学法被二十五个舞蹈学校沿用至今。对于外国人来说,阿莉西亚·阿隆索是个传奇人物;对于我们古巴人来说,她的地位并不比国家主席低。她的一句话几乎能改变你的一生。

当我敲响阿莉西亚的办公室门,她对我一点也不客气。虽然我被同意加入国家舞团,但是只能从独舞演员做起,这比起我在伦敦的首席足足低了四个级别。

尽管我在英国的时候演出过完整的三幕芭蕾舞剧,并且得到当地媒体的一致好评——他们甚至称我为古巴的尼金斯基[1]——但现在独舞演员这个位置,让我感到非常不安。我甚至开始怀疑自己。

"朱尼尔,别犯傻了。"谢里又一次看穿了我的内心,"就像你以前一样,努力跳舞就行了,其他的都不要想。"

我听从了谢里的建议,随着脚伤的逐渐恢复,我又回到了

---

[1] 瓦斯拉夫·弗米契·尼金斯基(Vatslav Nijinsky),波兰裔俄罗斯芭蕾舞者和编舞家,以非凡的舞蹈技巧以及对角色刻画的深度而闻名,有着西方舞蹈史上最富有传奇色彩的人生经历。——译者注

以前疯狂练舞的状态。大腿、腰腹和后背的肌肉逐渐回来了。那些曾经和我一起跳舞的伙伴也慢慢接纳了我。一分耕耘一分收获，每一滴汗水都不是白流的，我越努力，进步就越明显。我抓住每一个排练的机会，发誓要脱胎换骨，成为更强更有力的卡洛斯·阿科斯塔。这是向大家证明我是名副其实的主演的唯一办法，就算我暂时只是独舞演员。

1993年6月，我刚过了二十岁生日，便在古巴迎来了我的首场演出，这离我在伦敦最后一场演出已经过去整整一年。我和阿里海蒂·卡雷尼奥搭档，表演了《海盗》，当幕布落下的时候，我听到了观众热烈的掌声。然而我并不满足，这和我心里要求的水准还相差甚远。不过，和舞蹈阔别了将近一年，能恢复到现在这个状态，我已经知足了。更重要的是，我又能跳舞了。

下一个任务是和洛德斯·诺沃亚搭档，表演三幕芭蕾舞剧《葛蓓莉娅》(Coppelia)。洛德斯在我离开伦敦后，也离开了英国国家芭蕾舞团，并加入了古巴国家芭蕾舞团。这一次我觉得在技巧方面更加游刃有余，父母也来观看了我的演出，他们已经很多年没有看我跳舞了。这几个月来，父亲的心情还不错，演出的那一晚，他的心情甚至可以用"满足"来描述。母亲身袭优雅的长裙，喜悦之情溢于言表；玛丽琳打扮得像个贵族，不过他男友依尤的表情有些不自在。当我问他今晚是否开心，玛丽琳把我拉到一边，说依尤整场演出都在打呼噜，周围的人都快烦死他了。

随着体力的恢复，我被安排的演出也越来越多。有一天，我

Chapter 15　重新出发

惊喜地发现自己的名字竟然出现在了乔治·勒费布尔的《俄狄浦斯王》的演员表上，我激动得要晕倒了，俄狄浦斯是我梦寐以求的角色。我马上把这个好消息告诉了谢里，并且给埃斯特法尼娅打了电话，我们在马里亚瑙的迪普酒吧举杯庆祝。然而第二天，我突然发现我的角色并不是俄狄浦斯，而是要刺杀他的一个老头。我失望极了，不过我还是试图安慰自己，有的时候第二主角也和第一主角一样重要，并且也有很多展示技巧的机会，比如《罗密欧与朱丽叶》里的茂丘西奥或者《曼侬》(*Manon*)里的莱斯戈。由此可见，老头这个角色应该也可以融入大量的舞蹈技巧和戏剧表演，我满心欢喜地接受了这个角色。然而事实证明，这个角色没有一丁点儿的舞蹈成分，没有大跳，也没有旋转。演出前我被要求戴上一个白色的假发套，化妆师在我脸上涂了一些颜料，瞬间我拥有了八十岁老人皱瘪的皮肤，然后我又披上了一些破布当衣服。我就这样站上了舞台，手拿一根细棒，指着俄狄浦斯，用哑剧的方式威胁他要取他性命，结果我被他下令吊死了。

更让我难过的是，身边的朋友开玩笑说，我的扮相像一个过去的女歌手塞莉娅·克鲁斯。但是台下坐着的是对我来说最重要的人——我的家人、埃斯特法尼娅、谢里，他们都在期待我在舞台上的凌空一跃。我站在舞台上的时候羞愧得无地自容。直到今天，我还是觉得那天是个耻辱。

事后，我向谢里吐苦水，但是她却安慰我不必放在心上。

"听着，朱尼尔。"她微笑地坐在她公寓里的藤椅上，"生活有的时候并不如你所愿……"

"但是——我想说——扮演一个老头走路，我爸都比我合适。"我还是觉得很冤枉。

"生活就是这样啊。"谢里让我在她身边坐下，然后给我讲了一个故事。

"我有一个朋友，他身材高挑，样貌英俊，但他有个与众不同的梦想——成为一名好木匠。他常年不修边幅，还留着络腮胡。唯一出众的是他那双碧绿深邃的眼睛，就像波斯猫的眼睛一样通透。他并不介意自己的邋遢打扮，也不在乎别人背地里的议论，因为在他眼里，木材就是全部。然而，家中兄弟姐妹众多，生活拮据，没有钱让他实现梦想。但是他一直坚信那句老话，'有志者，事竟成'。有一天他终于攒够了钱，买了一些上等的桃花心木、雪松木和牙买加黄檀。他在自家的花园里搭建了一个小作坊，没日没夜地锯木头，潜心研究家具。家人一直抱怨漫天飞舞的木屑，但是他仍然坚信梦想一定会照进现实。

"终于有一天，他得到了一个机会，在四大街上展示他的作品。从沙发到衣橱，从餐桌到卧室套件，一应俱全。其中模仿路易十五会客室的那些家具和原作几乎一模一样，他还融入了一些现代的设计和质感。但是，没有一个人愿意光顾他的展品。从他参加展会的第一天，其他的木匠就开始说他的坏话，还造谣说他的家具质量差。有一些顾客打算进去看两眼，但是一走进铺子，就被我朋友邋遢的乞丐扮相吓跑了。尽管如此，他并不介怀，还是把精力都放

Chapter 15　重新出发

在如何让自己的作品变得更好上面,并坚信努力终会有回报——即使他每天都饥肠辘辘地回家,根本赚不到钱。

"有一天,一位顾客走进了他的铺子,我的这位朋友兴奋地向他介绍这些家具。但是这个客人什么都没买,只是提出了一个奇怪的要求:请他把胡子剃了。我的朋友并不反对,第二天,他刮了胡子,并把一头金发整齐地梳在脑后,露出了白净的脸。和昨天同一个时间,那名顾客又出现了,他没有对家具表现出任何兴趣,只是盯着我的朋友打量了一会儿,然后拿出了一份模特合同。现在,我的这个朋友居住在巴黎,拿着丰厚的报酬,享受着他的模特生涯……"

过了好久,我都不知道要怎么回应,也不明白谢里想要告诉我什么。

"你是在说,有一天也会有人给我一份模特合同吗?"

谢里湖蓝色的眼睛笑成一条缝,她转身走进厨房,端了两杯咖啡出来。

"我想告诉你的是,成长的一路会经历许多嘲笑、讥讽,就像故事中其他那些木匠的行为。但是你也会遇到伯乐,就像那个模特经纪人。有的时候,你演一个配角也是好的,因为一个人不可能永远一帆风顺。我知道你现在很难过,但是你可以这么想,这场剧感动了上百号人,每个人都像一个螺丝钉,虽然微小但举足轻重。这一次轮到你做一颗平凡的螺丝钉,这难道不够伟大吗?"

谢里总是能找到安慰我的办法,我现在感觉好多了,一点也不介意出演《俄狄浦斯王》里的那个老头。两周之后，我在《玫瑰花魂》的演出中穿上了一件奇怪的衣服，看起来就像粉红豹一样搞笑，我也没有一点不开心。别人的嘲笑我也只当听不见。

这一次发生的事，就像之前的一样。我真的开始怀疑谢里可以预知未来。因为演出老头这个角色的三周后，我收到了一封来自本·史蒂文森的信。我还记他穿着花衬衫、顶着啤酒肚在伦敦给我排练《胡桃夹子》。他现在正式邀请我加入美国休斯顿芭蕾舞团。

我马上拨通了他信上留下的电话，一接通后我就兴奋地回复他，我非常乐意加入他的舞团。他有些担心地问我，是否有机会到其他国家申请美国签证，因为古巴目前还不允许任何人出国。我就像一个幸运儿，正好我们舞团将在七八月去西班牙马德里巡演。

过了一周，当我们一群男孩子在上课时，教室的门口突然伸进了一个熟悉的脑袋，他穿着一件花衬衫、一条绿裤子。本·史蒂文森来了。他和我握了握手，说在教室外面等我下课。

班上的人都交头接耳，不知道本怎么会来古巴。我告诉了他们本邀请我去休斯敦深造。一下课，大家都围住了我。我心里窃喜，谁说"模特经纪人"不会自动找上门来。

下了课，我开车送本回酒店，当他坐进我那个破旧的大众车时，我看得出他很紧张。这也许是他第一次坐进这么旧的"老爷车"了吧。本不安地问我有没有买保险，我反问他，保险是什么，之后他没有再说过一句话。不过这也好，我也不想告诉他我其实

Chapter 15　重新出发

连驾照都还没有考到。我的车后座里堆满了香皂,那个时候香皂是稀缺品,只有用可兑换比索才买得到。每次我不幸被交警拦下,我就会拿出一个香皂,他们通常会因此放过我。有些交警都认识我了,每次他们需要给女朋友送个礼物什么的,就会故意把我拦下,拿走几个香皂。其实,花在罚款和买香皂上的钱,都足够让我买一辆好车了。

这是我第一次走进里维埃拉大饭店(Hotel Riviera),因为这里只有跟外国人一起才能进入。我和本一起穿过大堂,目睹了酒店奢华精致的装饰和窗外碧蓝的海景。

我们坐电梯直达顶楼的豪华餐厅,在这里你可以鸟瞰整个城市。本给我点了一份菲力牛排,然后从包里拿出了几本公司的宣传册,里面介绍了休斯顿芭蕾舞团近七十名的舞者。舞者的平均年龄是二十五岁,他们大多从本自己的舞蹈学校毕业。通过这些宣传册,我看到舞团多样性的剧目排练、恢宏的舞美设计和精致的演出服,更重要的是那些舞者一张张灿烂的笑脸深深地吸引了我。这才是我心目中最期盼的舞团。

本把一个蓝色的信封放在桌上,他说这是我用来申请美国签证的,只要在马德里把这个材料递交给美国大使馆,不出意外我就会拿到美国签证。我的牛排到了,当我大快朵颐地享受美餐时,本一直看着我,似乎想要知道我在想什么。

我吞下最后一块肉,本又拿出了一个信封放在桌上。我拆开一目十行地扫描,一年平均工作四十四周,有医疗和牙医的保险,还可以享受两周带薪假期,在那期间我可以为别的舞团跳舞……突然我的眼睛停下了,因为我看到了一串数字后跟着无数个零。牛肉卡在了我的喉咙里,我被呛得喘不过气。本帮我要了一杯水,拍了拍我的背,他问我合同中有哪些不满意的地方。我一句话都说不出来,我从来没有想过我会赚这么多的钱。等我缓了过来,我对本说,我非常满意这个合同,并且当场签了字。直到多年以后,本才知道,我当时在古巴的月薪是一百三十八比索,仅相当于一美元。

Chapter 16

马德里

"你不记得了吗？在加西亚洛尔卡大剧院，那天我在一个练功房看到了你，并跟你说我要成为像你一样的舞者……"

"有吗？我完全没有印象。"

"好像是 1988 年的'古巴芭蕾季'，你主演《三个火枪手》。想起来了吗？"

"朱尼尔，你放过我吧，我真想不起来了……"

阿尔韦托·特雷罗转身走向浴室，把"炊具"的电源拔了，端出两份还在滋滋作响的烤猪排，还放上了一些炸薯条和米饭。为了省钱，我们的"炊具"是自制的，原料无非就是旧铁罐、铁衣架和废弃的电熨斗。食材也是在楼下一个叫"英国小铺"的店里买的半成品。舞团为了节省开支，把我和阿尔韦托安排在同一个房间，其他人也都这样，两人一间。

猪排太美味了，比起前两天我们吃的阿斯图里亚斯煮豆子

(Asturian bean stew)这种没有油水的食物,眼前的佳肴早已让我们垂涎欲滴。这让我想起了我们舞团的一则趣闻。一位同事邀请大家参加他的生日派对,并提供免费食物。大家都欣然而至,在享受了一顿美餐后,那名同事捧出了一堆用作狗粮的肉罐头空盒。有的同事几乎当场就要呕吐,而有一些人则兴奋地说明天就要去买类似的罐头,因为太好吃了。

"不是我说你,你的记忆力都快跟蚊子差不多大了,"我对阿尔韦托说,"我说我想成为像您这样的舞者,然后你和多明各都笑我。"

"好吧,我那时大概有些轻飘飘了。"

"嗯,我想你也是。"我继续说道,"第一次见到你是在比那尔德里奥看你演出《冈扎诺的花节》(*Flower Festival in Genzano*)。你跳得那么高,我还以为你背后牵了两根绳子。"

"你说得没错,那时候跳跃的确是我的强项……"阿尔韦托话音未落,门口就传来一阵敲门声。我从猫眼看出去,是一名酒店服务员。

"这是什么味道?你们知道房间里面不可以烹饪食物的吧?"那位绅士彬彬有礼地说。

"这里?当然不可能!"特雷罗冷静地抢在我前面回答道,"我向您保证,先生,我们绝对没有在这里弄食物。您闻到的味道是楼下餐馆飘上来的,我正为此事苦恼呢,这个味道让我都不能好好睡觉,只能把头蒙进枕头。我巴不得跑下去跟那个厨师说:'拜托别弄了，我们明天还要早起开工呢！'但显然我不能那么做。"

服务生将信将疑地看着我们两个，然后就离开了。

我一直憋着要笑出声来，因为阿尔韦托这个爱演鬼一边发表他的演说，一边故意学马德里人的口音，重读每个 s 的发音。

"老天，你真是个天才。"我忍不住要夸他。

我们把食物重新从浴室拿出来，坐在各自的床上继续享用。

"没什么，偶尔戏弄一下人也是一门艺术，不过我倒希望我在事业上能有一技之长。"

"我要是有你的天赋就好了。"我一边羡慕地看着阿尔韦托，一边把最后一块肉放进嘴里。

阿尔韦托忽然停住了。他把手里的餐具放在了床头柜上，认真地盯着我，之前那些开玩笑或是演戏的表情瞬间消失。

"听着，朱尼尔，我羡慕的是你，你有我所没有的天赋。"

阿尔韦托重新拿起盘子。自从在比那尔德里奥的塞登大剧院第一次邂逅，谁能想到这个曾经激励我走上舞蹈之路的人，现在竟然坐在我的身边和我一起吃猪排！

在马德里过了两个月，便没有了一开始的新鲜劲儿，我们渐渐感到了疲劳。除了正常每天早上八点上训练课，一周演出六次，我们每次演出结束后，还会到一个叫"Ozone"的萨尔萨俱乐部跳舞，那里的老板总让我们免费出入，我们一直到凌晨六点才回酒店吃个早饭，然后准备早上八点的基训课。日子就这样周而复始。

然而，最让我心力交瘁的并不是跳舞本身，而是我迟早要跟阿莉西亚·阿隆索对我即将前往休斯顿这件事情做一次正式交谈。在和本签订合同之前，我就跟她提过这件事，我说我大概会去八个月左右，那个时候她并没有拒绝我的请求。不过事情在最后拍板之前总还是有很多变数。如果她不让我去美国，那我就面临着一个抉择。要不就当一名自由舞者，和古巴芭蕾舞团决裂，但是可以得到去美国发展的机会，可这也意味着我将永远不能再回到古巴。如果继续待在古巴，就安安分分地做一名独舞演员，挣着一个月一美元的工资，但放弃走向世界舞台的机会。所有的决定都在阿莉西亚的一念之间。

焦虑渗透到了我生活中的方方面面，更糟的是《吉赛尔》的演出。这是一部剧情复杂、需要更多细腻表演的芭蕾，然而我竟然没时间进行一场完整的排练。职业的抉择和排练时间的缺失让我完全无法集中精力。有一天和拉萨罗·卡雷尼奥排练，他饰演猎人伊拉里翁，我一直忘动作，需要他不停地提醒。几天后，我还和我的一个女性朋友莫名其妙地大吵了一架。我知道我一定要尽快得到阿莉西亚的答复，否则我迟早会崩溃。

我找到了阿莉西亚在阿尔韦尼斯大剧院的办公室，她的秘书法拉替我开了门，让我在一个明亮的会客厅里等待。法拉走后，空荡荡的房间里只剩我一人，我越发紧张不安。我看到天花板上一行白蚁整齐地行进，不由得想起了洛斯皮诺斯家里的那些小虫子。在我乱想一通之后，阿莉西亚喊我进去。我小心翼翼地走进

Chapter 16　马德里

她的办公室,并轻轻地关上了门。

十五分钟后,我出来了,依旧焦虑。通过这场谈话,我才意识到四年以来我都生活在赞美的谎言中,我获得的所有奖项也不过是踩了狗屎运罢了。不管怎么样,她至少同意了我的美国之行,这也是我最关心的问题。

不过还有一个坎儿等着我:签证。签证面谈的当晚,我还要演出《堂吉诃德》,只能祈求白天的签证务必顺利。早上七点,我到了马德里的美国大使馆,这是一座气派的白色大楼,四周围着黑色的栅栏。我看了一眼队伍,还好不长,大概只有二十人左右。拿着本帮我准备好的所有签证材料和申请表,我又开始紧张了。很快就轮到了我。

"下一个!"一个约莫四十岁、有着红发的女人喊道。

我手心冰凉,控制不住地发抖。我有种"人为刀俎,我为鱼肉"的感觉。她一点都不知道这张签证将攸关我的未来。

我把申请表、护照还有美国政府发来的签证担保书一并交给了签证官。她面无表情地看了看我,然后开始仔细翻阅我的所有材料,就像那天在迈阿密遇到的海关一样。

"你是古巴人?"她问我。

我暗暗对自己说,我一定可以的。

"是的,我住在哈瓦那。"我小心翼翼地回答。

"你有和美国方面的工作合同吗?"她继续发问。

我的舌头忽然像打了结一样,我只能拼命地点头来作答。她继续漠然地翻着我的文件。

"哼,他们才不会给你签证呢。"我心里的一个小人儿竟然在这个时候嘲笑我。我想到了父亲,如果他知道我被拒签,那他的希望也会随之蒸发。

"抱歉,我的父亲,我向神发誓,我已经尽力了。"我不抱希望地低着头,喃喃地自言自语。

"这儿,你说你自己是一名舞者。"那个女人突然说话,吓了我一跳,"你不会就是昨晚在阿尔韦尼斯演《堂吉诃德》的那个小伙子吧?"

像演戏一样,她的表情瞬间变得温柔,像母亲看着儿子一般。

"是,是,是——我。"我变得结巴。

"孔苏埃洛,你看,这个男孩就是昨晚跳《堂吉诃德》的那个。"她转向她的同事孔苏埃洛。孔苏埃洛也害羞地跟我打了招呼,好像我是个摇滚明星一样。她们找来了总领事官,一个高个子、深色皮肤的男人,碰巧他也看了演出,还拿着一张节目单。

"你太棒了。"他一边说,一边请我在节目单上签名。他让我第二天早晨去拿结果。

二十四小时后,我站在了美国大使馆门口,汗津津的手里拿着我的护照,里面多了一页为期一年的美国工作签证许可。

Chapter 16 马德里

回到古巴后,我把这个好消息第一时间告诉了谢里和埃斯特法尼娅。

"阿莉西亚·阿隆索怎么说?"埃斯特法尼娅急切地问。

"让我慢慢说,不过在此之前,你要认真地回答我一个问题。我的肤色会影响我进入芭蕾世界吗?"

她看着我,漫不经心地听完我奇怪的问题,然后用她标准式的拥抱抱着我,说:"当然不,你的肤色美极了。"说完我们就大笑起来。签证时的犹豫和紧张也慢慢地淡出了我的记忆。

那一晚满月当空,我们安静地依偎在彼此的怀里。看着她的眼睛,我知道她希望我不要离开,但是我们都知道,这是我不得不做的决定。她突然开始啜泣,也许是看到了我眼中的无奈。我们也都知道,这一别,我们从此就将生活在彼此的记忆中。

第二天,我到了爱德华多家看望姐姐贝尔塔,告诉她我即将去美国工作。

"哦,我亲爱的弟弟,我太为你感到开心了。"她的眼神毫无生气,"上帝告诉我,他为你准备了一份大礼。他是最伟大的,为了他,努力跳舞吧。"

贝尔塔没有看着我,而是死死地盯着墙上的那个十字架。我含着泪离开了爱德华多家。

我把这个好消息告诉父亲之后,他兴奋地鼓掌,声音之大就像一头棕熊在吼叫。他紧紧地抱住我,以至于我差点窒息而亡。他平静下来后,就把我拉到一边对我耳语。

"记住——别再挂念家了。忘记一切。为了收获,你首先需要播种、流汗、忍受痛苦。我要让世人记住你的名字,尊敬你。我想让看你跳舞的人觉得幸福,让别人的母亲羡慕你的母亲。当然,你母亲不希望你离开,但是你必须变得强大。男儿为使命而生,你的使命不在这儿,而是在世界的某个角落。不要回头,无论你多么想……"

父亲把手搭在我的肩膀上,我们对视了许久。

"不要回头!"

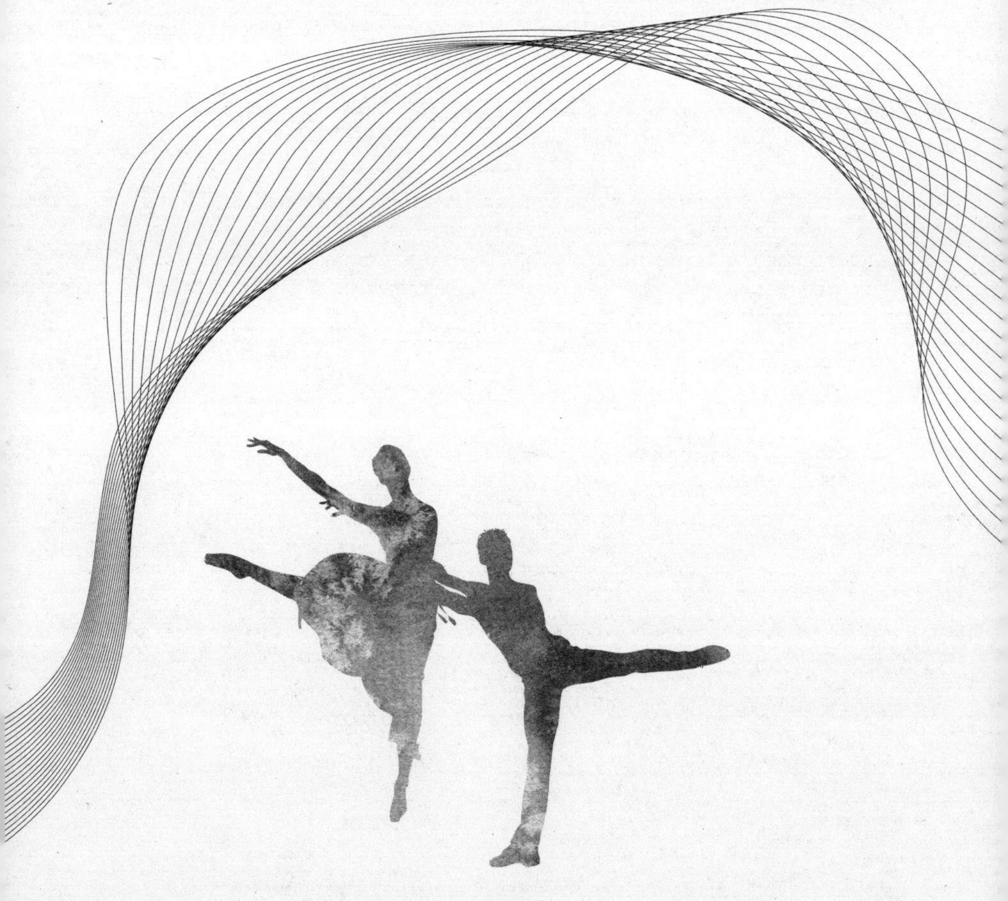

PART 3

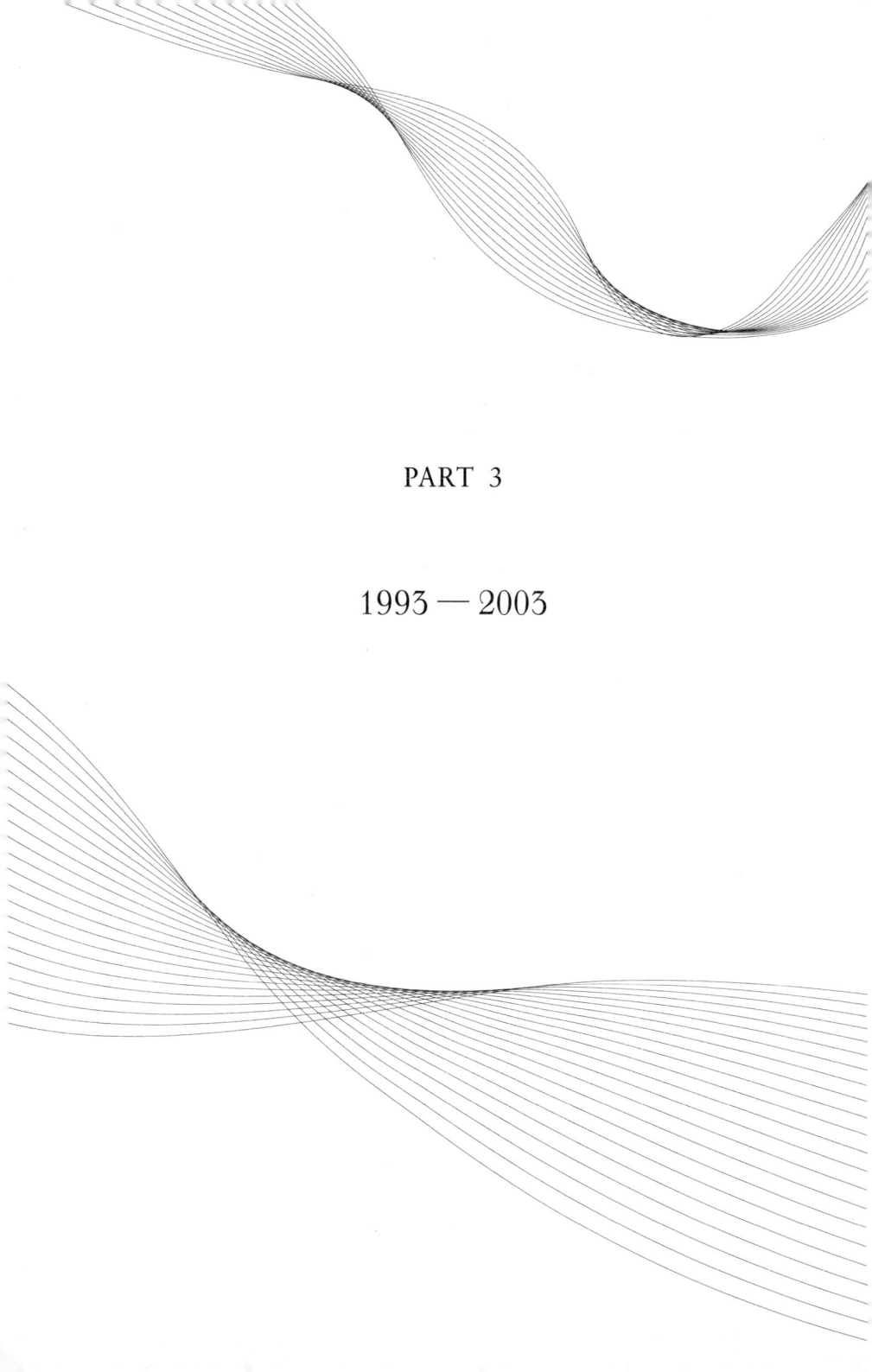

1993 — 2003

Chapter 17

恐惧和不安

1993年10月的一个早晨，我抵达了休斯顿国际机场。不知道什么原因，海关人员把我单独带到一个小房间，他们一边仔细地翻阅护照，一边像机关枪一样向我发问，质疑我来美国的意图。

我说了我是来工作的，但似乎没有人相信。

他们拆开了我的行李箱，把所有东西倒了出来：舞鞋、化妆包、姐姐的照片和一串父亲送我的鸡爪护身符。他们的其中一员拎起这串奇怪的东西想看个明白。

"小心一点，我爸说，这串带有咒语的护身符会保佑我，其他人绝对不能碰。"

那个官员像见了鬼，以迅雷不及掩耳之势扔开了护身符。

休斯顿是一个有着近五百万人口的大城市，和其他大都市一样，人们花在交通上的时间甚至多于在家的时间。每到早高峰，

Chapter 17　恐惧和不安

五百万人倾巢而出。高速公路上的车像蚂蚁一样排着队；公交车少得可怜，仅覆盖几条交通要道；出租车最常跑的就是机场和城市之间的往返路线。休斯顿大部分的居民来自拉丁美洲，最庞大的一支源于墨西哥。不过这里也有一小撮古巴群体，在每年的节日到来时，我们都有着自己的庆祝仪式。

本·史蒂文森，曾是英国皇家芭蕾舞团的一名舞者。20世纪70年代，他到美国休斯敦开拓这里的芭蕾事业。那时在休斯顿，芭蕾是鲜为人知的，大家对它的了解并不多过美国航空航天局、骑术和石油。但是不出几年，在本的培养下，一大批年轻的舞者涌现出来，公司的队伍逐渐壮大，并且在国家媒体上慢慢崭露头角。我加入休斯顿芭蕾舞团是在本接任艺术总监的第十六年，此时的舞蹈团已经成为继旧金山芭蕾舞团和波士顿芭蕾舞团之后全美第三大的芭蕾舞团了。

如果要说起休斯顿芭蕾舞团给我印象最深的一点，那就是竞争。我们每天都在比较，因为每个人都渴望找到一个终极偶像。偶像不仅仅是一个奋斗目标，更是一个自己要超越的对象。竞争无时无刻不存在着，人们喜欢给别人扣上帽子，像是"最好的""最烂的"这种。所以舞者的情绪都被这枚定时炸弹绑着，生怕哪天被撂下一个不好的名字。以前谢里总这样安慰我们，每个人都各有所长，并不存在所谓的"最好"或"最差"，但是进入了真正的舞蹈团，一切并不是这样。

"A舞者更高挑一些，身体条件也好。B舞者乐感好，跳跃是强项。你能说哪个更好吗？"谢里总是这样问我，"艺术都是主观的，而且人们理所当然地有着不同的喜好。如果有人瞧不起你，别忘了一个事实：你从一无所有，成为了一个舞团的首席。即使演砸了十场，也不能掩盖这个事实。也许别人并不赞同你的表演方式，但是他们抹不去你的成就。有一天，当你退居二线，仍会有人想要和你合照，说明你在那个人的心里永远在舞蹈。带着这种精神在这个残酷的世界里拼搏吧。"

然而现实并不像谢里说的那样简单，所有舞者都会像奥运会种子选手一样拼了命地要和对手一较高下，有些人甚至在竞争者的舞鞋里放钉子。在芭蕾这个残酷的世界里，岁月对于所有人都一样的不留情面。每一场演出的名额也是有限的，所以要保持一颗与世无争的心比登天还难。

我刚到沃瑟姆大剧院（Wortham Theater）时，自信满满，觉得不会有什么竞争对手。偶尔有几个人带着挑衅意味的神情走过，我也完全没有放在心上，因为大部分舞者都热情地欢迎我的加入。

在我来之前，休斯顿芭蕾舞团大约有十个首席，毋庸置疑，最受欢迎的还是李存信和贾妮·帕克。李存信在他孩童时期就被本从中国带了出来，他是个天才舞者，技艺精湛，艺术感染力强，也是一个很好的双人舞舞伴。不仅如此，他还能言善辩，乐善好施，大家都很喜欢他。在和李存信与贾妮的合作中，本也被启发出了许多创作灵感，这也是休斯顿芭蕾舞团历史上最辉煌的时期。本和李的关系就像父与子，但是在我到来之后，事情正发生一些

Chapter 17　恐惧和不安

微妙的变化。公司逐渐分成了"李派"和"本派"。

和我搭档的女舞者是玛莎·巴特勒，她是十位首席之一，也是"李派"阵营中的一员。我才不管什么内部斗争，不过所有人都理所当然地把我划分在了"本派"。

我和玛莎第一次排练《胡桃夹子》中的 promenade[1] 转动时，她生气地对我说："你在搞什么？你把我的重心都拉跑了！"

"哦，抱歉，给我点时间，今天才是我们第一次合作嘛。"

我们重复了一遍。

"你看你看，你怎么笨手笨脚的！"玛莎很生气。

"再给我一次机会，我才来，我才来。"

我们接下来的排练就像一场猫狗大战，更糟的是，我们还有很多剧目需要一起排练：《天鹅湖》《舞姬》(*La Bayadère*)、《练习曲》(*Etudes*)，等等。我试图告诉自己不要丧气，也许玛莎最近压力太大，心情不好。

没想到第二天，战火愈演愈烈。

"不对不对不对！你完全不懂得双人舞的技巧！"玛莎说完就跑下楼，她把李存信喊了上来，让他来教我。

"我是这么做的，扶着她的手腕，把她的重心稍稍往前给一点。"李大哥一边做着示范，一边耐心地给我讲解。

"好的，我来试试。"

---

[1] 芭蕾术语，常见于双人舞，指女舞者单脚立于足尖，由男舞伴牵着转动一周的动作。——译者注

我按照他的示范再做一次，但是结果不甚理想。

"李，你知道我在说什么了吧。他根本就不能跳双人舞。"玛莎无奈地看向李存信。

"我知道我可能不是世界上最好的舞伴，"我极力辩解，"但我会努力，给我点时间，我们一定可以。今后的合作还有很多，吵架解决不了任何问题。但如果你一定要坚持的话，我也奉陪。"

之后我们的合作稍稍好一些。三周后，我迎来了在休斯顿的首场演出。舞台上的我们伴随着优雅的古典音乐，像恋人一般深情地凝视着对方。但没有人知道，此时的王子有一半的心思都在琢磨怎么让这个公主扭伤她的脚，与此同时，优雅的公主也在想着眼前的王子要是能栽上一跟头就好了。外表常常是骗人的。

观众的反馈都很好，一时间，各大媒体上都登载了《古巴人在休斯顿》的评论文章。我每每看到有关于我的照片都会剪下来，然后放进一个信封里好留下来给父母和姐姐看。

本·史蒂文森慷慨地让我住在他家，我足足花了好几天时间才弄清这个豪宅的结构。这是一栋远离市中心，位于拉波特（La Porte）海湾口的双层别墅。屋外有一个很大的花园，正对着海湾。房子里一共有四间卧室，每个房间都有着厚软的地毯和偌大的玻璃窗。客厅壁炉的旁边摆放了一个六十英寸的大电视，旁边是一个好几层的书架，摆放着数百张 CD 和录像带。书和壁画也随处可见。还有五只小猫，要么慵懒地趴在软垫上，要么神气地蹲在藤椅上，好像它们才是这个房子真正的主人。对于我来说，这里简直就是天堂。房子里还住着另外两名哥伦比亚舞者何塞·埃雷拉和他的妻子索尼娅。我们三个很快成了要好的朋友。

到达休斯顿的第二天，我就和迈阿密的米雷娅阿姨取得了联系。我花了近一个小时告诉她我如何从伦敦回到古巴，最后又来了美国，其中的曲折让她大为惊讶。她告诉我，外婆的身体大不如前，现在连走路都很困难，家里的生活也变得拮据。

"休斯顿那边一定给你很高的薪水吧？"米雷娅问。

我向她保证，我一拿到第一个月的工资就给她们寄 200 美元，她也向我保证会给远在古巴的妈妈写信。

在本的房子里，我度过了人生第一个圣诞节。古巴的宗教节日，要么就是小到毫不起眼，要么就是必须用安静沉默的方式来庆祝。直到 1998 年若望·保禄二世带着他的宗教来到了古巴，大家才知道怎么庆祝圣诞节。几乎没有人知道真正的圣诞树长什么样，大家用杧果树代替圣诞树，用啤酒罐和可乐罐代替"圣诞树"上的装饰。食物还是传统古巴食物：烤猪肉、烤木薯、炸香蕉和豆子焖饭。

对于西方的圣诞节，我一无所知，我还问何塞那个穿着红衣、有着白胡子的老人是谁。圣诞前夕，我们回到家时，发现客厅摆放了一棵快要碰到房顶的圣诞树，本捧着一堆五彩缤纷的小球和装饰品。一个小时后，圣诞树已经完全没有"树样"，倒像个嘉年华的彩车。

圣诞节当天，家里来了许多人，大多数还是我不认识的。他们把大大小小的礼物挂在枝头，圣诞树很快就被压得摇摇欲坠。我很尴尬，因为只买了四份礼物，分别给本、何塞、索尼娅，还有刚住进来的本的远房亲戚温贝托，外号"瘦猴精"。何塞安慰我，让我别自责，我毕竟刚来，什么都不知道。圣诞大餐也是一份饕餮盛宴。大家都在欢声笑语中拆礼物、讲故事，这一刻的快乐似乎有很强的感染力，大家都真正地放松了并且期待时间可以在这里停止。

本喊我过去，递给了我一个大盒子。拆开外盒，取出蓬松的包装纸，我惊讶地发现那是一件昂贵的皮大衣。

"天啊，这太贵重了！"我惊呼道。

这是我有史以来收到的最贵重的礼物。在古巴，人们从不会奢侈地把钱花费在礼物上。生日的时候能收到一张卡片或者一双袜子已经足以欣慰。在那里，要买上这样一件皮大衣，我至少要不吃不喝在古巴国家芭蕾舞团工作二十年。我感觉糟透了，这简直是天壤之别。花费在这个派对上的所有的钱，比一个古巴外科医生一辈子赚的钱还要多。我把这种想法告诉了何塞和索尼娅，他们很理解地跟我说，刚从哥伦比亚过来的时候，他们也是同样的感受。何塞说，这个世界从来都不是平均分配的，这一点谁都无能为力。所以对于我们来说，能做的就是避免比较，不要自寻烦恼。

我同意他们的话，但是强迫自己不去比较实在太难了。休斯顿芭蕾舞团的总部是一栋两层楼的建筑，配有六个大排练厅，至

Chapter 17　恐惧和不安

少有三个更衣室，还有服装储藏室、数不清的办公室，以及理疗部、健身中心和许多可以休息的空房间。圣诞节后的一天，我和何塞走进大楼，发现几乎所有的舞者都聚集在二楼的大厅。何塞告诉我这是舞者的联合会议，今天的议题是更换排练厅的地板。我大惑不解，因为我觉得这里的地板条件棒极了。何塞继续跟我解释，这里的舞者已经抱怨了好几个月，一直要求更换地板，说地面太黏，影响他们的旋转。我都蒙了，这件事对我来说实在太可笑了。在古巴，我们的地板粗糙不堪，上面还有小虫啃出的密密麻麻的小洞。有些胶合板已经开裂，甚至有钉子冒出来，常常磨破舞者的鞋。但从来没有人抱怨，因为换一张地胶非常昂贵。身体训练也是，如果需要加强上肢力量就做俯卧撑，练习柔韧性就让别人帮忙踩胯或者压腿，脚背弧度不够也可以让别人帮忙进行对抗性训练。但是在休斯顿，一间健身房就全部搞定。这里不仅有各种针对性的训练器材，还有各种弹力球、跑步机。四周还装着镜子，房间里也有空调。每一名舞者都有医疗保险，还有员工保障金，以减轻意外受伤后的经济压力。在这样优越的工作条件下跳舞，真不懂究竟还有什么可以抱怨的。

不过当然，每个人都有权利追寻更好的工作环境。在古巴，没有人会站出来抱怨，是因为害怕失去参加世界巡演的机会。古巴排练厅钉满钉子的破旧地板确实应该换了，不过这里的地胶就是有些发黏，彻底清理一下就好了，真的有必要大费周章开会讨论并且直接更换吗？

有时候，困难才是前进的动力。当食物充足、选择太多的时候，艺术就变成了一项爱好。如果我腰缠万贯，很可能几年后就不再跳舞——要么去大学读书，要么进入保险公司工作。但如果艺术是你生活的唯一出路，是你唯一可以回报支持你的家人、唯一向世人证明自己与众不同的方式，那么艺术就不再是一个爱好，它意味着求生。这种炽烈的愿望，使那些地板上的钉子不再是借口，而是让自己变得更强的动力。这也许就是为什么这个年代不再有贝多芬和凡·高的缘故吧。天才需要逆境，而逆境源于眼冒金星的饥饿、身体发肤的疼痛和扰人心志的折磨。

我坐在房间的一角，从头到尾想了一遍，我不明白他们为什么没有意识到自己是多么的幸福，不明白这个世界为什么这么不公平，一些人拥有了一切，而另一些人却一无所有。这一刻，我有些沮丧。

渐渐地，我开始熟悉这个城市，知道哪里有最好的酒吧和餐厅，也知道好几个大型购物广场，还有电影院和博物馆。但另一方面，尽管我在舞团已经工作两个多月，女孩们仍然对我很排斥。在古巴，我们常常亲吻女士的脸颊问候早安，每一次我探出身体想要跟她们打招呼时，她们总是错愕地看着我。久而久之，她们远远地看到我就避开了。还有一些女孩嘲笑我的长相和体味，这让我越来越没有安全感。

"你最好洗洗你的练功衣。"一个女孩对我说。在排练的时候，

Chapter 17　恐惧和不安

女生都爱扎在一堆，她们常常看我一眼，然后就爆笑一场，这也让我很难受。

不仅如此，本对我也是疾声厉色。他一直盯着我，纠正我每个练习。课堂上，他总是会突然抓着我的手，一边用力抖，一边大喊放松放松。接着所有的目光都在我这里聚焦，我内心的恐惧和不安无处遁形。

我最大的困难还是扮演王子这个角色。我以前演出的角色，比如《堂吉诃德》的巴西利奥（一个理发师），或者《海盗》的阿里（一名奴隶），都是草根出生，和我一样，所以我直接饰演真实的自己就可以了。另一些角色，像是伊戈尔王子、《舞姬》里的索洛尔将军、《爱神》里的亚克托安等，主要展现男性的力量和魅力，有大量的凌空跳跃和高速旋转，这些技巧我在古巴舞蹈学校就开始学习，所以演起来也驾轻就熟。但是，说到王子，那就是一场噩梦。

"你要像王子一样站立和奔跑。"本有些着急了，他正在给我排练《天鹅湖》。

他向我演示了怎么用手优雅地在空中挥动，我尝试着模仿他。偷偷瞄了一眼镜子，我差点没把自己吓死。那个人完全没有半点王子的架势，反倒像一个出生在洛斯皮诺斯的农村娃娃，有着当货车司机的父亲和一位身为家庭主妇的母亲。大众所接受的王子都是金发碧眼，全城的女子会为之倾倒。但是镜子中的人只是一个黑不黑白不白的混血儿，还顶着一头鸡窝般的乱发，倒像是官殿中的厨子,而不是王子。谢里如果在场的话,她一定会说:"把你自己想象成王子,你就是王子。你要告诉你的观众,你就是出生在白金汉宫,你即将被授予皇冠。你要知道很多人只是外表像王子,但却跳得像个贫民。"

《胡桃夹子》里的王子是一个纯跳舞的角色,基本没有太多的人物表演,但是《天鹅湖》中的西格弗里德王子或者是《睡美人》中的弗洛里蒙德王子都有很多表演的成分。《天鹅湖》中,王子要向母后表述自己一心一意地爱着被施了魔法的奥杰塔公主,他要当着所有人的面表达对白天鹅至死不渝的爱,并跳进湖水。我从来没有上过任何表演课,我花了很多精力和时间研究怎么扮演一个王子,一点一点,我终于学会了像贵族一样从容优雅地举杯。我非常感谢本对我的支持,他常常对我说:"卡洛斯,你就是一个王子,这也是为什么我选中了你来演这个角色。"

本似乎对于每一个舞者都了如指掌,就像了解自己的子女一样。他的教学经验都源于他的祖籍,英格兰妮内特·德·瓦卢瓦夫人创立的英国皇家芭蕾舞学校。据我所知,我之前学习的古巴舞蹈学校是传承了俄罗斯流派,和英国的派别有着很大区别。我是来到了休斯顿芭蕾舞团之后才知道,芭蕾不仅仅是跳得更高,腿抬得更高,还有很多很多我要学习的。渐渐地,我没那么排斥本的纠错了,在吸收新知识的同时,也没有忘记我原来的优势和技巧。玉米可以有很多,没有必要做一只笨狗熊,捡一根丢一根。尽管如此,我一直以来的恐惧和不安也没有半点消除的意思。

Chapter 17 恐惧和不安

最后，我终于想通了，我之所以焦虑是因为我没什么朋友，所以我下决心改变自己。有一天，我在一家颇有名气的餐厅"埃尔维亚小厨"遇到了健太郎。巧的是，他的父亲是一名日本空手道大师，母亲是古巴人。他长得像日本人，但是一跳起萨尔萨舞或者说起话，就充满了亲切的古巴味道，我们一拍即合。他没有车，而且我现在已经拿到了驾照，所以一到周末，我就会开车去他所在的大学接他。他也会带至少七个人过来，大多数还都是长相漂亮的女孩。我们娴熟的萨尔萨舞技巧和周围一圈可人的女孩，使得我们一帮人总是俱乐部舞台上的焦点。每次和健太郎一起出去，都像在一个盛大的派对里，所以我天天都在期待周末的来临。

在"埃尔维亚小厨"，我还认识了另外两个古巴人，路易斯和维霍。他们俩十岁就离开了古巴，但是和我一样，他们还是把自己当成纯粹的古巴人。以前在洛桑比赛时遇到的一个女孩雪莉现在也在休斯顿芭蕾舞团，她很快加入了我的朋友圈子。之后加入的还有约翰尼·沃伦和吕里，以及两个墨西哥人——劳尔和塞利纳。而我、何塞、索尼娅的铁三角越来越牢固，我们三个决定搬出本的家，在公司附近租一套房子。健太郎帮我们搬了家。随着朋友越来越多，我慢慢发现我的不安似乎并不是源于缺乏朋友。

休斯顿和古巴一样，每天都是艳阳天。蔬菜地是一望无际的绿，林荫大道比比皆是，各家花园种植的红玫瑰散发着清香，一切都是那样的宁静和清澈。我在一个顶级的芭蕾舞团工作，身边有着出众的群舞团队以及技艺超凡的领舞和首席。观众也相当的热情，毫不吝啬给予他们的赞美。当我和玛莎结束了《天鹅湖》的首演，我受到了前所未有的追捧和称赞。毫无疑问，我很享受现在的工作。但是那种说不清道不明的感觉一直困扰着我，尤其当我一个人清静下来的时候，我感觉难受极了。只有想起还在古巴的埃斯特法尼娅，心里才稍稍好受一些。如果她在我身边就好了，我会带她去市中心、航空航天局和穆迪花园（Moody Gardens）。

醍醐灌顶一般，原来我是需要一个女朋友。我刚想到这个问题，电话就响了。

"你好，卡洛斯，好久不见啊。"

是梅拉。弹指一挥间，自我们都灵一别，已经三年有余。我们聊起了过去的时光和共同认识的人。都灵新剧院最近并不景气，她考虑出国。她随口问了一句："你觉得我可以在你那里学习吗？"

我像触电一般。

"不会有问题，我明天就跟我们的头儿说。"

第二天我和本谈了我的想法，他同意让梅拉在剧团附属舞蹈学校学习。

周一晚上八点，我在机场见到了梅拉。她脸色苍白，弱不禁风，瘦得已经脱了形。我甚至都不敢用力抱她，生怕压碎了她的肋骨。一见到她，我在意大利所有的回忆都重新浮现在眼前。我们曾一起去威尼斯演出，我还记得我们初遇时她盯着我的神情。她的到来彻底拯救了我。在意大利的日子，我的心被纳里纳占据，

Chapter 17　恐惧和不安

现在那个位置已经空缺了好几个月。梅拉闪着水灵的大眼睛看向我，和数年前一样的炙热而真诚。第二天，我们就公开地成为了男女朋友。不过，她和我之前的女友感觉不大一样，与其说是女朋友，倒不如说是家人更贴切。她的母亲不久前死于一场大病，之后父亲说她母亲的灵魂总在房子里四处徘徊，于是卖了他们在山中的房子。梅拉的遭遇让她形容枯槁，我甚至怀疑她得了暴饮暴食症，这一点在不久后就得到了证实。有一天我和她去餐馆吃饭，中途她离席去了厕所，等她回来的时候，她的白衬衫上沾了一小块绿色的胆汁。我很难过，但不知道怎么帮她，只能当作什么都不知道。

和梅拉在一起，时间过得很快。但是我心里也越来越清楚地意识到，我们的关系不会再进一步，因为我对她没有爱情。梅拉的陪伴虽然不能从根本上解决问题，但是她的存在至少让我不再空虚。

媒体开始把我和巴雷什尼科夫比较，甚至是努列耶夫——我曾经在波西塔诺还看到他拥有的那座岛。我把这些文章都剪了下来，和我的照片一起，放进一个信封。

3月份，我和李存信、玛莎合作排演了《练习曲》，这个时候我和玛莎已经成为了要好的朋友。之后我出演了《舞姬》月影的片段和《葛蓓莉娅》，同时，本还让我参与了他的一些新作品。在接受各类褒赞的同时，我也听到许多吹毛求疵的声音，不过我就当耳边风，只记住那些对我有帮助的。我逐渐在公司站稳了脚，不再是一个陌生人。

身边的同事都觉得梅拉和我是天作之合,只有健太郎劝我找一个会跳萨尔萨舞这样接地气的女人来得更实在。我向所有人解释,我们并不是认真的,尽管没人相信,但这的确是事实。当梅拉抱着我的时候,我只有皮肤感觉得到她的温度,心里却是空空的。我喜欢她在我身边的感觉,一起享用早餐,或是看着她在床上伸懒腰,但是我仅仅是习惯并喜欢这种存在,而这并不是爱情。

"啊?你有女朋友啦?你们在一起多久啦?"米雷娅阿姨在电话的那端饶有兴趣地问。

"她其实不算我的女朋友,三年前我们在都灵就认识了。我们只是朋友。"

米雷娅诡异地笑着。

"哈哈,当心你的孩子比你爸爸还多。"父亲在认识我母亲之前有过数不清的小孩,这是我们家的老笑话了。

"你给妈妈写信了吗?"

"哦,还没有。我最近太忙了,一直没有时间。"她向我解释她和罗伯托快要离婚了,"我还在为房贷发愁,我要怎么还呢?"

我不敢相信我的耳朵,如果整整两年她都抽不出二十分钟写信,那么我有理由相信她一辈子都不会写这封信。我想起了两年前去迈阿密探望他们,和我再次回到美国后每周固定时间的电话问候,难道这是一场闹剧,一个谎言?

"尤利,我需要你帮个忙。你下个月可不可以借我 300 美元?

Chapter 17　恐惧和不安

尤利？尤利？你在吗？"

我无力地挂了电话，多年来我期待的家庭大团圆不过是一场徒劳。

我和加拿大的朋友威廉通了话，希望再次借由他的帮助，让我联系古巴的家人。好不容易打通之后，我才知道最近家中有些变故。贝尔塔再一次裸奔跑上街头，爱德华多把她送进了阿尔梅赫拉斯兄弟医院（Almejeiras Brothers Hospital）的精神科，她住院后，情况才有所稳定。另外，古巴正在严格执行灯火管制。每天断电二十个小时，晚上不能开着电扇睡觉，实属难熬。一些同胞决定坐着皮筏艇，划到对岸的美国。我儿时的玩伴德内、罗利、帕波，还有一起养鸽子的小胖，他们都这么做了。幸运的是，他们也都安全地到达了美国。但是另外数以千计的古巴人就没那么走运了，他们大多在到达美国之前就被海浪吞噬了。

"外婆和阿姨她们好吗？有什么消息吗？"妈妈问。

"妈妈，有一些事情要跟你说。外婆、阿姨还有科拉里斯……"我在犹豫要不要告诉妈妈她们根本不关心她，也不愿意写封信。梅拉对我摇了摇头，我想她是对的，还是不要给母亲增添烦恼了。

"她们都很好，也很想念你。"一边说，我的喉咙却一边紧得难受。

晚上，我想起了姐姐贝尔塔和那些偷渡过来的小伙伴，感觉到肩膀越来越紧，最后身体僵硬得像一根铁梁。梅拉帮我揉了揉肩膀，还好有她在。

和梅拉相处一段时间后，我越来越发现，这个女孩不仅有张天使般的脸庞，在她金色的长发下，藏着一颗聪明善良的心。她酷爱文学，不过她最喜欢的书还是《圣经》和一切有关于上帝的书籍。

"你相信上帝吗？"她问我。

我向她讲述了姐姐贝尔塔的病情，不明白上帝怎么不保护她让她远离疾病。

"梅拉，我希望我可以相信上帝，但是我周围发生的一切，让我不得不放弃这个念头。"

她对我说，相信他的存在是首要的。我们每每说到宗教问题，都要以吵架告终。不过我们大部分的时间还是愉快的，尤其是回忆起意大利的日子。她总是嘲笑我之前门牙中间的那条缝，不过现在已经没有了，因为我在休斯顿请牙医帮我做了修复。

"不过我还是喜欢你从前的大牙缝。"她总是开玩笑揶揄我，不过我喜欢她的可爱。

爱情说来就来，尽管我已经做好了不和梅拉真正恋爱的心理准备，但是随着时间的流逝，我发现她的笑容和女性魅力逐渐填满了我内心的每个角落。一天早上，我明确地感觉到她已经是我生活的一部分，甚至超过了以前奥尔加和纳里纳的地位。

本决定在他家给我举行生日派对，庆祝我的二十一岁生日。可惜，赶上梅拉身体不舒服，她说她头痛欲裂，只想在公寓里休

Chapter 17　恐惧和不安

息。我愿意留下照顾她,但梅拉坚持让我去参加聚会,不要辜负了本的一番好意。

当我们到达海湾时,现场已经布置好了。有人在海边玩水上摩托,有的躺在本刚买的按摩泳池里放松,还有的躺在花园里享受日光浴。

我和何塞坐在客厅里看电影,这是一部讲述墨西哥人移民到美国的生活片。讽刺的是,他们定居在加利福尼亚州的洛杉矶,要知道在1846—1848年美墨战争前,加利福尼亚属于墨西哥。换句话说,他们移民到了曾经自己的国家。他们的孩子被称作"奇卡诺人",意思是父母是来自墨西哥的美国人。

本走进来递给我们两盘食物,然后自己另外拿了一盘坐在我旁边。

他问我是否喜欢在这里工作。

我的眼球没有离开电视,敷衍了他一下说,喜欢。

"太好了,我想邀请你明年继续留在我们这里。"

电影演到两帮奇卡诺小混混在俱乐部里大打出手,就像我之前在阿尔门达雷斯街舞比赛上见到的那群浑身长着肌肉、一副天不怕地不怕样子的帮派组织成员。

"当然,这要征得你的同意,并且阿莉西亚也得同意让你在美国再待一年。"本继续说。

我应付地笑了笑,还是目不转睛地看着电视。本无奈地耸了耸肩,离开了客厅。

电影的剧情越来越紧张。那对移民父母的大儿子，也是这个帮派的一个小头目，因为反抗被警察的子弹扫射而亡。父亲抱着儿子瘫软的尸体，痛心疾首。

"到底为了什么？玛丽亚，我们图个什么呢？"父亲哭着说，"我们背井离乡，像个外国人一样住在这里到底为了什么？不就是想好好活着吗？但是怎么会这样？我要回去，我要回墨西哥，那里才是我的家。"

母亲也控制不住，歇斯底里地哭喊着。弟弟抬着哥哥的尸体，跟着父母走了，一言不发。

看着电视屏幕，我像被人敲了一下，幡然醒悟。我终于知道长久以来一直困扰我、让我觉得恐惧和不安的东西是什么了。根本不是缺乏朋友或者对新城市感到陌生，也不是工作压力大，或者是少个女朋友。我真正害怕的是像电影里演的那样，我将用外国人的身份在这个国家度过一生。

我的遭遇和电影里的如出一辙，我也是移居到了美国。小时候因为父亲那个疯狂的梦想，我背井离乡到了比那尔德里奥，之后我又成了迈阿密的"外星人"，但好歹那里还算一个家。现在休斯顿芭蕾舞团要跟我延长合同，这意味着我又要远离祖国一年。不行，我不干。这八个月的合同期一结束，我就要回古巴。就算我要忍受灯火管制和糟糕的交通，还有"特殊时期"，但我相信一切都会好的。相比之下，我更愿意在每场演出结束看到父母和姐姐眼里流淌的骄傲。我作为一个外国人的生活终于要画上一个句

Chapter 17　恐惧和不安

号了。

"抱歉，本。梅拉今天不舒服，我要回家看看她怎么样了。"我让他帮我跟何塞也打个招呼，然后就扭头走向车库。

我刚开进公寓大楼的门口，突然看到游泳池的方向有两个熟悉的身影。他们手牵手，彼此偎依着走在泳池边。我越看越眼熟，赶紧拉了刹车，不用再走近，我都能清楚地看到梅拉和健太郎很幸福地说笑着，仿佛他们是对恩爱已久的情侣。梅拉一点没有生病的样子，反而看起来很有活力。她穿着蓝色比基尼，健太郎的手搂起她的肩膀，在她脸上轻轻一吻。

混蛋！

我的怒火像点着了的汽油，我从后备箱里拿出了一个铝制的棒球棒，朝他们冲了过去。

他们看到我马上弹开了。

"不是的，卡洛斯，不是你想的那样！"

我抡起球棒，他们往后跳了一大步。

"卡洛斯，你冷静点。梅拉说她不舒服。我是你的朋友，我怎么会做对不起你的事情呢。"健太郎对我喊道。

"朋友，你好意思说得出口？你是个混蛋！"

人们纷纷过来围观，还有人把保安也喊来了。

"放下球棒，孩子，冷静点！"

"朱尼尔，别这样！"梅拉也焦急地喊。

每一次看起来我要向健太郎的脑袋砸下时，人群中就发出一阵惊呼。"孩子,放下,不要。"

我强忍住心中的怒火,双手紧紧握住球棒,然后用力地砸在了地上。

"我不知道你口中所谓的朋友是什么意思!即使是敌人你也不能用这么卑鄙的手段。我可以废了你的脸,但是我选择让你失去一个朋友。"我盯着健太郎的眼睛说完这段话。

保安捡起了球棒,拉着我走开。"没事,没事,回家吧。"

我又看了一眼梅拉,她不再是我的梅拉,而是那混蛋的。

这次我头也不回地走了。梅拉直接回了意大利,而我在自己的公寓里后悔刚才没有一棒打烂健太郎的脸。就这样我度过了二十一岁的生日。

"何塞你知道吗,我当时真的应该打上去,真应该让那个混蛋的脑壳分开。"

不过总还算有一件值得欣慰的事情:和美国的合同快到期了,我也终于可以回古巴了。

Chapter 18

1994

刚回到哈瓦那，我就接到了电视台的邀请，让我和父亲参加《青年一代》(*Joven Joven*)的录制，这是一档现场直播的电视谈话类节目。电视台让我们早上十一点钟到，留足化妆的时间，并和主持人简单聊一聊。其实我们九点三十从家出发就绰绰有余，但是父亲清晨五点已经坐在桌前喝咖啡。当我醒来的时候，他正站在镜子面前，穿着西装，打着领带，看起来像要参加奥斯卡颁奖典礼一样。他的胡子刮得干净极了，身上的古龙水估计整个洛斯皮诺斯都闻得到。

"老爸，你没有必要这么隆重吧。这个天气会热死你的。"

古巴，7月的骄阳穿过潮湿的空气，闷得让人透不过气。

"没有礼貌！我要对明星表示尊重。"父亲一边说，一边继续对着镜子整理衣服。

"佩德罗，你以为你要去哪儿？"母亲也醒了，"你不是去你儿子的婚礼，不过一个电视访谈而已。"

父亲不予理会，他在床边坐下，拿出了我在美国给他买的牛仔靴，要往脚上套。

"不不不，爸爸，这个和西装不配。你穿这双吧，也更舒服一些。"我指着一双凯尼斯柯尔皮鞋。

"谁说的？这双鞋会磨到我的鸡眼，痛死了。"父亲很坚持，"这种鞋是我们过去才穿的，现在都要穿这种。"

"尤利，让他去吧。"妈妈让我不用再说了，"他喜欢怎么穿就怎么穿吧。"

那是一个周六的上午，许多人要去海滩。我们挤上13路公交，车上的人多得让我呼吸困难，我们就像一把把紧挨着的香蕉，每个人都一动不动地夹在这小小的空间里。大部分的男人都赤膊，女人穿着清凉的比基尼，只有少数几个人穿着上衣，我和父亲就在其中。他穿着厚重的西装和牛仔靴，我穿着休闲裤和衬衫。我们两个在节目开始之前都已经热得浑身湿透。人群中有不少人笑话我们，但是父亲一直保持微笑，仿佛他已经进入了拍摄状态。到了电视台，我们要求在电扇下凉快一会儿。见到主持人后，我擦去了额头的汗，向主持人介绍我和父亲。

"我是卡洛斯·阿科斯塔，这位是我父亲。"

主持人盯着我父亲那双和西装不搭的牛仔靴。

"很高兴能邀请到你们二位。"节目终于开始了。

我和以前一样害怕拍摄，一看到镜头就说不出话，每个问题都要想半天。

"休斯顿是个很棒的城市,阳光充足。"我实在不知道还能说些什么,但显然主持人期待我更详尽的回答。

"所以你在休斯顿过得还不错,那伦敦呢?那里怎么样?"主持人继续发问。

"伦敦,嗯,我见了戴安娜王妃,脚踝上还动了一个手术。"我照本宣科的回答让主持人都有点尴尬。

"那就是说,你既拥有了成功,也遭遇了不幸。那我们来说说你的不幸吧。"

"呃,我的不幸,不不不,我不要说我的不幸。"

主持人发现在我身上完全是浪费时间,她转向了父亲。

"先生,您怎么看待您儿子的成功?"

"我感觉像一束圣光洒在我的身上。"

主持人惊呆了,她绝对没有想到这只是父亲的热身。

"艺术属于每个人,它并不是虚无飘渺的存在。"他清了清嗓子,"说到不幸,我觉得人类最大的不幸就是不能人人成为艺术家。拿鸽子来举例:你喂养它们,每天把它们放出来,再放回笼子,它们就会形成习惯,知道那里是它们的家。艺术也是如此。你为其牺牲时间,培养艺术细胞,即使你的身体发肤受到伤害,也许你也不会收到及时的回报,但是有一天当一个孩子问你要签名照并且把它挂在床头时,艺术就和你融为一体。它存在于你的血液里,你的呼吸里。就像鸽子爱上了它的笼子,那个索要签名的孩子,有可能也受到了艺术的感召力,这样新一轮艺术家的诞生开始了。"

观众面面相觑,听得云里雾里,大家都在想一个问题:他真的是货车司机吗?!

"从我的经验看来,您真的是一名生活的智者。"主持人说,"那您一定像热爱艺术一般热爱鸽子吧?"

"不不不,我最受不了的就是鸽子了。"父亲急了。

现场一片安静,主持人赶紧圆场:"那——您不喜欢鸽子?"

"对,鸽子是个丑陋的东西。我喜欢鸭子。那些模特,她们身上就常披着这些美丽的羽毛。"

现场一阵哄堂大笑。主持人有些恍惚,她显然不知道如何应对。在尴尬地停了几秒后,她说:"好的,谢谢卡洛斯父子,下面要请出的是人气第一的组合……"

我们的访谈就这样结束了。回家的路上,一对夫妻迎面走来。

"抱歉,请问您是不是刚才那位舞者,那位卡车司机的儿子?"

我点了点头。

"看,我说是吧。"他开心地转向妻子,又对我说,"我认出了你是因为我先认出了你爸爸。"

父亲扬扬得意地笑了,他像一只骄傲的孔雀又开始整理他的厚西装。然后他热心地向这对夫妻讲述了他自己的童年,他是如何认识工头拉萨罗·培尼亚的,又是怎么误打误撞走进电影院看到芭蕾,然后又是怎么被人赶出来的。

围观的人越来越多,他们深深地被父亲的故事所吸引。

Chapter 18　1994

"快来快来,这就是那个舞者的爸爸。您真是一位模范父亲。"
但从来没有人说我是模范儿子。

"爸爸,我们回家吧,要不就太晚了。"我拍了拍父亲的肩膀,他显然还沉浸在他自己的趣闻轶事中,无暇理我。晚上九点我们才回到家。

两天后,《格拉玛报》(Granma)上就登出了一篇名为《父亲的奖牌》(The Medals that my Father Won)的文章。过了两天,古巴的《起义青年报》(Juventud Rebelde)上又登了一篇《金色混血儿》(The Golden Mulatto)。

父亲把这些报道都小心地剪下来,跟我从休斯顿带回的那些剪报放在一起。

有一天,我听见门口传来轻轻的敲门声。

我把头伸出门外,看到了一个身材健硕,牙齿微暴,脸上还带有一点雀斑的男孩。

"尤利,你什么时候回来的?"

"欧皮托!"这是他第一次敲我们家的门。他的眼神里充满了挫败,他的严肃让我一时间有些错愕。他看起来完全不像过去的那个他了。

"欧皮托,你最近好吗?我刚回来两周。"

"我还不错。"他说,"米利、秦山他们都在墙头等着呢,我们想和你聊聊,你有时间吗?"

他听起来很友好。我对妈妈大喊,说我就在楼下转角的墙头,一会儿就回来。说完就跟着欧皮托下了楼。

午后的太阳慵懒地透着橘色的光,热风吹动了佐丽塔家的杧果树。那些熟透了的杧果会先掉落在房顶,然后顺着屋檐的坡度,一路滚下,直到落地。东尼托正要翻过栅栏去摘佐丽塔的杧果,有人看到了我,吹了一声口哨。东尼托看向我,打消了摘杧果的念头,转身坐回了墙头。每个人都安静地看着我。

"嘿,你们好吗?"我像儿时那样和墙上的七个朋友击掌问候。他们大多都留着长短不一的胡子,好几个人的脸上还爬上了皱纹。秦山的一个中指在一次枪战中被打掉一半,米利的双颊深陷,显然他们过得并不好。

"尤利,你怎么样?我们在电视《青年一代》上看到了你,报纸上也有很多你的新闻。"秦山向我伸出了那只只有半截中指的手,跟我握手,"我从来不知道老佩德罗这么能说。"

"你说我爸?他很爱抢镜头,我要是有他一半的勇气就好了。"

他们给我空出了点位置,我也跳着爬上了墙头,和他们并肩而坐。

"对了,我听说帕波划着皮艇去美国了?"我想要确认一下。

"是啊,他姐姐涅尔达前不久刚收到他的信,他说他们一帮人暂时在难民营,等他们攒够了钱就可以去别的地方,其他一切都好……"

"你怎么会从美国回来?"大家似乎都有跟米利一样的问题。

"我不想和家人离得太远。"我回答道,"再说,外面的世界也没有你们想象中的好。"

说完这句话,所有人都盯着我,好像我是古巴政府保卫队的一员。

"尤利,别开玩笑了。"米利说,"不用糊弄我们,那里肯定比这里好,你想想伦敦一天断电几回?在美国的老百姓有粮食限购令吗?"

大家都被米利的比喻逗乐了。

"但是,米利,你在那里需要缴税啊,人们之间冷漠得可怕。别把那儿想象成天堂,以为一切都是美好的。房子、车子你都得自己挣钱去买。你必须夜以继日地工作才能生存下来,别指望有人帮你,因为别人也在拼命地工作赚钱。没错,这里的生活是不如欧美,但是你一旦离开这里,就会像我一样想念家乡。比如我们现在的聚会,**Los Van Van** 的演唱会,还有骆驼巴士[1]……"说到这里,我想起了巴士憨厚可爱的模样。

"哥儿们,你不该这么想。"秦山伸出食指,"第一,没有人,百分之百没有,会去怀念'骆驼巴士'。第二点,或者一点五吧,"他伸出了那根只有半截的中指,大家笑得差点掉下墙头,"你会这么说,因为你去过那些地方。你可以跟你的孩子说你去过巴黎的

---

1 骆驼巴士是古巴重要的公共交通工具,由苏联的重型车改装而来,车头是一辆卡车牵引车,车厢由三截重型车的车厢焊接合成,中间低两端高,活像双峰骆驼,因此得名。2008年,首都哈瓦那的骆驼巴士被中国产的客车所取代,正式退出历史舞台。——译者注

埃菲尔铁塔和英国的大本钟，而我只能跟孩子说门口的奎宁娅在卖冰冻棒棒糖，或者那片种植庄园，因为我连哈瓦那的宾馆都没有去过。这就是为什么我马上也要坐皮艇离开这里。我烦透了无休止的政治话题，为什么我们要像切格瓦拉学习。我的梦想不过就是开个修鞋店，挣个养家糊口的钱。"

"梦想！你知道我对梦想的定义吗？"我无奈地笑了笑，"梦想就像高速公路的路灯，你感觉正在逐渐靠近它，但是一旦靠近了，你会发现它又在远方，永无止境。我想要当一个足球运动员，但现在却成了一名舞者。如果我是你，我根本不会对梦想抱有太大期望。"

每个人都沉默了。博贝，一个身材高大健硕、皮肤黝黑的男孩，开了口。

"听着，兄弟，你真应该好好感谢你的爸爸。要不是他坚持让你学芭蕾，你会和现在的我们一样，也许你还会成为第一个冲上皮艇想要远离这里的人。要不然，我只能说你太不知足了。"

"不是这样，"我跳下墙头辩解，"兄弟你误会我了。我只是要说梦想和现实往往并不匹配，人们梦想世外桃源，但事实上你在古巴才可以做免费的心脏手术，而在美国一个小小的胃痛可能就要了你的命，因为你没有买保险。这里每个人都没有钱，因为政府想让大家生活平等，但是在美国，你可以尽情发挥你的技能和优势。这些都是相对的，有好的一面，也有不好的一面，你明白吗？唯一不变的是，你到哪儿最后都躲避不了生老病死这个自然规律。既然如此，那我宁愿选择在洛斯皮诺斯，而不是客死异乡。"

"算了吧，我还是宁愿潇洒地死在美国。"佩德罗·胡利奥说，"帕波信上还说，如果谁还去美国的话，等他找到了安身之处，可以先住他那儿。不过他自己也不知道要在难民营待多久。"

"秦山，给我留个位置，"博贝说，"我跟你一起走。"

欧皮托一直坐在我的左边，他的思绪游离在大伙之外，一语不发。

"兄弟，你怎么想？"我问起了曾经的老搭档。

"政治烦透了，我们换个话题说吧。"他显然不想参与之前的讨论。

"说得对，让我们今朝有酒今朝醉。"东尼托说完就拿出了一瓶"爆裂火车头"，这是90年代很流行的一种自制朗姆酒。他把这瓶酒倒进了三个塑料杯。

我们聊起了街坊里的各种八卦，"草帽兄"赫拉尔多被哪个帮派捅了几刀，奇诺因为盗窃又被送进了监狱，还有我们童年数不清的回忆。

"尤利，你还记得我们在列宁公园的街舞比赛吗？"佩德罗·胡利奥说。我注意到欧皮托的表情有些不自然。

"当然，我怎么会忘记？那是我最幸福的时候。"

"还有一天我们在玩'吃泥巴'，你被你的老师抓回去，因为缺了你，整个演出都无法开始。"

"记得，我们还打了一架，因为你输了，但是却不肯吃泥巴。

你还记得我怎么把泥巴涂了你一脸吗？哈哈！"

我们和胡利奥击掌，那种熟悉的感觉让我很兴奋。但是一旁的欧皮托仍是一副心事重重的样子。

"你还记得阿尔门达雷斯的霹雳舞比赛吗？"东尼托对我说。

"当然记得，那天欧皮托吸引了所有人的眼球，他用头至少转了十圈。你们还记得水兵蛋子被捅了一刀吗？"

我们再次笑成一团，我突然意识到我是多么的怀念我的伙伴，就像我怀念从前的洛斯皮诺斯一样。那个时候，我曾觉得我们小镇是世界上最美的一片净土，家家有花，户户有草，夜晚还能听到猫头鹰的啼叫。现在一切反而走向了下坡。再也没有人愿意花精力修剪门前的花草、粉刷房屋，村民仿佛在一夜之间老了许多，每一张脸上都透露着疲惫。村里的大树都被砍倒，来增加房屋建设场地。就连现在我眼前的这些伙伴，他们的衣服也破旧不堪，有些甚至都掉了好几颗牙。

"尤利，你还记得有一天晚上你从舞蹈学校回来，我们在墙角看到了你，欧皮托还送了你两个黑眼圈，你记……"

"闭上你的臭嘴，我就知道你要说这事。"欧皮托突然开口了。

大家纷纷安抚欧皮托。

"没事，欧皮托，没什么的。"胡利奥说。

"什么没事，你们就只知道说过去。我们活在当下，还提过去的事情做什么？！"

我们都不解地看着欧皮托，没等大家反应过来，他已经独自一人朝家的方向走去。

"欧皮托,过来。欧皮托!"我一边喊一边追上了他。

我抓住他,但他显然没有停下来的意思,反而走得更快了。

"欧皮托,你怎么了?就像你说的,过去的事情已经过去了。"

他还是没有理我。

"嘿,听着。"我抓住了他的肩膀,"听着,以前不过是孩子的把戏,闹着玩而已。不要再难过了,我根本没有放在心上。"

"你没放心上?"

这一次轮到他抓紧了我的肩膀。

"听着,我每个晚上都因此睡不着觉,我不能原谅我自己那天犯的错。那你说一句原谅我的话吧,我想听你亲口说。"

"欧皮托,真不至于。"

"你说吧,求你了。"

我虽然有很多不解,但是看着他认真的眼睛,我拍了拍他的背,说:"我原谅你了。"

欧皮托重重地舒了一口气,他看上去轻松了很多。

"跟我说说你吧,你现在怎么样?"我试着换个话题。

他笑着露出一口黄牙,拍了拍我的肩膀,然后就头也不回地走了。

"嘿,欧皮托!回来呀!"我一个人徒劳地对着空气大喊。

后来我才知道,他前往西班牙的出境签证早就到了,欧皮托只是在用他的方式跟我做最后的告别。这也解释了他之前奇怪的举动,他将永远离开我们,离开这个陪伴他整个童年的洛斯皮诺斯。

另一边,在我毫不知情的情况下,谢里把我的名字放在了团里的住房需求名单上。有一天,我拿到一把位于第十大街(Décima Avenida)和卡尔萨达街(Calzada)交会口的一栋公寓的钥匙。这里离舞团大约十个街区左右,我付了八千比索,大约八百美元,这栋公寓就属于我了。

我买了一盏台灯、一张桌子、四把折叠椅和一个灶台。最后我把我的床和书本以及录像带也搬了过来。永别了,数学教室。

房间一收拾好,我就给埃斯特法尼娅打电话。

"啊,朱尼尔,你回来啦?"她听上去很开心。

"我一个月前回来的。你知道吗,他们在维达多区给了我一套公寓,就在第十大街上。你什么时候有空来看看。"

我有太多东西要和她分享,电话里根本说不完。我们说好,第二天四点,约在拉佩德雷拉饭店(La Pedrera)门口,我排练完《雷蒙达》(Raymonda)就去接她。

到了约定的时间,我的车停在了一双长腿前。

"埃斯特法尼娅,你还是和以前一样那么漂亮。"我下了车,走到她跟前,"快转个身,让我看个够,你太美了。"

"你才一点没变呢,还是和以前一样淘气。再说了,谁能在九个月里有什么大变化呢。"

我们紧紧地抱住了彼此,分开的时候眼睛也一直没有离开过

Chapter 18　1994

对方。二十分钟后，我们来到了公寓楼下。

"天啊，你现在拥有一切，有房有车，真了不起。"我打开房门，她径直走进浴室仔细看着每一个角落。

埃斯特法尼娅穿着短裙，她走进卧室，闻了闻床单，说香极了，问我是不是在休斯顿买的。我一句话也听不进去，只觉得她的腿看上去性感极了，我有一股冲动想要上去抱住她。

"看样子休斯顿把你变得有型了。"她笑着回头看了我一眼。

我逐渐靠近她，她也并不排斥。

"你在休斯顿没有女朋友吗？"

"没有，一个都没有，这个位置始终是为你而保留的。"

"那你什么时候回去呢？"

"不回去了。"我坚定地说。

"你说什么？不回去了？他们不愿意跟你续合同吗？"

"我们不说这个了好不好？"我很郁闷她打搅了这份兴致。

"那你的职业怎么办？"

"别管职业了行不行！我决定要住在这里，我不想出远门了。"

她像被人浇了一桶冰水。

"你疯了吗？在这里你能做什么！"

我已经完全没有任何亲热的兴趣了。

"至少这里有属于我的阳光，我的海滩，还有我的酒。"

"天啊，朱尼尔，别说酒不酒这些幼稚的话了。你真是个傻子，一个多愁善感的傻子。趁你现在还可以体现自己价值的时候就要赶紧工作，否则时间一去不复返。你在那里工作，退休以后还有退休金，在这里什么都得不到。你想想为什么那么多人愿意冒险坐上皮艇去美国。抓紧现在的机会吧，不要再浪费时间了。"

"你就和秦山、米利，还有那些洛斯皮诺斯的人一样。"我很难过她竟然也不理解我，"你们根本不知道那里的生活是什么样的。你每天都要用自己蹩脚的英语和别人交流，别人用英语跟你说早安的时候，你甚至都不知道怎么应付。更糟的是，当美国人说起古巴的不好时，你只能闭上嘴，低着头听，因为你要接受一个事实——你在美国，你的父母也因此有了好的生活条件。但是你对于美国人来说，还是一个外国人。我恨透了这点，我甚至都没法跟他们开玩笑。你在听吗，埃斯特法尼娅？你体会不到，因为每次你有伤痛的时候，你的父母总能出现在你身边。"

"你和你父亲说了吗？"她在一张折叠凳上坐了下来。

"还没有，不过我打算过几天就说。"

"你应该想得到你爸爸知道后的反应吧？"

"我知道，我会想办法的。"

埃斯特法尼娅听我说完，拎起包就要走。我拉住她的手。

"你不想再多坐一会儿吗？"

"不，我要走了。"

"那我开车送你？"

"不用了。"

我陪她走下了楼梯，分别的时候，她吻了我的脸颊，对我说：

"亲爱的,我今天说了没有人会在九个月有什么变化,看样子是我错了。"

我们凝视了对方几秒后,她柔软的红唇轻轻地贴了我的嘴,便转身走了。我站了好一会儿,看着那婀娜的身姿和长发下面的短裙引来众多路人的回头,直到她的倩影逐渐消失在尽头,我才悻悻地走回公寓。

想想那美好的身影曾经是属于我的!

七天足以改变我的生活,遇到埃斯特法尼娅一周后,姐姐贝尔塔问我能不能搬过来住,因为她上次出院没多久就和爱德华多离婚了。

"当然好啊,来吧,跟我一起住。"没过多久,妈妈也搬过来照顾贝尔塔。

玛丽琳还是住在她男友依尤家,父亲独自住在洛斯皮诺斯。

我现在感觉很幸福。我有车有房,妈妈和贝尔塔还跟我一起住。在古巴国家芭蕾舞团的一切也进展顺利。今年8月,我们将去西班牙演出,我会参演许多从来没有跳过的角色。目前只有一件事情困扰着我,那就是我的职称。我一直是领舞演员,而不是首席。在古巴,舞团一年只进行一轮选拔。虽然在技术上,我已经能够胜任首席的角色,但是我名义上还是领舞演员,这一点像一根骨刺,时不时地扎疼我。

有一天,我排练结束回到家,正巧碰见贝尔塔要出门。

"亲爱的姐姐,你今天怎么样?"我给了她一个拥抱。

"今天是很特殊的一天哦。我感觉好极了。"

我的脑袋迅速地搜索着今天是谁的生日或者是什么纪念日。

"什么日子呢?"我陪她走到了公寓门口。

"别担心,你很快就会知道的。"

她的脸被一部分树影挡住了,我看不见她的表情。但是当我们走到光亮处,我看到她脸上那种欢欣的表情,直觉告诉我,不好的事情要发生了。

"贝尔塔你怎么了?你吃药了吗?"我牢牢地抓住她的肩膀。

"我没事,尤利,真的没事!"她歇斯底里地大喊,"我只是想要去哈瓦那海滨大道散散心,在这儿等我,我很快回来。"

"等一下,不行,我要跟你一起去。"我试着抓住她的手。但是她一把就挣脱开了,摇着头坚决不让我跟着她。

精神分裂四个字在她的脸上肆无忌惮地狂舞,我只好让她走。我像一个傻子,只能靠着墙看着她远去的身影发呆。过了一会儿,我上楼吃点东西后,又回到了排练厅。

那时的古巴,坐皮划艇下海似乎已经成为了一场全民运动,其中不乏老人,还有家里养的宠物狗。政府下令,任何想要离开这个国家的人,都可以自由离开,国家并不阻拦。所以很多民众坐上了划艇,甚至是用卡车轮胎搭建的简易皮艇。警察之前还在严打偷渡客,现在反而帮助群众把皮艇放下海水,并祝他们一路顺风。

还有一些人在海边游泳来抵抗炎热的夏天,也有人只是坐在

Chapter 18　1994

船上垂钓。一时间，古巴的海边人满为患，没有人知道谁是要离开的，谁是在游泳，或是在钓鱼。但大家有一个共同点：所有人都在哭。哈瓦那的海水混杂了数百个家庭的泪水，其中也包括我的。当大部分人都跳进海水的时候，有人在一堆岩石上发现了一个女孩——我的姐姐贝尔塔。

我匆匆赶到卡利斯托加西亚医院（Calixto García Hospital）的急救中心，看到了妈妈和玛丽琳。她们已经哭得说不出话来了。

"妈妈，到底发生了什么？玛丽琳，先别哭了，告诉我，怎么回事？"

玛丽琳跟我说，目击者看到贝尔塔盯着太阳看了一会儿，然后抱住脚踝，从五米左右的高度跳进了一堆乱石。别人赶过去后，发现她自由落体的时候是膝盖着地。现在正在做手术，医生要在她的右腿里植入一个金属杆，以连接小腿上的胫骨、腓骨和膝盖骨。她的胸部全是淤青，肚子上也有无数划痕。

"天啊，她为什么要去那里？"

我在凳子上坐了下来，四肢控制不住地发抖。我想起来她之前跟我说要去哈瓦那海滨大道散散心，那个时候她应该就有了自杀的念头。我应该不惜一切代价强制性地把她绑回家，但是我竟然让她一个人走了。现在她躺在手术室里，生死未卜，这都是我的错。

"是我的错，都是我的错。"我把头埋进手掌，终于忍不住哭了出来。

妈妈和玛丽琳安慰我，说这都是命运，但是在我内心深处，我真的无法原谅我自己。

"贝尔塔说今天是特殊的一天。妈妈,你知道吗,她说的特殊就是要了结自己的生命。"

我很难想象贝尔塔口中的重要的一天就是自杀的日子,这个要毁掉我们一家幸福的日子。我痛恨精神分裂症,这个世界上最可恶的疾病。

不久后,父亲也赶到了。他搭着我的肩膀坐在我旁边,妈妈和玛丽琳已经睡着了。我们四个人就坐在急救室的外面,等着某个人可以走出手术室,告诉我们贝尔塔的情况。

第二天我感觉糟透了,也没有去上课。玛丽琳早早地醒来,给我们买了牛奶和面包。上午十一点,一名男护士走了出来,问我们是否是贝尔塔·阿科斯塔的家人,并把我们带到了贝尔塔的病床前。这间病房又热又脏,空气中弥漫着尿味和药味,墙上的石灰也掉得差不多了。这个病房里的男女老少,有骨折的,还有截肢的。所有人都在哭,就像葬礼一样。

贝尔塔也在喃喃自语。她的右腿被固定住,左手绑上石膏固定在胸前。她似乎在说上帝、弗朗西斯科、爱德华多、撒旦,又说到卢西亚阿姨就要来接她了。当她看到我们时,她用另一只手招呼我们过去。她小声谨慎地对我们说,她就要死了,卢西亚阿姨已经来接她了,让我们别哭。

妈妈腿一软,坐到了地上。

"我的宝贝女儿,你别这么说。"她泣不成声。

Chapter 18　1994

爸爸把妈妈扶了起来，带她走出病房。我扶着玛丽琳的肩，看着贝尔塔。突然隔壁截肢的那个男人因为疼痛大吼了起来，一个护士冲进来给他迅速注射了一针后，他才渐渐安静下来。医生说，因为贝尔塔现在的止痛药还没消退，所以暂时不能吃精神类的药物。

我突然觉得有些麻木和恍惚。看着贝尔塔，我内心有太多错综复杂的情绪，我一直在埋怨自己为什么当初不拦住她。

"尤利，听我说，别把所有责任往自己身上扛，也不要认为你有多么不幸。事情发生了就是发生了。有时候你以为自己可以控制一切，但是命运就是喜欢和你开玩笑。每个人都是这样。不过至少我们还有你。有很多人连一点希望都没有了，他们只能在痛苦中苟活，但是只要你好好的，我们就欣慰了。所以你千万不能倒下。"

我这时候才意识到，刚才是爸爸在跟我说话。他把手放在我的肩膀上。

我回过神环顾四周，妈妈靠在护士身上哭泣，玛丽琳拍着妈妈安慰她，身后贝尔塔还在自言自语。

"尤利，我的弟弟，为上帝跳舞吧，只有上帝才是最重要的。我感觉到我离他更近了。放心，卢西亚阿姨今晚就来接我，她也会为你们留好位置。总有一天，我们会在上帝的光辉下全家团聚。"

我难过地挣脱了父亲的双手。

"孩子，我知道这对你很难，但是你要知道这一切只是因为这个可恶的疾病，没有人希望成为那样。你一定要坚强，尤利，你是我们全家的希望。回到休斯顿，追寻你该追寻的吧。"

"但是爸爸，我怎么能在这个时候离开你们？"我擦干了眼泪，"我要帮助你，帮助贝尔塔，现在是你们最需要我的时候。"

"在这里哭泣解决不了问题，我们需要的是你的快乐。我们至少还能从你的成功中获得一些安慰，儿子。"

"但是，爸爸……"

"听着，孩子。"父亲轻轻地抬起了我的下巴，看着我。

"你对我说出你恨我的那个晚上，我几乎彻夜未眠，我觉得自己失败极了。不过后来，我意识到，你的确有权利痛恨我。我一直以来对你非常严厉。我打你，就像我的母亲打我一样。你在比那尔德里奥的那两年我也从来没有去看过你。但是你要相信我，我也很挣扎。即使我表面上看上去冷血无情，但我绝不会想对我的亲骨肉做出半点伤害之举。只有一点我非常坚持，我决不允许你重蹈你哥哥佩德罗的覆辙，或是其他人的。他们从不听话，因此也没能走上一条正轨。你是我唯一的希望，我希望在我死前可以做点有意义的事情。当你有了自己的孩子时，我可能已经不在人世了，那个时候你也可以跟你的孩子说我是多么的残忍无情。但是你要知道，每个人来到这个世界上都背负着自己的使命。我的使命不是让你当温室里的花朵，而是告诉你成长的痛，让你做足准备来面对生活的巨浪。"

"为什么一定得是我呢？"

Chapter 18 1994

"因为你是唯一一个得到了机会的人啊。"父亲再次抬起我的下巴,"离开这里,在你的世界里尽情舞蹈吧。当日后有人提到阿科斯塔这个姓氏时,我希望他们说的是你。"

父亲紧紧地捏了捏我的肩膀,用他一贯严肃的声音说:"向我保证,你绝不回头。"

"爸爸,我……"

"向我保证!"

我用手擦了擦眼睛,妈妈在门口也听到我们的对话。

我用颤抖的声音对爸爸说:"我保证。"说完,父亲紧紧地抱住了我。

"这才是我想要听到的。也许你现在体会不到,不过你以后一定会谢谢我。去吧,孩子,记住绝不回头。"

我摸了一下贝尔塔的前额,她还在默默地喊着卢西亚的名字。我抱了抱父亲、母亲和玛丽琳,没有再说什么话,就离开了医院。

当天下午我回到了剧团,他们问我为什么昨天没有参加排练,我随便找了一个借口,并没有说贝尔塔的事情。第二天我就找了阿莉西亚,向她提出了本之前对我的邀请。她问了我几个关于休斯顿芭蕾舞团的问题之后,就同意了。

当天下午,我给本打了电话,他听到我的决定非常开心。三周后我将去西班牙演出,就像去年一样,他把合同、签证材料还有一张从马德里到休斯顿的单程机票寄给我,因为我不会再回哈瓦那了。

离开古巴之前，我在加西亚洛尔卡大剧院演出了伊万·特诺里奥编导的《冈扎诺的花节》和《律动》(*Rhythmics*)，还有布里安·麦克唐纳编导的《悲剧的开场》(*Prologue to a Tragedy*)，这是我出发前的最后一场演出，下一次还不知道什么时候会再走进这里。观众的掌声在我脑海中挥之不去，我怀念我的哈瓦那。

出发的前三天，我们带着贝尔塔回到了我的公寓。她像换了一个人一样，小心翼翼地触碰着腿上的钢架，问母亲她怎么会做出这种事情。父亲给她递了一杯柠果汁，妈妈和玛丽琳边帮她擦汗，边告诉她别担心，很快就可以痊愈。我默默地站在客厅，仔细地观察着眼前的四个人，不想放过一丝细节。我要把这一刻永远记在心里，他们是我最爱的人。

离开的前一天，我走遍了洛斯皮诺斯，每一栋房子、每一处花园、每一棵树、每一只小动物我都仔细地看。后来我又走到种植庄园，那里有我熟悉的水果味，还有我曾经踢球的足球场。我还去了"L 和 19"和国家艺术学校，甚至还去了老哈瓦那区用鹅卵石铺的小路，坐在一群羊中，望向天空。还有哈瓦那海滨大道，我找到了贝尔塔试图自杀的地方。我流下最后的眼泪，深深地吸了一口弥漫在小镇的天然水果香气。我要牢牢记住这一片土壤，因为这片沃土从此刻即将离我而去。

Chapter 19

世界将是我的？

回到休斯顿后，因为李存信已经离开休斯顿到了澳大利亚，所以11月《胡桃夹子》的首演由我和玛莎出演。当我们演出完回到休息室时，已经有许多观众等在那儿要我的签名了。更让我欣慰的是，其中还有一些古巴的同胞。

"谢天谢地，这个剧团终于有人能代表我们古巴了。"一个头发花白的老者说，"我们从马坦萨斯来，这位是我的妻子卡里达。"

我拭去了前额的汗水，给了他的妻子一个友好的亲吻。

"我们在古巴的时候常常看芭蕾舞。"他继续说，"阿莉西亚的演出，我们场场都看。她太美了，那里就是离天堂最近的地方。自从我们搬到美国，已经二十年没有看芭蕾了，你的出现，把我们带回了过去的美好回忆。"

他满腔热忱地握着我的手，让我有点不知所措。我也不知道说什么，只是给他签了名。

"你还记得我吗？我是莫妮卡·伊斯拉的阿姨。"一个女士冲到了我面前。

莫妮卡·伊斯拉是我在"L 和 19"的同学。

"莫妮卡说你会走得很远，她果然没说错。你太棒了，我们从来没有想到你会加入休斯顿！"

"是啊，休斯顿离哈瓦那太远了。"我笑着回答。

"你有空一定得来我们家坐坐，尝尝正宗的古巴风味豆子焖饭。如果你需要其他什么帮助，一定要找我。有我们在，你不是孤军奋战。"我很好奇，不知道她是没话找话，还是我脸上写着"我很孤单"几个字。

我挂了一条毛巾在脖子上，向更衣室走去。突然，我觉得脚踝有些异样。

"何塞，帮我看一眼，之前做过手术的那个脚踝有点痛。"

他看了一眼。

"好像是肿了。索尼娅，快拿个冰袋过来。"

索尼娅问我是不是演出的时候扭伤了。

"演出的时候倒没什么，就是刚刚结束才感觉到的。"我一边说一边把冰袋敷在脚踝上。

"可能拉扯到韧带了吧。"何塞说，"很快会好的。"

第二天，疼痛依旧。不过我还是毫无顾忌做着旋转和大跳，因为不久之后我们就要去得克萨斯州的博蒙特演出了。

从博蒙特回来后，本·史蒂文森找到我，他说他打算重编

Chapter 19　世界将是我的?

《堂吉诃德》,由我和劳伦·安德森——团里另一名黑色皮肤的女舞者——主演。我受宠若惊,改编巨作一直是我梦寐以求的事情。

"我们什么时候开始?"我跃跃欲试,恨不得现在就开始排练。

"《胡桃夹子》和《风流寡妇》一结束,我们就开始编排。"本还强调了说,"这次你要当心点,别再受伤了。"

"没问题。"我边说边轻轻地转动脚踝。本一离开,我马上给脚踝敷上冰块。

1995年初,我和劳伦受到了俄罗斯芭蕾的传奇人物奥尔加·列佩申斯卡娅的邀请,到莫斯科大剧院演出《海盗》。我从没想过自己竟然能够在古典芭蕾舞的发源地演出。抑制不住心中的狂喜,我马上找到本,向他请假三天。我们打算周四晚上出发,周六演出,周一回到休斯顿。我们只用空闲时间排练了演出内容。

那个时候俄罗斯正处在转型时期,共产主义的信仰仍然深深地印刻在人们的心里。墙上的大字报、人们的穿着和拉达汽车,让我有种身处古巴的幻觉。不过,偶尔有几辆奔驰车插着外国国旗呼啸而过,可见资本主义正在逐渐渗透这个城市。不过那个时候还没有美国麦当劳和英国汤尼英盖[1]美发店。

莫斯科大剧院气势宏伟,更加神奇的是它似乎从未进行过任何现代化的翻修。走进大剧院,就像走进一本历史书。观众席中的大烛台应该也是很久以前的了,舞台上的地板虽然粗糙但是结

---

[1] 汤尼英盖(TONI&GUY),英国的一家国际美发连锁沙龙。——译者注

实，看起来好像经历了几百年的洗礼。所有的东西看着都很老旧，但又散发着魔力，仿佛巴甫洛娃、拉夫罗夫斯基、梅塞雷这一批老艺术家此时此刻就在剧院的某个角落里热身候场。我知道被邀请到这里演出是至高无上的荣耀，所以暗暗发誓一定不遗余力地把最好的自己呈献给观众。劳伦和我不仅是舞台上，也是整个剧院中仅有的有色人种，感觉我们两个好像是从另一个星系过来的，这让我们既紧张又兴奋。我吞下一把止痛药，又用冰块冰敷了十五分钟脚踝，就上台了。我的每个跳跃既有高度也有质量，劳伦的每个旋转都灵巧地卡住音乐。我们的演出迎来了空前绝后的掌声。

参加完演出后的庆功宴，第二天，我们就坐上飞机回到休斯顿。到了美国才知道，我们的演出轰动了俄罗斯，他们打算年底再次邀请我们去克里姆林宫。

与此同时，我的脚踝没有一点好转。我见了几次剧团的理疗师，她说可能因为前两次的手术，导致伤口里有大量的疤痕组织，她建议先用超声波试试，如果不行再考虑手术。我听到手术两个字就吓得浑身发抖，我再也不要做手术了。

"那现在严重吗？"我问医生。

"现在还好，不过你自己要当心，不要太勉强。"

要参加《堂吉诃德》的排练，我一定要让自己处于巅峰状态。

创作和编舞意味着无穷无尽的排练，以及无数个托举和复杂舞步的重复、重复、再重复。

"再来一遍，这一次把手放在五位试试。"本说，"不行不行，这个不好看。手臂稍稍放松,太紧张了。再做一次,要看上去不费吹灰之力。"

不费吹灰之力?跳跃在两米的高空,保持一个姿势旋转两圈并微笑,还要看起来不费吹灰之力?!

有的时候,一段舞蹈一排练就是几个小时,就在我们筋疲力尽的时候,本突然说他不喜欢那段编舞,于是我们又重头开始,直到他满意为止。编舞和排练的过程虽然无比艰辛,但是也是对一个舞者身体和心志最好的磨炼。每次排练完,我的衣服都被汗水浸透,我还要拖着沉重的步伐把自己扔到理疗室。身体冷下来之后,每一处肌肉都在酸痛。洗完澡换一身衣服,我一瘸一拐地走进车里,回到家用仅剩的一点力气和何塞、索尼娅打个招呼,随便塞点食物,就一头倒在床上。每天等待我的是周而复始的排练。

城市里到处贴着我和劳伦巨大的宣传海报,因为不想被人认出来,每天早晨我都要绕道去舞团。不过有的时候,我也会站在海报下,抬头看着那个在空中悬停的舞者,我不相信那个人竟然是我。我想起了在塞登大剧院看到阿尔韦托·特雷罗的凌空一跃,继而又想起比那尔德里奥和我的故乡洛斯皮诺斯。不行,我不能沉湎于过去,我向父亲保证过,不能让过去牵绊我的舞蹈,我要独自在休斯顿的天空翱翔。

《堂吉诃德》的排练渐露雏形,舞团的群舞越来越有拉曼查(La Mancha)小镇街头艺人的样子,因为这次的作品强调了西班牙民间舞的风格。我和劳伦的合作非常愉快,托举根本不在话下,在表演中我们也融入了很多自己对人物的理解。本允许我在跳跃中任意加入自己研究的舞步，我非常兴奋，一直以来都是我在模仿别人的舞步，这一次要让别人来模仿我。

3月，我们终于迎来了新版《堂吉诃德》的首演，掌声几乎要掀翻剧院的屋顶，舞台也几乎被鲜花占满。我的脚踝一直隐隐作痛，但是在演绎巴西利奥的时候，我完全不计后果地像山羚羊一样跳跃。劳伦还有公司其他的演员也无比出色。演出结束后，我们在赞助商的位于橡树河（River Oaks）一带的豪宅里开庆祝宴。我们把酒当歌，其乐融融，就像一个大家庭一样。我还向大家展示了萨尔萨舞和一点点梅伦格舞（merengue），还有我最拿手的霹雳舞。这绝对是我生命中最难忘的一天。

大众对这场演出的反应也是空前绝后的好。《纽约时报》发表了一篇文章，把我称作休斯顿芭蕾舞团的秘密武器，还有一些文章称我是"空降兵"和"会飞的古巴人"，把我与一些芭蕾传奇人物相提并论。我很想打电话告诉父亲我得到的成就，但是他的话再一次在我耳边响起，不要回头，继续走下去。

电视台想要为我拍摄一个纪录片，第一次录影就在我们从中国巡演归来的第二天。

《第一冲击》（First Impact）的节目制作人弗洛林达友好地跟我打了招呼，她似乎很擅长引导别人快速地放松情绪。

"放松，别紧张，就像在你自己家一样。再说我们都是来自拉丁美洲大家庭的！"她笑着露出了洁白的牙齿。

Chapter 19　世界将是我的？

我去了趟洗手间，稍稍整理了下头发，涂了点发胶。还是很紧张，我要是有半点爸爸的口才就好了。

节目录制之前，弗洛林达问我有什么不愿意被提到的事情。

"基本上什么都能问。"我仔细想了想，"就是别提政治问题。"

节目中，我们主要聊到学生时期在比那尔德里奥的一切。录影结束后，弗洛林达告诉了我节目播出时间并和我握了握手，表示和我合作非常愉快。

周三晚上八点，何塞，索尼娅和我三人坐在电视机前。电视台也采访了何塞。

"卡洛斯真的比任何一个人都勤奋，"电视里的何塞说，"他是当之无愧的天才舞者。"

一旁的索尼娅亲吻了何塞，说他在电视上看起来更年轻帅气。

"哈哈，感谢你没有提到我不洗碗的事实。"我和何塞碰了碰酒杯。

"如果让别人知道你在家里的懒虫样，估计也没有这个纪录片了，你的职业生涯估计也就这样了。"何塞说。

我们轻松地聊着天，眼睛一直没有离开屏幕。忽然，主持人说了什么让我蒙住了。

"在节目开始之前，卡洛斯说他不想提到政治话题，他不想被人套上共产主义的帽子，是这样吗？"

"混蛋！"我从沙发上跳起来，"我现在就给她打电话问清楚。"

"别放在心上。"索尼娅劝我。

"她在给我找麻烦。如果古巴领事馆的人看到这个节目,他们会怎么想!"我很郁闷。

"卡洛斯,在这里就是这样。主持人就是喜欢挖掘别人的隐私,引起大众的好奇,好让收视率更高,卖出更好的广告价位。"

"但她不能做违背我意愿的事情啊。太不专业了!"我很生气。

"别担心,大家看过之后明天就全忘了。"索尼娅说完就转身进了厨房准备晚餐。我心想,下一次面对媒体我要更小心才是。

一名古巴舞者——货车司机和家庭主妇之子——的故事在全美国传开了,甚至 CNN(美国有线电视新闻网)和《周日早新闻》(Sunday Morning News)也播放了关于我的新闻。但是问题变得越来越复杂,大家的关注点似乎不是我跳得有多高,能转多少圈,也不关心我在《堂吉诃德》和《胡桃夹子》中的表演好不好,或者任何有关舞蹈的内容。

"你是否认为,你是美国解除对古巴禁运的原因之一?"一个记者问我。

"这个问题你应该问菲德尔·卡斯特罗或者克林顿。不过如果你想知道的话,我倒是可以说说这次出演《天鹅湖》的感想。"

"你是说你对政治完全不感兴趣吗?"他不依不饶地追问。

"我只是说政治的问题让政治家去讨论,我只是一名舞者。"我解释道。

"不,你不仅仅是一名舞者,还是一名古巴舞者。"他还是不肯放弃这个话题。

"好吧，朋友，如果你不想讨论柴可夫斯基，那我只能抱歉地告辞了。"说完我就转身去了演员更衣室。

过了几天，又有新的文章上了报纸，大概内容就是动荡不安的世界需要一个领头人给青年一代做榜样，但是我对此完全不感兴趣。不过我总算意识到，作为一个艺术家不可避免地需要承担一些由成功所带来的责任。

我的事业蒸蒸日上。

拉丁文版的杂志《人民》(People Magazine)把我评为美国最性感的拉丁美洲人，这点让我很是吃惊，因为我从来不觉得自己跟魅力、性感这些词有半点关系。虽然现在性已经不是什么禁忌话题，而是正常的荷尔蒙需求，但我只知道一个事实，那就是身材高挑、面容姣好、举止文雅、让全世界男人为之倾倒的女人与我无缘。之前的恋人，无论是奥尔加还是纳里纳，最后跟我都没有什么好结果。我和她们的相处都小心翼翼，因为我实在不觉得自己身上有什么吸引女人的特质。

有一天，剧团的经理找到我，说我获得了舞蹈类的格蕾丝王妃基金会奖，我将要飞往纽约领奖，并受到摩纳哥皇室的接见。

当我还是个孩子的时候，我从没有想过会离开洛斯皮诺斯。当我第一次坐上飞机踏出国门时，我觉得父亲的祈祷灵验了。显然，父亲拜的那些神，什么桑戈、奥贡[1]或者其他什么非洲大神真

---

1 Ogun，非洲宗教信仰中的铁神。——译者注

的显灵了。后来我不仅躲过了一场空难,那个曾经叛逆的只知道玩"吃泥巴"的男孩如今走向了世界的舞台。二十一岁的我已经去了大部分欧洲国家,也到过美洲和亚洲,坐飞机的新鲜感已经逐渐淡去。但是这次不一样,这里不是都灵、休斯顿或者委内瑞拉,而是纽约,世界的首都。

纽约和电视里的一模一样,一座座遮天蔽日的摩天大楼矗立在大道两旁,每一条街上都能看到来自世界各地的人。尽管我一直试图不要沉浸在过去,但是走在时代广场,我还是忍不住想到我的两个姐姐。她们为什么不能和我在一起呢?我现在有了足够多的钱,为什么不能让我的全家在这里团聚呢?一团阴影在我心头聚拢,我甚至开始有点讨厌自己。但是一甩头我告诉自己,我是全美最性感的拉丁美洲人,现在正要接受皇室的嘉奖,这才把自己拉回了现实。

一共有十五名艺术家参加颁奖仪式。照片中的我位于卡罗琳公主和阿尔贝王子中间,再左边是兰尼埃王子。我想起上次在英国和戴安娜王妃尴尬的一幕,就提醒自己,这次一定要小心,不能做什么蠢事。幸运的是,这一次,我根本不用开口说话。我们每人拿到一张奖状,休斯顿芭蕾舞团还被赠予一笔基金。颁奖仪式就这样结束了,之后有人领着我们参加晚宴。照片会在一周后寄到休斯顿。

我在一张有着近三十套调羹和叉子的桌前坐了下来,旁边还摆着八个从大到小排列的餐刀和一些形状不一的玻璃杯。晚餐还

Chapter 19　世界将是我的？

没有开始,我却已经饿极了,抓了一个小面包就往嘴里塞。

"可不可以请你把这盘面包递给我,因为这一份是我的。"右边的一位女士用奇怪的眼光看着我。

我把剩下的那盘面包递了过去,连声道歉。

"所以左侧的食物就是我的咯?"我拿起左边的一杯酒,刚要送进嘴里。

"抱歉,孩子,这杯酒是我的。"左边坐着的老太太发话了。

我尴尬极了。

"听着,孩子,你喜欢车吗?"她友好地看着我。

"嗯,喜欢。"

"嗯,那你想想宝马 BMW。"

我看着这位老太太的眼睛,她喝醉了吗?

"其实很简单。B 就是面包 Bread,M 就是肉 Meat,最后就是 W 是酒 Wine。这就是用餐的顺序啦。"

老太太微笑着咬了一口面包。

好吧,剩下就是三十份刀叉勺了。我等着两边的人都拿起餐具,才拿起我自己的,生怕再拿错别人的。我按照坐在我正对面的那对老夫妇的用餐顺序,并学着他们的样子用餐,用白色的餐巾擦了擦嘴。

"其实这也很简单。"左边的那位快六十岁的老太太再次跟我说话,"你喜欢做爱吗?"

当我听到这句话的时候,手上的刀叉哐当一声掉在了地上。

"不好意思,您是说……"

"别想歪了,我不是在向你发出邀请,我都可以做你奶奶了。"她表情自然地说,"我只是问你喜不喜欢性生活?"

"当然。"我一边回答,一边从地上捡起掉落的刀叉。

"那就简单了,用刀叉就像你同爱人亲热一样,要从外到内,明白了吗,孩子?"

我听得有些傻了,眼前的这位举止优雅的老太太极可能是皇室家族的某个成员,她竟然在饭桌上这样淡定地和我说起了性这个字。她还时不时地向我眨眨眼,暗示我做的对或者不对。

回到休斯顿不久,和皇室的合影寄来了,我把它挂在了床头。

有人说过,随着社会的发展和经济的繁荣,人们会不可避免地变得贪得无厌,直到最后被自己的贪婪所毁灭。庆幸的是,以前的我还没有这种可怕的欲望。并不是因为我不需要物质追求,只是我相信宁缺毋滥。我宁愿只有数个知己,也不要一大帮不靠谱的朋友。而且,物质本身也并不能带来快乐和幸福。

但是在糖罐子里泡久了的我,开始期待更多的成功、更多的金钱和更响亮的名号,那一瞬间就像死火山突然迸发出了炽热的岩浆,我再也感觉不到谦逊和淡泊。更糟糕的是,我甚至开始觉得世界将会是我的!简单地说,我已经失去自我了。

在空余时间,我孜孜不倦地奔走于健身房和排练厅,用最大强度的器械训练肌肉素质和柔韧性。课后我还潜心研究新的高难度舞步,有的时候一跳就是到深夜。没有人能阻止得了我的疯狂。

Chapter 19　世界将是我的？

每当脚伤发作时，我就对自己重复几遍："世界将是我的，世界将是我的。"然后伤痛就奇迹般地消失了。我的技巧大大进步，表演给每个人都留下了深刻印象。和观众见面，给他们签名已经成了家常便饭。报纸上又出现了我一个新的绰号——"飞人阿科斯塔"，他们竟然把我的跳跃和篮球界的飞人乔丹相提并论。

"我既然是个明星，就要穿成明星的样子。"我聘请了路易斯·奥尔蒂斯做我的时尚顾问，为我挑选衣服。他给我订阅了时尚杂志《智族GQ》，让我关注每月时尚潮流。每到周末我们就会去商业街（Galleria）买昂贵的衣服和鞋子，牌子包括普拉达、凯尼斯·柯尔和阿玛尼。我们还买一些小东西，比如电子记事簿和价值四千美元的卡地亚蓝宝石手表。

我穿上普拉达的西装，戴上卡地亚的手表，对着镜子整理打扮。我现在是个明星样了吧！

我大概估算了一下这一身行头，大约有六千美金，足足够我的家人买个三室一厅的房子。我努力控制着自己不要让这种情绪蔓延。

"你要去哪里？"索尼娅看着我一身正式的打扮。

"埃尔维亚酒吧。"我一边回答一边还在照着镜子。

索尼娅好奇地看着我，普通人不会穿一身西装去埃尔维亚酒吧的。但我不是普通人，我是"飞人阿科斯塔"，休斯顿芭蕾舞团的明星。

"今天怎么那么不像我认识的阿科斯塔？"索尼娅一脸不解。

"我还是我啊,今天只是换个不一样的装扮而已。"

在埃尔维亚酒吧,我没有跳舞,因为明星总要保持一份独特的神秘感,我才不要和那些随意扭动的人混为一谈。我安静地喝着啤酒,看起来像个一掷千金的富翁。

"卡洛斯,你在发什么呆呢?"维霍在舞池喊我。我不予理会继续故作高傲,把自己当作这里的老板。周围的人渐渐向我投来了疑惑的目光,好像在说:"他们从哪儿找来了一只企鹅?"有一些人认出了我,他们走过来和我聊起我的演出。Angelucho 乐队正在演奏《图拉的房间》(*El cuarto de Tula*),忽然我看到健太郎带着一群女孩走了进来,我喝下了酒杯中最后一点啤酒,就匆匆离开了。

除了何塞、索尼娅和几位亲近的朋友,我几乎不轻易谈论自己的过去。我就像一个感情的伪装大师,或者是尼安德特人[1],强大、高傲、自恋,把真实的自己藏在昂贵的西装和艺术的小黑屋中。久而久之,我变成了一个没有过去,甚至有点儿生无可恋、孤独又自私的人,每天只对自己重复一句话:"世界将是我的,世界将是我的。"

就在二十二岁生日前的一个凌晨,我从一场噩梦中惊醒。在梦里,贝尔塔腿里的金属支架滑了出来,妈妈和玛丽琳盯着我,她们的表情和以往不同,似乎在责备我。我起床吞了一片安眠药,又找来姐姐的照片看了许久。照片中的玛丽琳只有十二岁,她扎

---

1 Homo neanderthalensis,生存于旧石器时代的史前人类。——译者注

Chapter 19　世界将是我的？

了个马尾辫，穿着白色的全棉长裙，上面点缀着橘色的小花；贝尔塔十六岁，她披着长发，头上戴着一个发卡，她的笑容就像蒙娜丽莎一样神秘。我把照片放在胸前，继续回床上躺着。

第二天，类似的噩梦再次发生，这一次，两个姐姐都从哈瓦那海滨大道的岩石上跳了下去。我走到浴室，任凭莲蓬头的水打在脸上，再也睡不着了。

噩梦持续。生日派对的当天，我在朋友约翰尼·沃伦家，正要吹灭所有蜡烛时，一件奇怪的事情发生了。

每个人都唱着"祝你生日快乐"，突然卢西亚阿姨的侧影出现在了阳台一角。

"天哪！"我向阳台奔去。

"怎么了，卡洛斯？你不喜欢这个蛋糕吗？"何塞在身后喊我。

"没，没什么。"我想我是看错了，阳台上根本没有人。我走了回来，吹灭了蛋糕上的二十二根蜡烛。

几天后，我在克罗格超市购物，突然听到身后有人喊我名字。一回头，又看见卢西亚站在人群中。我放下东西赶紧冲了过去，但是跑到跟前才发现是一个老婆婆和她的小外孙。

糟了，这些噩梦竟然在我清醒的时候也会出现，不给我留一丝安宁。我努力试图忘记这些扰人心志的回忆，因为这些回忆让我变得脆弱。一个真正意志坚强的人不能有任何弱点。

更糟的是，有时候我能看见贝尔塔表情扭曲，挂着义肢，指着我说："就是你的错，你认清事实吧。"

我尝试了很多办法想要终止这种心神不定的状态，即使变身铁人也于事无补。在辗转反侧之际，我想到了一个办法——把妈妈接过来陪我，她还可以和她的家人团聚。也许这样，噩梦就可以终止了吧。

公司的律师查尔斯·福斯特是我的好友，还帮我办了美国的暂住证。我跟他说了我的想法后，他同意帮我试一试，不过他也提醒我，成功的概率并不大。后来得克萨斯州的国会女议员希拉·杰克逊·李提出，在帮助我之前要和我见个面，让我签署一份文件，以确保我母亲并非要在美国长期居住。希拉是个有着黑色皮肤、喜欢问问题的女政客，她问了我许多问题后让我在一份文件上签了字。

我再次通过加拿大联系上了古巴的母亲，妈妈说贝尔塔现在稳定多了，已经可以用拐杖自己走路，还定期见精神科医生。了解彼此的状况后，我告诉了妈妈我的计划。

"妈妈，别高兴太早，因为你知道的，这几乎是没有人尝试过的一次冒险。"

母亲听不见我的话，只是不停地哭。

"自从上一次和你外婆通过话，我就一直梦想着可以再见她一次，现在你告诉我这一切要成真了。我相信你一定能带我过去。是上帝让我们团聚，我们要相信他。"

"是的，妈妈。不过还是要有心理准备，不要抱太大的希望。我必须要挂了，晚点再跟你说。"我匆匆挂了电话，因为我受不了妈妈的哭声。

之后我去见了我的新女朋友蒂卡,当她知道我的计划时,她就像听到我表白的那天一样,脸上焕发着光。

说起蒂卡,要从她加入舞团说起。见到她的第一面,我一厢情愿地喜欢上了她,不过我只跟何塞提过。因为蒂卡是个来自加利福尼亚州的美丽佳人,人见人爱。她有着一头金色的长发,也是我们舞团的首席。此外,之前的六年她一直在和一个同样"血统高贵"的男孩儿交往。他身材高大,举止优雅,也是一头金发。和他相比,我第一次了解到什么叫"天壤之别"。但就在去年12月,我和蒂卡被安排在一起,排练《风流寡妇》。自从那时候起,我们开始走近彼此。每次排练,我都希望知道她过去的一切,同时,我也毫不吝啬地向她展示全部的我。不久之后,我再也不能把她当成一个普通朋友。我总是忍不住盯着她,但是她似乎没有太大兴趣,每次一触碰到我的目光就赶快转移。

有一回在博蒙特演出期间,我捕捉到了她看我的眼神。回休斯顿的大巴上,我坐在她的身边,我感觉她在等我告白。

她刚要开口,就被我抢了个先。

"在你开口之前,让我先说吧。"我认真地看着她,然后我花了十分钟自顾自地说起了我的过去,隔海相望的古巴、毒辣的太阳、天堂一般的洛斯皮诺斯……到后来,我都不知道我自己到底在说什么。

她碧蓝的眼睛睁得浑圆。她一定在想,这个古巴人怎么这么奇怪。

"我想说的是我喜欢你。"我突然刹住了车,然后站起来,朝大巴的后面跑去了。那一晚我终于睡了一个安稳觉,因为我把所有想说的都倾吐出来了。四天后,她约我在咖啡店见面,不用想也知道蒂卡要说什么,也许那天我真的说了太多连我自己都不知道的冒犯了她的话。

蒂卡首先发话。

"我想了想你在大巴上跟我说的话。"

"抱歉,"我说,"我想我可能说太多了,真的对不起。"

"不不不!"她面带微笑地看着我,"你没有说错,我在想也许我们是时候了解一下对方了。"

是我听错了吗?

"怎么可能?真的吗?你是认真的吗?"

她看着我笑了笑就先离开了,然后留下了一个傻瓜独自张着嘴坐在咖啡店。

我知道,要结束一段六年的感情绝非易事,所以我要给蒂卡一些时间。但是真的很难,每次我牵起她的手,就有一种想占有她的冲动。我必须克制自己,给她一点疗伤的时间。

两周后,从纽约领回格蕾丝王妃基金会奖的那天晚上,我带她去了水晶夜店(Crystal Nightclub)。蒂卡看上去还是没有从上一段感情中走出来。但我想,也许这里是忘记旧爱最合适的地方吧。

暧昧的灯光打在郁郁葱葱的棕榈叶上，一侧的墙壁画着加勒比海滩，靠着墙还有一个热带鱼缸，音乐在你走进这里的第一秒就融在你的血液里。身体会自然地放松下来，所有的烦恼也都烟消云散。

"你要喝点什么吗？"我问道。

场内放着奥斯卡·德莱昂（Oscar D'León）的一首老歌，歌词中，他把过去的感情比作一只旧鞋。

"不用了，谢谢。"

"那你想跳舞吗？"我牵起了她的手。

"不要了，我只想看看。"

我独自跟着音乐哼起来，随着节奏身体不由自主地摆动起来。

"这个歌词是什么意思？"她问我。

"我们逝去的爱情就像一只旧鞋。"我翻译给她听。

蒂卡盯着我的眼睛。

"啊，我不是说'我们'的爱情，我的意思不是'我们'——我是说，'我'还是爱你的，我的天，我在说什么呢，我是要说……"

蒂卡慢慢地靠近语无伦次的我，用她的吻封住了我的嘴。我们凝视了对方一会儿后，我点了两杯酒，庆祝我们的开始。蒂卡一饮而尽，然后一把把我拉进了舞池中央。

"我想跳舞了。"她双手举过头顶，随着音乐开始摆动腰肢，看得出来她很享受音乐。

"看，我来教你跳梅伦格吧，非常简单，也不需要太大地方。"我耐心地教她，不过她总是踩在我长着水泡的脚趾上。

"哦，痛痛痛。"

"嗯？怎么了？"

"啊，没事，我在唱歌。"

我们又去吧台点了些喝的。

"为什么不让我送你回家呢？现在很晚了。"她没有任何反应，只是摇头。她喝了伏特加橙汁鸡尾酒，又喝了一杯莫吉托，最后她几乎完全醉了。我背着不省人事的她回到我家，凌晨的时候，她在我的地毯上吐了好大一摊隔夜的酒水。我清理完之后让她睡在了我的床上，她金色的发丝散落在枕头上，整个人看起来那么的纯洁柔弱，像个天使。有几缕头发遮住了她的眼睛，露出微张的粉色的唇。我想上前亲吻她，但又生怕惊扰了这一尊美丽到脱俗的雕像。我给她盖上了被子，自己卷了几张床单窝在沙发里。

刚准备睡觉，我翻遍了四个衣服口袋，发现记事簿不见了。我又翻了蒂卡的手提包，在房子里翻了个遍，又检查了一遍口袋，还是没有。我开车去了水晶夜店，又付了一次入场费，找了我刚才走过的所有地方，问了失物招领处，还是一无所获。我回到家，瘫坐在沙发上，完全不敢相信我竟然弄丢了唯一一个记有迈阿密联系方式的电子记事簿。

7月一个周六的午夜，母亲抵达了休斯顿。我和蒂卡在机场接到了她，她穿着白底带着波尔卡彩色圆点的长裙，深深的皱纹已经爬上了前额、眼角。她的头发染成了红色，但还是遮掩不住发根处新长出的白发。她看起来比我记忆中的老了许多,而且疲惫极了,眼帘下垂。我接过她的行李箱,紧紧地抱住了她。

"妈妈,这是蒂卡。"

母亲在我女朋友的前额上亲吻了一下,我们三个牵着手走去停车场。蒂卡一个有钱的朋友借给我们一辆旅行车和一座公寓,让我们三人暂住。

整整四十五分钟的车程,母亲一直安静地看着窗外。

"现在打电话给她们会不会太晚?"她突然问我。

我的心脏停跳了一拍,因为我还没有找到我的电子记事簿。

"不急,妈妈。你才下飞机,肯定累了,要先休息一会儿。"我说。

我带她走向了那间最大的卧室,她看到那么大一张床,立刻停下了脚步。

"这张床都是我的吗?"她抚摸着丝滑的床单和被罩,一副不敢相信的表情。

她走进厨房,好奇地问我那些她从来没有见过的电器。

"你是说这个机器会自动清洗盘子吗?"母亲不大相信洗碗机的存在。

"这又是什么?"我在按摩浴缸里放了泡泡浴盐,母亲歪着头靠在浴室门口看着我。

经过我一番解释,她才肯进去尝试。她从浴室出来,就直接倒在了柔软的床上,一直到第二天中午十二点才醒来。

"我们现在还不联系她们吗?"母亲一睁眼就问。

"妈妈,我们现在有的是时间,你先好好享受一阵再说吧。"

我让蒂卡带着母亲先去商业街购物,然后去美发店做头发和修剪指甲。同时,我像发了疯一样地找迈阿密那边的联系方式。绝望之际,我找到路易斯·奥尔蒂斯,他说从姓氏入手,也许会找到一些线索。但是当我说阿姨结婚后随了夫姓,并且我也想不起她前夫的名字时,我们都再次陷入了绝望。

"那几乎没什么希望了,卡洛斯。在美国,如果连名字都不知道,你是不可能找到那个人的。或许你可以到迈阿密,找找她们的房子在哪儿。不过海厄利亚也是个挺大的区,可能要花些时间。"

这个办法我已经想过了,但是我根本没有时间,下个演出季就要来了,我不可能离开工作岗位。

母亲和蒂卡下午回到了家,母亲看上去容光焕发,一下子年轻了十多岁,一点不像一个不惑之年的女人。

"妈妈,你看上去像摩纳哥的卡罗琳公主,真的。"我抱起了她,指给她看我和公主的合影。

"我们什么时候给你外婆打电话呢?"

"我们有的是时间呢。"我还想敷衍。

"那到底是什么时候呢?我已经在这里住了好几天了。"母亲有些迫不及待。

"我会告诉你的。"我拼命地想,"我要先带你去看我排练,然后见一见我的恩人本·史蒂文森。我们出去玩一天,回头我们就

Chapter 19　世界将是我的？

给外婆打电话,好吗?"

母亲不大情愿,但还是同意了我的提议。第二天我就带她去了排练厅。

"我们舞团很棒吧?"

当我向本介绍母亲的时候,她一把激动地抱住本,不肯松开。

"老妈,可以了,松开,松开啊。"我一边说,一边把妈妈从本的身上拉开。

本问我今晚有什么特殊安排,我回答没有后,他邀请我们还有何塞和索尼娅一起共进晚餐。

下午排练时,母亲的眼睛一秒都没有离开我。当我在空中做着花式跳跃的时候,她用手捂着嘴吃惊地看着这一幕,就像很早之前她送我去"L 和 19"甄选那天,她悄悄地在窗外关注我的一举一动。一瞬间,我觉得自己又变成了孩子,我渴望她所有的关注。我想让母亲知道,我现在是首席,她所有的付出都得到了回报。排练厅里的其他人都消失了,似乎只有我和母亲两个人。没有化妆,没有演出服,没有灯光,只有母子。看到她露出笑容的一瞬间,我知道她以我为傲。这也是我最幸福的时刻之一。

傍晚,我们在卡拉巴餐厅用餐。母亲想要点豆子焖饭。

"妈妈,这里是意大利餐厅,没有古巴餐。"

那一晚,我们都住在何塞和索尼娅的房子里,说着古巴的老故事,畅快地喝着朗姆酒。

第二天,我们去了穆迪花园的 3D 电影城,看一部有关于恐龙的电影《回到白垩纪》。母亲戴着 3D 眼镜,当看到一只恐龙张着血盆大口朝我们冲过来的时候,她几乎从椅子上跳了起来。

"快跑快跑,它要冲出来了。"

我把母亲拉回座位,周围人都吹着口哨嫌我们挡了他们的视线。我向母亲解释这只是电影效果。

"别紧张,这个不是真正的恐龙,3D 立体电影而已。"

"不不不,儿子,我们走吧。"母亲不相信我的解说,所以我们只好中途离场,去了东南部港口加尔维斯顿。

当她看到了灰色的海滩时,不禁感慨:"我以为海边都是白色沙滩,蓝色碧浪呢。"

"虽然沙子不是白色的,但至少有海鸥。你看,古巴的海边就没有。"我指向海天交界处一群群排着队飞的海鸥。

"谁说古巴没有海鸥?"她斜眼看着我,"你怎么连你自己的国家都搞不清楚。"

我们在海边一家星巴克旁停了车,这里可以看到整片海。我给自己点了一份焦糖玛奇朵,给蒂卡点了一份卡布奇诺,给母亲点了一份拿铁。

"这个咖啡好难喝。"母亲皱着眉头。

"妈妈,你可能得加点糖,棕色小纸袋里就是。"不顾蒂卡的反对,我帮妈妈加了十五袋糖。我们走的时候,桌上有一堆垃圾。

我们沿着橡树河的古堡群开过,母亲张着嘴,不敢相信这些古堡竟然是私人宅邸。蒂卡向我母亲解释,休斯顿是全美石油储备量最大的城市，很多人都靠这个发了财。母亲让我们给她在一个古堡前拍张照片。就当我们要按下快门的时候，一辆梅赛德斯奔驰在我们旁边停下，开车的人对蒂卡皱了皱眉，不屑地看了母亲一眼。

"别拍了，走吧，妈。"

但是母亲坚持摆着拍照的动作，全然不顾那个司机的不满。

"妈妈，我们走吧。抱歉，先生，我们这就走。妈，走啦。"

我们刚走进克罗格超市，妈妈突然崩溃似的哭了出来。数不清的各式火腿和芝士就在眼前，她从来没有见过这么丰富的食物架，更不敢想象美国的物质资源竟然如此丰富。

"天啊，古巴这么多人没有东西吃，而这里还有人浪费食物。"

"妈，别想洛斯皮诺斯，享受当下就行了。"我安慰她。

"怎么可能？我做不到。我们的邻居都吃不饱穿不暖，但是看看这里。"

我们安静地回了公寓。对于我来说，每一秒都是煎熬。到了必须面对真相的时候了。

我怎么那么笨，竟然会弄丢迈阿密的所有联系方式！为什么我不多手写一份留作备用呢？现在她满怀期望，我又怎么开得了口呢？

我让蒂卡暂时回避一下。

面对母亲，我如坐针毡，肺里似乎有块冰块让我不能呼吸。

"妈妈，我必须跟你说实话了……"

"怎么了？难道发生什么不好的事情了？难道外婆她？"

"不是不是，不是你想的那样。"

她松了一口气，紧张地看着我。母亲充满期待的眼神让我说不出话。

"是这样的，我不小心弄丢了她们的电话号码和地址，所以我们失去联系了。"我一口气说完了这句话。

母亲一动不动地看着我，好像不明白我的意思一样。

"那我们该怎么做呢？"她终于说话了。

我低下头。

"抱歉，我尝试了很多办法，但是现在可能没有别的办法了。"

母亲摇摇欲坠，她的眼神暗淡了，手中的梳子掉在了地上。

"妈，你去哪儿？"

她转身，慢慢地向门口走去，穿过了门前的草坪，走到了街上。我在窗户前看着母亲落寞的背影。我很郁闷她的第一次出国旅行竟然被我搞砸了。但是，我破除重重困难，把她接到了美国，她现在和我在一起，这难道不够高兴吗？她看到我在另一个国家跳舞不幸福吗？这种幸福也不能弥补她的缺憾吗？

"妈，等等我。"

夜幕已经降临，带着一丝寒意的北风在城市扫荡。我撒开腿跑，追上了母亲。

"妈妈，忘了它吧，我们明天去航空航天局看火箭吧？"我试图取悦她。

她没有反应，好像在另外一个空间里。我绝望极了，不知道还能说什么。

"妈妈，我给你讲个笑话吧，你在听吧？有个女人正在母乳喂养她的怀里的婴儿，一个男人走了过来，他说：'女士，你可能不相信，不过您的孩子邀请我和他共同进餐。'"

母亲的脸像婴儿一样皱成一团，她的肩膀随着啜泣声上下颤动着。她的世界在那一刻似乎只有悲哀。天色越来越暗，天空飘起了小雨。

"妈妈，别哭，我向你发誓，我做了一切能做的。真对不起。"

我想要擦干她的眼泪，但是雨水打湿她的脸庞，仿佛她身体的每一个毛孔都在哭泣。她向远处走去，无神地盯着空中。看着她的背影，我的心和妈妈一样痛。

又是一个不眠之夜，第二天母亲就让我帮她改签机票，她要提前回古巴，甚至都不愿意看一场我的演出。

母亲再也没有见到外婆和阿姨，我们甚至不知道她们的生死。

* * *

另一方面，即使母亲留下来了，她也不会看到我的任何演出。我的脚踝越来越痛，以至于我必须去见踝关节专家了。

"我不想做手术。"我坚持说。

"没有其他办法了,有些东西卡住你的关节了。"

一个周五的早上十点,我又做了一次手术。在关节的软组织中,医生取出了一块黄豆大小的碎骨头。

Chapter 20

再见了,休斯顿

我做了第三次脚踝手术,最郁闷的不是手术本身,而是因此我有了大把大把空余的时间。我早上去休斯顿医疗中心的康复诊所做理疗,中午十二点回布法罗大街的公寓,除此之外,无所事事。何塞、索尼娅还有蒂卡晚上七点才能回家。人闲了,自然就会乱想。我担心自己是否就此残废,告别舞台。而母亲一气之下离开休斯顿,会不会还在生我的气。除了漫无边际地乱想之外,我只能百无聊赖地蜗居在厨房,拿着触手可及的食物往嘴里塞。

有人说,所有人在抛开工作、家庭和朋友圈后都是一样的,不过是一副动物之躯。那么我想,当我抛开这些外在的东西后,我一定是头猪,一头懒得无可救药的猪。

有一天,索尼娅提早回来了,她哼着小曲,心情好像还不错。

"卡洛斯,有个好消息要告诉你。"她走进客厅,"我怀孕了!"

"啊,太棒了!"我紧紧地抱住她,"那我们晚上吃炸鸡翅或者炸猪皮庆祝一下吧!"

"不!"她一把推开我,"看看你自己,再这样吃下去,早晚会变成第二个本·史蒂文森。"

"庆祝怎么能少得了美食呢?"我摇了摇头。

"有音乐和美酒就够了。"说完,她就给我倒了一杯水果酒。

"我不想要酒,我要炸猪皮。"我还是厚着脸皮讨肉吃。

索尼娅拉着我的手坐在了沙发上。

"卡洛斯,你真的不能这么吃下去,否则你将断送你自己的职业生涯。"

"职业?我根本没有职业,何来生涯?每天的运动不过就是三个小时的理疗。"我绝望地说。

"我们的飞人阿科斯塔呢?那个杂志上的你呢?"

"来,让我给你展示一下现在的飞人阿科斯塔。"我一边说一边试图把脚抬到以前的高度,"我现在的筋骨跟八十岁的老头差不多了。"

"那你最好赶紧动起来,"索尼娅说,"我可不希望我的孩子有个胖子教父。"

"什么?!"

"你将要成为我孩子的教父。"

"你是认真的吗?这个责任太大了,我怕我担不起,你还是找别人吧。"我诚惶诚恐地说。

"别傻了,你就是我们的家人。你是最理想的教父人选。"

Chapter 20　再见了，休斯顿

"你说把我当家人？"我有点不敢相信自己的耳朵。

"天啊，你在想什么。拜托，不要这么多愁善感了，卡洛斯。听着，帮我个忙，赶紧把你那些脏盘子洗了，不要再自怜自艾了。"

晚上七点，何塞也回来了，索尼娅扑进他的怀里："亲爱的，你就要当爸爸了。"

何塞紧紧地抱着索尼娅，似乎想把她揉进自己的身体里。

"哈哈，我就要当教父啦。我们去'篝火'[1]吃炸猪皮吧！"

"显然他想把自己吃成个气球，然后，嘭！"索尼娅看着我，做了个爆炸的手势。

"这不是玩笑，索尼娅，你不知道没有水的鱼是什么感觉。我就是离不开肉！"

"听我说，卡洛斯，"索尼娅指着她膝盖上的一条疤，"我很理解你现在的心情。"她以前在哥伦比亚也是一名芭蕾舞者，移民美国后成了一名健身操教练。

"尽管我现在只是一名跳操教练，但是我也体会得到舞者的心情。不是每个人都有当舞者的运气和资质，很多人只能退而求其次，像我这样走走'偏门'。"

我和何塞都笑她。

"笑什么笑？跳健身操也可以想象成芭蕾，它也是门艺术，你们懂不懂！"索尼娅调皮地说，我们三个像家人一样紧紧拥抱。

---

[1] La Fogata，美国常见的墨西哥风味连锁餐厅。——译者注

晚上我到了蒂卡的公寓。这里烛光暧昧，香氛沁骨，我忍不住想要对她说出那三个字。

调整呼吸，我鼓足勇气说："亲爱的，我想跟你说件事。"

她像期待着什么似的看着我，墙上映着跳跃的烛光。

"我——我——我想——"

为什么现实中的爱情不能像芭蕾舞剧一样简单？跳舞的时候，我知道期待的爱情是什么。无论故事是以喜剧或悲剧收场，我都深爱着我的舞伴，并且用我的肢体证明我爱她。但是现实生活总是那么让人捉摸不定，我不知道自己会不会被对方背叛，也不知道该如何示爱。所以我向来的做法就是让自己不要陷得太深。可是当你真正爱上一个人，又怎么控制得住洪水般汹涌的感情呢？

蒂卡还在等我说话。

"索尼娅怀孕了。"我把头转向另一侧。

"哦，那太好了，真为她高兴。"蒂卡流露出一丝不露痕迹的失望。我觉得她在期待我没有说出口的那三个字。

过了五周，脚踝完全康复，我重新回到了舞团。在过去的两年中，休斯顿芭蕾舞团发生了许多变化：玛莎·巴特勒去了美国芭蕾舞剧院担任独舞演员，李存信去了澳大利亚，而今年贾妮·帕克也即将退休。

《胡桃夹子》是舞团的重头戏，每年要演出四十多场，占了公司近一半的收入。我今年的第一场演出就从《胡桃夹子》开始，

Chapter 20　再见了，休斯顿

我和蒂卡跳雪花之舞，和劳伦跳糖果仙子的双人舞。当我和蒂卡演出的时候，我真实地感觉到她不仅仅是在扮演那个角色，因为和她携手跳舞，感觉就像日常生活一般真实。

演出结束后我们在墨西哥小屋吃饭，我试探性地问："蒂卡，你感觉刚才的演出怎么样？我是说，你跟我想的一样吗？"

她凑了过来吻上我的唇，耳语道："我也爱你。"

这一刻，一股暖流瞬间流遍我的全身，我从来没这么开心过。

1996年初，所有演出季结束后，我和劳伦被邀请到智利的圣地亚哥市政大厅演出。在迈阿密转机的时候，我们竟然要等四个多小时。

"迈阿密真有点儿像古巴。"劳伦说，"你来过这儿吗？"

"来过。"我轻声回答，完全不想再提到这个地方。

在智利停留的时间虽然短暂，但是我们已经饱览了圣地亚哥建筑的魅力，而且我再一次感受到了会说西班牙语的优越性，舞团里的其他演员也都热情极了。

当我跳《堂吉诃德》的时候，我觉得仿佛身在古巴，甚至是在洛斯皮诺斯。演员之间的互动，我的一言一行，观众的反应，都流淌着浓浓的家乡味道。我的老朋友看到我的演出一定会说："你跳得像哈瓦那狂欢节中的 Guaracheros de Regla[1] 那么激情。"

---

[1] 哈瓦那狂欢节，古巴最著名的狂欢节之一，于每年8月份举办。Guaracheros de Regla 是狂欢节中舞团的名字。——编者注

在智利的演出非常成功，我们还被颁发了国家评论奖，这也是我最开心的经历之一。

之后，我被邀请去日本的牧阿佐美芭蕾舞团（Asami Maki Ballet）演出。我有个习惯，就是每到一处，就想要找点跟古巴相关的东西。然而在日本，我看不到一个古巴人，甚至找不到一个古巴餐馆。有人向我推荐寿司，一种用米饭裹着生鱼片的玩意儿，吃的时候还要用筷子夹着，蘸上一种绿色的有点辛辣的酱汁和酱油。我第一次尝试的时候，几乎从座位上跳了起来，冲到洗手间，只觉得反胃。在日本的那段时间，我瘦了好几斤。不过现在，寿司已经成了我最喜欢的食物之一。

回到美国，我马上进行《睡美人》的排练。我饰演弗洛里蒙德王子，而舞团最大的明星贾妮·帕克饰演公主。这场演出将是我跳这幕舞剧的首演，巧的是，它也是贾妮退居幕后前的最后一场演出。贾妮四十二岁，我二十二岁，我身上扛着巨大的压力。和往常的排练一样，本一遍一遍挑着我的毛病，编舞总是给我增加难度，然而这一次，不仅有技术上的难度，我还遇到了许多新的问题。当排练到王子亲吻公主破除魔咒的时候，我试着像亲吻蒂卡那样亲吻贾妮。

"卡洛斯，当你吻她的时候，不要把她整张脸都啃了，请温柔一点。"本打断了我们。

演出当天，我换上了演出服站在镜子面前，那一刻我震惊了，镜子里的人根本就是个王子。我是那个人吗？大幕拉开，我

Chapter 20　再见了，休斯顿

用青春的活力和对爱情的渴求活脱脱地展现了一个英俊潇洒的王子，我演得很自如，因为我就是一个年轻而且被爱情包围的男人。我不知道在观众眼里，我是谁，是弗洛里蒙德王子，还是卡洛斯·阿科斯塔？

当我们演到王子发现中了魔咒躺在床上的公主这一幕时，我轻轻走上前，温柔地吻了公主的嘴唇。贾妮醒了，她充满爱慕地看着我，仿佛我是剧院里唯一的一个人。我拉着她的手扶她起来，国王和王后做了皇室准婚的手势，这就到了王子和公主的大双人舞部分。所有宾客都站上了舞台观看他们的最后一舞。我牵着贾妮的手，她灵活的足尖做着各种复杂的芭蕾技巧，完美地阐释了奥萝拉公主的俏皮和可爱，眼前的一切都完美得无可挑剔。最后的关键时刻来了，我要扶着她的腰旋转四次，把她抛向天空，然后用鱼式接住她，最后展开双手亮相。音乐终止了，掌声淹没了整个舞台。不得不说，这是一场苦乐参半的演出，是我的首演也是贾妮的最后一跳。舞台瞬间变成鲜花的海洋，我牵着她的手，把她领向舞台中央，舞团所有的成员都走上舞台，和观众一起送上最热烈的掌声。一张贾妮的大海报从剧院的一处看台垂下，上面写着："你永远在我们的心里。"面对所有人的关注，贾妮早已泪流成河。我站在旁边看着这一切，想象自己退休的那一天是否也有这样的殊荣。一个艺术家走下舞台一定是痛苦的，但我很荣幸自己是那个陪着公主跳完最后一支舞的王子。

回到更衣室，蒂卡看着我，哭倒在我身上。

"蒂卡，别哭了，生活就是这样。"我试图安慰她。

贾妮的退休对于其他女舞者来说，并不是件坏事，因为这意味着她们有了更多的机会，所以很多舞者其实情绪并没有太消极。但是蒂卡面对她的退休，就像失去一个亲人那样悲痛，她的纯洁和善良也是我最欣赏她的地方。

4月，劳伦和我受邀参加纽约的一个慈善义演，为退休的舞者筹备基金。我们要跳的是《海盗》双人舞，这是我最喜欢的变奏之一，不仅对男舞者而言有技术难度，整段编舞还把男性的魅力展现得淋漓尽致。演出前几天我们来到纽约，在美国芭蕾舞剧院上课排练。我知道何塞·曼努埃尔·卡雷尼奥，这个在伦敦的老室友，几年前加入了这个舞团，所以我到达的当天就四处找他，结果在化妆间见到了他。

"见到你太高兴了，没想到你被这儿雇用了。"我上前抱了抱何塞。

"是呀，在伦敦待够了，想换个地方，所以就来美国了。我已经在这里工作三年了。"

"洛德斯呢？"

"她在家。我们住在新泽西，她现在不跳舞了，而且怀孕了。"

劳伦踢了我一脚，提醒我赶快介绍她。

"哦，对了，这位是劳伦。劳伦，这位是何塞·曼努埃尔·卡雷尼奥，就是告诉我什么是银行的那个家伙。"

"认识你太高兴了。"然后劳伦就开始和何塞聊天。

Chapter 20　再见了，休斯顿

"够啦够啦，劳伦。何塞，如果我再不打断她，这个话痨会跟你说上一整晚的。我们换衣服去，否则上课要迟到了。"

劳伦不满地用胳膊肘顶了我一下。

课堂上有各个种族的舞者，这里就像一个大联盟，各个舞团的顶尖舞者在这里汇集。玛莎·巴特勒，我在休斯顿的前舞伴现在就在课上，看起来她在舞技上又有了新的突破。

"你觉得这里怎么样？"她问我。

"这里太棒了。"我羡慕地看着何塞和其他男舞者的大跳。

"他们也会邀请你加入的。"她边说边打了一个响指。

"你真的这么认为吗？"

"那还用说。"

玛莎继续上课，我站在教室一角。如果我要征服世界，这里就是最佳的平台。

第二天我们早早地来到了演出地——亨特学院（Hunter College）。做了短暂的热身后，我的汗水已经滴了下来。我刚要走上舞台练习几个跳跃，发现不远处有些小动静。

"快看，那是谁？……看到了吗？巴雷什尼科夫，他亲自来了。"

我看到一个身材瘦小的男人穿着牛仔靴，站在舞台的几米之外，被一群舞者团团围住。哦，就是他？人们常把我比作的人就是他？

"卡洛斯，你不过去和他打个招呼，介绍一下自己？"劳伦用用头指了指那边。

"哦，不用不用，我在这里就行了。"我站在远处盯着他看了一会儿。

在我看来，巴雷什尼科夫最大的成就并不在于他拍摄的电影、他的芭蕾舞技巧或者是他的名声，而是他敢于选择未知的勇气。他明明知道可能一辈子不能回到俄罗斯，是什么让他坚定了自己的选择？是什么陪伴了多年孤独的他？没有家人的陪伴他是怎么熬过来的？成为巴雷什尼科夫几乎是每个舞者的心愿，他的名字就是成功的代名词，但是他真的幸福吗？

那一天，我为巴雷什尼科夫而舞，我并不是想超越他，只是对这个有着夸父逐日般勇气的男人深感崇敬和钦佩。

"太棒了，就像巴雷什尼科夫一样。"幕布落下的时候，我听到观众这样评论我。

他们说得没错，我们都是外国人。

"你见到巴雷什尼科夫了？"回到休斯顿，蒂卡兴奋地问我。

"对，他只有这么高。"我比画了一下我鼻子的高度。

"他看到你跳舞了吗？"

"应该没，他好像演讲完就走了。"

"哎，真可惜，要是他能指点你一二就好了。"蒂卡听起来有些失望。

"他也许对我的跳跃一点兴趣也没有。"我耸了耸肩。

"才不是呢。每个人都有自己的时代和自己最拿手的本领。巴雷什尼科夫有他曾经的辉煌,但现在轮到你了,你是新一代的巴雷什尼科夫。"她很坚持。

"亲爱的,别傻了。努列耶夫和巴雷什尼科夫的时代结束了。巴兰钦、阿什顿、麦克米伦,他们都是如此。大家总是喜欢给人套上过去大师的名字,但是这样没有任何意义,也不是什么褒奖,只是强调那些明星曾经至高无上的地位罢了。"

"那你不觉得舞蹈是在进步的吗?你看不到那些旋转和大跳的差距吗?现在演员的素质肯定是比过去好的,这还用说吗?你看看玛戈·芳婷(Margot Fonteyn),再看看希薇·纪莲(Sylvie Guillem)的录像你就知道了。"

"这样比较不公平也没有意义,她们风格不一样,技巧侧重也不一样,这完全是两个不同时代、不同风格的舞者啊。"

"是啊,这就是我要说的。巴雷什尼科夫已经结束了他的时代,现在轮到你了。"蒂卡坚持地说。

我们开始排练《灰姑娘》,尽管蒂卡之前跳过这个角色,但是本还是安排了我和另一名女舞者跳主演,让蒂卡扮演仙女教母。这让我觉得本似乎在反对我们的恋情。当晚,蒂卡红着眼回到了家。我试图安慰她,可能事实并非她想的那样,也许本另有安排。但是之后我们团去华盛顿巡演,我和本再次提到这件事的时候,我们产生了很大的分歧,我也说了一些不该说的话。从这一刻起,我知道留在休斯顿只能重复之前跳过的舞剧,这乏味至极,对我来说也没有新的挑战。虽然大众还是给我一致的好评，但是我担心闭门造车会让我看不见自己的不足。成为一名休斯顿的好舞者，并不代表在纽约、伦敦、巴黎也同样优秀。我该安分地待着这里，还是往未知再跨一步呢？我不想庸人自扰，于是只身到了纽约，找到了美国芭蕾舞剧院的总监凯文·麦肯齐，要求以首席的身份加入舞团。他惊讶而蔑视地盯着我，不知道我是从哪里冒出来的不知天高地厚的毛头小子。没过五分钟，我就被赶了出来，再也没有接到他们的电话——尽管有小道消息说，凯文觉得我太要强了。

虽然美国芭蕾舞剧院向我关上了大门，但是投降向来不是我的作风。1997年，我二十三岁，第一次作为表演嘉宾受邀在第二十五届洛桑国际芭蕾舞比赛的闭幕式上表演。我和圣彼得堡马林斯基大剧院的年轻舞者嘉娜·维什尼奥娃合作，表演《海盗》双人舞，这场演出也是我感觉效果最棒的一场。结束后，我见到了相貌堂堂、两鬓有些灰白的杰伊·乔利，伦敦皇家芭蕾舞学校的校长。我向他表达了我想要加入皇家芭蕾舞团的意愿，并给了他一份我的演出录像和媒体评论。他向我保证会把这些材料转交给皇家芭蕾舞团的总监安东尼·道尔。

一个月后，伦敦那边给我打了电话，他们对我很有兴趣，并邀请我参加甄选。

"我就知道他们肯定会联系你的。"索尼娅捧着她逐渐变大的肚子，"虽然你离你的教子有点远，但是皇家就是皇家，这个机会你千万不能错过。"

"恭喜你，兄弟。"何塞和我击掌，"现在你要走向更大的舞台了。"我们一仰头，手中的酒被一饮而尽。

"皇家芭蕾让我去甄选啦。"我见到蒂卡的第一面就喊了出来。她紧紧地抱住我，绝口不提我们的将来。

蒂卡现在非常确定本不打算重用她了，这也让她变成了一个素食者。为了减肥，她不沾半点荤腥，还要平均每天高强度运动六个小时以上，我都替她担心。每天排练回到家，她就像散了架一样倒在床上，一场演出后，她也要好几天才能缓过来。

5月初，我飞去了伦敦。那个时候皇家芭蕾舞团位于男爵宫（Barons Court）一栋极其拥挤的大楼内，而且和芭蕾舞学校的学生共用教室。走进排练厅，我就认出了好几张熟悉的面孔，都是前几年在舞蹈节上有过合作的演员，但就是不见让我来甄选的剧团负责人。课程开始了，一直到把杆练习结束还是没有人来，我甚至怀疑进错了教室。渐渐地，我都忘记了这是一场甄选。

课程快结束的时候，一个表情丰富、衣着高贵的男人和一位笑容甜美的女士走了进来。好，我要用剩下的十五分钟抓住你们的眼球。

"小宇宙，爆发吧！"我对自己说。

我更加卖力地做着各种组合，在一连串旋转跳跃之后，基训课结束了。我走向他们并伸出了手。

"你们好，我是卡洛斯。"

"嗯，我们知道。我是安东尼·道尔，这位是我的秘书莫妮卡·梅森。"

他们看了我一会儿后，让我去办公室详谈。

我非常紧张，因为如果皇家芭蕾舞团不要我，我就必须留在休斯顿，但我并不想要这样的结果。再往深处想，如果说美国芭蕾舞剧院和英国皇家芭蕾舞者都不要我，那我就必须面对一个事实：我不够优秀，离世界一流的舞者还相差甚远。同时，这也说明，媒体对我的褒奖都是皇帝的新衣，我一直在自欺欺人。太可怕了。

"你为什么考虑加入我们呢？"他开门见山地问。

我坦诚地说，自从和英国国家芭蕾舞团合作过一年，我就有这个打算了。经过五年经验积攒，我觉得自己已经做好了担任一个首席的准备。我还说，如果有可能的话，我想要有一两场和休斯顿芭蕾舞团的演出，因为那里成就了今天的我。安东尼仔细地听了我的想法后，给了我一份一年的工作合同，合作将从1998年9月开始。我像插了翅膀一样兴奋地飞出了他的办公室。皇家芭蕾舞团不仅是世界上舞者待遇最好的剧团之一，更重要的是它将坐落于考文特花园的皇家歌剧院内，这意味着它是世界顶级的芭蕾舞团。

"蒂卡，我明年就要加入'英皇'啦。"一回到休斯顿，我就迫不及待地把这个好消息告诉了女朋友。她抱了抱我，就转动脚跟，安静地走进了公寓的厨房。我知道她在想什么：加入"英皇"，意味着我们的关系也即将走向终点。我离开休斯顿，我们之

Chapter 20 再见了，休斯顿

间的美好也会随之烟消云散。

几周后，我的教子罗伯特出生了。我在医院的一个角落看到了何塞，他怀里抱着一个用浴巾裹着的粗短的"香肠"。突然，"香肠"睁开了细小的眼睛，他认真地看着我，仿佛想要记住我脸上的每一个细节。我有种奇怪的感觉，甚至觉得这个小孩就是我的，也是蒂卡的。突然间，我觉得离开蒂卡，一个人去伦敦对我来说必将是个煎熬。

当晚，我来到蒂卡家，心里有一个计划。我按响了门铃，蒂卡无精打采地开了门。看到她，我鼓足勇气说："亲爱的，你知道……我……我想说……我……"我不知道怎么说出那三个字。那三个字现在就卡在我的喉咙里，出不来。

她扬起眉毛一动不动地睁大眼睛看着我。

"好吧，我要说的是，creo que te quiero……我们一起离开这里好吗？"我最后还是用西班牙语说出了"我想我爱你"这几个塞在牙缝的字。

蒂卡扑向我，我们摔倒在公共走廊的地毯上。一个邻居正好走出房门，他看到我们抱在一起亲吻，又不好意思说什么，只能目不斜视地从我们身上跨过去，走向电梯。

走进公寓，我们便开始计划我们的未来。我们在休斯顿的合同都是到1998年2月。之后我们打算暂时做一段时间的自由舞者，先到墨西哥城和巴西演出，之后参加日本的芭蕾明星荟萃，其他还有蒙特利尔和希腊大大小小将近二十场的演出。结束后，我们

计划 6 月底飞往伦敦，之后蒂卡试着参加皇家芭蕾舞团或者英国国家芭蕾舞团的甄选。

还有最后一个难关——本。

我敲了敲门，秘书帕斯蒂给我开了门。

"进来吧，卡洛斯。"

我对眼前的这个男人有着说不尽的感激。不管用什么方式说出我要离开的事实，对他都是一件残忍的事，所以我决定不要拐弯抹角。

"本，皇家芭蕾舞团给了我一份一年的合同，明年 9 月开始。蒂卡和我打算一起去伦敦。"

听到这个消息，本缓缓地站了起来，像播放慢动作一样。他向我走来，像只受伤的公牛。我想起了多年前在伦敦和他的第一次见面，和之后他亲自到古巴排练室看我的那一幕。我想到了他的幽默和慷慨，这些记忆鲜活地在我脑海中重演。我觉得沮丧极了。

"我对您亏欠得太多，无以回报。但是我真的想知道我自己到底能走多远，对不起。"我看着本说。

我们对视了很久，本看向地板，声音中有一些恼怒和无奈。

"我知道，这一天总会来的。先是李存信，然后是贾妮，现在轮到了你。"

"但是，本……"

"不用说了，这条路就是这样。我们终将面临孤独，但是我们至少拥有对彼此美好的回忆，这就够了。记住，这里永远是你的

Chapter 20　再见了，休斯顿

家，如果在那边不习惯，你知道，这里永远欢迎你。"

本没有再说任何一个字，他只是站着，一动不动。

"安东尼说，我可以每年参加两次休斯顿的演出。"但是本没有任何反应，还是平静地看着地板。

我慢慢走向门口。离开前，我再次回头，看到一滴硕大的泪珠滴在地毯上。我感觉自己像个刽子手，但是就像他说的，这条路的确就是这样。每个人都有自己的使命，我的使命并不止步于休斯顿。

在我的教子罗伯特洗礼后，我迎来了二十四岁生日。一周后我飞到了哈瓦那，我要亲自告诉家人我将要去伦敦的好消息。午夜十二点左右，我抵达了哈瓦那何塞·马蒂国际机场，叫了一辆出租车，驶向我在维达多的那栋公寓。周三的凌晨，一轮下弦月孤单地躲在云层背后。街道很冷清，只有四个乞丐在一盏昏暗的路灯下玩着多米诺骨牌。四周熟悉的楼房，窗外的晾衣绳，摇着尾巴的流浪狗，没在做梦，我真的回到了魂牵梦萦的故乡。

妈妈开了门。

"尤利，我的孩子。快来，贝尔塔，玛丽琳，尤利回来了。"

我紧紧地抱住妈妈，仔细地闻着妈妈身上独有的味道。我感觉自己又回到了九岁的童年。

玛丽琳从卧室冲了出来。

"快让我看看，让我看看。哎哟，你都快变成白人了，头发也

拉直了。你学迈克尔·杰克逊吗?"

玛丽琳亲了亲我,然后打了我屁股一下。她还是和从前一样可爱,牙齿一如既往的白,脸上也没有一丝皱纹。我注意到了她微微隆起的小腹。

"你没看错,七个月大了,大一点的已经两岁了。谁要你从来不打电话,我都没有机会跟你说。"

"啊?你已经有个小孩了?"

"是的,他叫约纳,跟你像一个模子里刻出来的。"

"他人呢?"

"哦,这周他爸爸带他,周末你就能见到了。"

"依尤肯定很开心。"一边说,我一边把沉重的行李拖进房间。

母亲和玛丽琳对视了一眼。

"约纳的爸爸是罗伯托。"玛丽琳说。

我的行李掉在了地上。

"你和依尤分手了?"

"和罗伯托也是。"

"亲爱的,你太吓人了,那最新的受害者是谁?"

"利萨多尔是这个家伙的爸爸。"她指了指自己的肚子。

妈妈和玛丽琳笑着看着我。

我走到厨房,发现一切都变了样,我以前的东西都不在了,这里就像一个我从没到过的新家,没有一丝我熟悉的东西。我现在已经有了一个小外甥,不久之后还有一个小东西要叫我舅舅。

Chapter 20　再见了，休斯顿

我离家已经太久了，不过唯一不变的是我对他们无条件的爱。

"贝尔塔呢？"

"马上就来。"她的声音从一间卧室传来。

我看到一个至少上百公斤的胖女孩，挂着拐杖从房间里走出来。我还以为是外婆，但定睛一看，是贝尔塔，我心头一酸。

"贝尔塔，我的天啊，你怎么了？你去哪儿了？"我掩饰不住我的心痛。我看了一眼母亲，她只是看着地板。

"不用担心，我的小弟弟，我很好，没事。"

贝尔塔把拐杖扔在地上，好腾出手来抱我。

"最重要的是我们又聚在一起了，就像在洛斯皮诺斯的老房子里。还记得吗？"贝尔塔温柔的语气中透露着一丝意外的平静。

我想要说话，但是话到嘴边却发不出声音。

"贝尔塔，但是……你怎么……"

"见到你太高兴了。"她打断了我的话，把我拉到椅子边，让我坐下。

"妈妈跟我们说了她的休斯顿之旅，还给我们看了照片。刚回来的那几天，她每天都在念叨那里有多干净、多漂亮。她还说了按摩浴池，还差点被电影院里的恐龙吃了。我们都快被她笑死了。"贝尔塔看起来开朗多了。

"妈妈应该也跟你们说了我弄丢外婆她们的联系方式了吧。我只要一想到这个，就睡不着觉。"我有些惭愧地说。

"儿子，这不是你的错。"妈妈说，"你已经尽力了，而且我在

休斯顿过得很开心。我太自私了,我才要向你道歉没有看你的演出就回来了。那个时候,我心里很乱,顾不上你的感受。现在我想通了,生活还是顺其自然的好。我能去一趟休斯顿已经很开心了。"

听到母亲这么说,我终于可以舒一口气,放松地靠在了椅背上。

"喂,那你什么时候请我们两个去呀?"玛丽琳笑着说,"不知道贝尔塔怎么想,反正我也要把头发拉直,然后在按摩浴缸里洗澡,也心甘情愿被恐龙吃。"

我们被玛丽琳的话逗乐了。

"相信我,我们会有一天在另一个国度相聚,我也会让你们看到我在外国的演出。"

"好吧好吧,我们的曼波王[1]说是就是吧。来,吃点东西,你一定饿坏了吧。"

玛丽琳转身走向了厨房,妈妈揉着我的头,贝尔塔还是沉静地看着我的眼睛。环顾四周,墙上都是妈妈和姐姐的照片,站在这里我感到真正的踏实和幸福。那一夜,我睡得安心舒坦。

第二天,之前美好的幻想被残酷的现实冷冷地击碎。走下楼,我看到的是破旧的楼房和一张张饱经忧患的脸。我想也许是我变了。这里和我记忆中的哈瓦那没有一丁点相似。树都被砍光了,许多房屋倒塌在路边,衣衫褴褛的流浪汉蜷缩着躺在街头,感觉

---

[1] 电影《曼波王》(*The Mambo Kings*)里一对到美国打拼的古巴兄弟所建立的乐队的名字。——译者注

所有人都放下了尊严，只为了苟且偷生。正值花季的年轻女孩陪着老得可以当她们爷爷的游客走在路上。更让我难过的是，还有孩子向我要钱，把我当作一个外国人。

在古巴国家芭蕾舞团我也不受欢迎，大概他们还在纠结我当年投奔休斯顿一事。有几个认识我的人老远看到我，就当没看见，径直过了马路，把我当成战场的逃兵。我才不是逃兵，我和我的祖国永远血脉相连。但是我却感觉自己有点像"叛国贼"，我"抛弃"了自己的祖国，现在又以一个"外国人"的身份回到了这里，成了一个站在自己国家的异乡人。

洛斯皮诺斯，那个生我养我的"世外桃源"已经成了一个杂草丛生、破败不堪的烂摊子。看不到一张熟悉的脸孔，儿时的玩伴已经长大，他们大部分都成了"美漂一族"，曾经的大人也已经老去。我们楼下的邻居坎迪达，还有我常偷他们家杧果的约兰达都搬到了其他地方。勒内的房子现在变成了一个医生的诊所。"街道计划"比赛和小区派对早就不复存在，叫卖磨剪刀的小贩也不见踪影，没有人上街交换自制的手工品，街道里也没有了水果的香味。曾经香格里拉般的小镇就像从来没有在这里存在过一样。现在这里只嗅得到沧桑和窘迫。

我敲了敲隔壁的门，一个陌生的女人开了门。

"不好意思，请问拉莫娜还住在这里吗？"

"她两年前就死了。"

酒鬼华尼托也是同样的命运。

我坐在路边,仿佛我曾经在这里的生活只是一场梦。难道现在梦醒了?我撒开腿,沿着大路向山顶跑去。穿过卡车维修店,站在山顶,我还看到远处卡拉科尔公司的几处厂房。我继续奔跑,期待昆多的小卖部跃入眼帘,但是无论是小卖部、山洞、小溪,还是阔叶林、岩石地、蓄水池,统统不见了。被带走的还有那永远神秘的猫头鹰的啼叫。我曾经迷恋的魔幻小镇,真的一去不复返了。

我敲开了自家的房门,一个七十九岁的老人给我开了门。他的头发已经全白了,像一位先知。他不带一点笑容,浑浊的灰色眼睛一如既往的严肃。看到我以后,那双眼睛似乎变亮了,他看起来是高兴的。我身体里的一部分想要上前抱住他,但是这也是我懦弱的一面。我紧紧地握住他的手,在他肩上拍了拍。他一句话也没有说,就像守夜的猫头鹰一样安静。我拿出了给他买的礼物。我们并肩站在阳台上,依然保持沉默,空气仿佛在我们身边凝固了。我们有太多的话要说,但是竟然不知道从哪儿说起。

黄昏降临,我扫了一眼这个陌生的城镇,有一种心被掏空的感觉。追逐成功的心已经让我失去了根,征服了世界又怎样?因为我最害怕的噩梦来临了:我成了一个无家可归的人。

这里已经成了无人区。远处几个孩子在地上玩着滑板车,他们看起来十三岁左右,那个年龄的我已经学会了离开父母独立生活。天空中的太阳变成一个血红的球,血液在我身体里沸腾。想了许多,有些话我必须要说出口。

"我终于成功了,爸爸。我几乎周游了世界。电视台给我做了纪录片，我还和皇室的公主合了影。我想你应该满意了吧。"

我倔强地噙着眼泪，因为我发誓不在父亲面前掉眼泪。我站了起来，拿起包向门口走去，父亲也没有拦我。他还是保持沉默，看着远处。

"看到那些玩滑板的孩子了吗？"我说。

父亲顺着我手指的方向往远处看去。

"我打赌等会儿我经过那边的时候，这几个孩子一定会问我要钱，他们也绝对意识不到自己有多么幸福。"

我带着沉重的心情下了楼，走到一半的时候，父亲的声音打破了宁静。

"尤利，这就是伟人的现实和命运。你属于世界，艺术就是你的归处，我的孩子。"

我愣住了，尴尬地撇了撇嘴角。

"我的归处？我的归处？也许你说的是对的。"

走到街上，我再一次回头看了看父亲。

"你知道我们有哪里不同吗？当我只想要一个家的时候，你只会对我谈艺术。我相信我会有很多很多房子，但是房子并不是家！我的家曾经就在这里，但是现在没有了。你虽然给了我生命，但是你就像一个陌生人。我现在出名了，我们该举杯庆祝。最终我按照你的要求按部就班，为此我们也该举杯庆祝，庆祝一份出人头地的荣耀，庆祝一个'异乡人'的身份。"

我努力憋住，不让自己哭出来。我默默地说："住处，并不代表家。爸爸,你明不明白?"

"先生,一个比索,一个比索。"那群玩滑板的孩子伸手向我要钱。我掏出了口袋里所有的钱,更多的孩子冲了过来,问我要口香糖,或者任何一样我可以给的。我的心头像压了一块重石,眼泪流进鼻腔,被我硬生生地咽进喉咙。

突然一个声音从身后传来:"我不要钱,只要公平竞争。"

我一回头就看到了佩德罗·胡利奥,他手里还拿着一把玩"吃泥巴"的小木棒。

"别以为这次我会让着你。"他笑的时候,皱纹深深地陷进他的皮肤。

我咧开嘴笑了:"别以为你看到了我哭,我就会对你手下留情。快让我踢你屁股,别跑啊!"

Chapter 21

一个女人和三个火枪手

带着十四个行李箱,我和蒂卡搬到了伦敦。我们在伯爵宫(Earl's Court)租了一个宽敞的双层公寓,离地铁站仅有两个街区。

刚加入新舞团的几天总是特别辛苦。那个时候,皇家歌剧院正在翻修,妮内特·德·瓦卢瓦——皇家芭蕾舞团的创始人,做了几十年的努力终于为芭蕾舞团在皇家歌剧院争得了一席之地。这是和巴黎歌剧院、马林斯基歌剧院齐名的歌剧和芭蕾舞共用的大舞台。不过现在,皇家芭蕾舞团还只能暂时使用拥挤的男爵宫的排练厅。我被告知将在"大排练厅"上第一堂课,但是我连这里一共有几个教室都不知道,更不要说谁大谁小了。更衣室位于底楼的一个小房间内,只有一个淋浴喷头和七个柜子。站在这个幽闭的狭小空间里,灯光闪烁,就像恐怖电影里一样诡异。

舞团里总有几双充满敌意的眼睛看着我,把我当作潜在的竞争对手,这一点不足为奇,因为我就是一个"空降者",很可能抢了另一个舞者原本可以升为主演的机会。在这个圈子里，虽然这些事情已经见怪不怪了，但是我能明显感觉到这里的竞争空前的激烈。没有一个人主动欢迎我，偶尔有几个演员说句"你好"，仅此而已。这里的演员都有着最扎实的基本功，但是我还是一眼可以看出哪些是明星演员。他们往往穿着与众不同，而且周围散发着明星的气场。我开始有点怀疑自己，是不是选择留在休斯顿才是最好的。

上完早课后，我开始了《多少悬在半空中》（In the Middle, Somewhat Elevated）的排练。这是一个现代舞作品，编舞是威廉·福赛思。和休斯敦相比，这里的排练厅小了许多，但是至少这间光线还算充足，头顶有好几扇玻璃天窗。这段舞蹈颇具挑战性，音乐的节拍一直在变化，动作也复杂，没有规律可循。我尽最大努力集中注意力学习这段舞蹈，但是耳边总是回想着父亲的那句话："艺术就是你的归处。"

如果说，这里就是我的最终归处，那我只能说我已经迷失了，或者说无家可归。

随着排练的进行，我发现自己的角色并非主演，而是男二号。我意识到一切又要从零开始，我再一次站在了起跑线上。下午四点结束了排练，我回到那个阴森的更衣室，换了衣服就离开了舞团，没有跟任何人打招呼。

这一周蒂卡在德国斯图加特芭蕾舞团（Stuttgart Ballet）上课，偌大的公寓空空荡荡。我独自走上了肯辛顿大街，不经意间，发

Chapter 21　一个女人和三个火枪手

现了一家叫作"古巴小吧"的餐厅。我随意找了一张桌子坐下，点了豆子焖饭、炸鸡、炸香蕉和一杯莫吉托。这里环境不错，很有古巴的味道，食物也还行，不过不是正宗的古巴菜。莫吉托里加了太多的薄荷，喝着有些发涩。餐厅里熟悉的旋律把我的记忆带回了古巴。回头看看，我真的改变了太多，我曾经的足球梦就像眼前的这杯莫吉托，不过是一场转瞬即逝的幻想罢了。

吧台边一个高大强壮的男人大声点了杯莫吉托，吸引了我的注意力。他也是个黑人，衣着优雅，身上有种高贵气质。

"嘿，你也是古巴人吧？"我主动问道。

"奥赛罗，来自雷格拉。你呢？"

"洛斯皮诺斯。我叫卡洛斯，是一名芭蕾舞演员。"

"啊，搞艺术的。"奥赛罗说，"我以前在古巴看过芭蕾，《吉赛尔》《天鹅湖》这些。我也是搞艺术的，以前跟豪尔赫·佩鲁戈里亚学表演，就是演《草莓和巧克力》的那个，现在在这里的电影学校学习。我已经在这个灰暗无趣的城市待了整整八年。"

奥赛罗看了一眼窗外阴沉的天，又看回自己的酒杯。

"那你是刚来的？"他问道。

"我在休斯顿工作了五年，之前曾和英国国家芭蕾舞团合作了一年，不过之后就不了了之了。"

"那你为什么还回来？你肯定不行的。"

"你为什么这么说？"我有些不开心。

"这是明摆着的事实啊，"奥赛罗说，"你待在美国好一些。那里的黑人更团结，他们甚至有自己的唱片公司和电影制片厂。"

在这个节骨眼上还有人用肤色打击我，我一定要解释清楚。

"你知道什么叫走进死胡同吗？我在休斯顿就是这种感觉，这也是我为什么要来伦敦的原因。今天是我加入皇家芭蕾舞团的第一天……"

"哦？你在皇家芭蕾舞团工作？天啊，那一定更加难了，要当上主演几乎是不可能的。"

"我已经是主演了，我明白你的意思，那里的确竞争激烈……"

"你知道艺术上的战场和军事上的有什么区别吗？"奥赛罗站了起来，他六英尺的身高看起来很有压迫感，"区别就在于，沙场上倒在血泊里的都是一些无名小卒。"

我盯着他，有些不解。他是我见过的最奇怪的古巴人了。

"让我问你个问题，你们舞团里现在有多少有色人种？"

"据我所知就两个。"我想了想回答道。

"也许他们让你演一些小丑或者大臣之类的配角。"

"哦，不不不，我的朋友。"我真的有点生气了，"我只演主角，比如罗密欧，还有西格弗里德王子。"

"别激动，我是站在你这一边的。"他向我举起了手掌，"这是显而易见的，在这里你见过几个黑色的罗密欧？没有，是吧？当所有舞者把精力放在舞蹈上面，你不仅要在这方面努力，还要打破在人们心中存在了百年的种族偏见。在这场战争中，你的使命

Chapter 21　一个女人和三个火枪手

就是要让世人看到,有色人种也可以摘得芭蕾桂冠,显然做这件事在美国比英国更容易。"

"根本没有战争!"我喊道,"我只是来这里跳舞,并不想跟任何人有什么冲突。我不是一个'有色人种'的舞者,我就是一个舞者,没了。如果你说这里没有黑人罗密欧,那就让我来做第一个。"

奥赛罗凸着眼珠子看着我,他刚要说什么,另一个男人的声音出现了。

"原来是'马库瓦'在这里喊啊。"有着一头乌发和一双安达卢西亚人眼睛的男人嘲笑地看着奥赛罗。

"哦,罗斯维尔,你来了,最近怎么样?"

"还不错,你呢?你躲到哪儿了?大家好久都没看到你,我还以为你回雷格拉了。"

"我把自己关在房间里想了很久,不知道以后到底怎么办。"奥赛罗说,"我想离开这儿,我受够了看不到阳光的日子,每天还要说英语,看来看去都是这几张酒吧的老脸。我想去西班牙。"

罗斯维尔看向了我,奥赛罗才意识到他只顾自己说,快把我晾成了一条干瘪的人干。

"我来给你介绍一下,这位是……我们暂且叫他'曼陀罗'好了。他在皇家芭蕾舞团当主演,老家在洛斯皮诺斯。"

我向罗斯维尔伸出了手。

"你好,我叫卡洛斯·阿科斯塔。"

他歪着头,疑惑地看着我。

"啊，是他，我跟你说过的那个舞者，报纸上登的那个……"罗斯维尔兴奋地看向奥赛罗。

"哦？就是那个卡车司机的儿子？"奥赛罗自言自语。

"你都没跟我说你认识他！"

"你是说'曼陀罗'？我们才刚认识五分钟。"

我有想揍他的冲动。

"那他为什么叫你'曼陀罗'？这是你的名字？"罗斯维尔糊涂了。

"不，我叫卡洛斯。你听到了，奥赛罗？"

"好吧好吧，随便你吧，'曼陀罗'。"奥赛罗根本不听我讲话。

坦白说，他们的确是一些怪人，但至少比舞团那些人来得友好，而且见到一些老家的人也倍感亲切。那个夜晚，我们三个就在餐厅跳了萨尔萨舞。要走的时候，奥赛罗说："要不你们两个来我家再喝一杯？你们要住下也行，反正我还有空房间，客厅还有一张沙发床。"

反正蒂卡也不在，我欣然答应。我们一行人走到了他位于卡姆登的公寓。这里就像一个温室花房，头顶悬挂着好几盆绿色植物，墙上挂着哈瓦那俱乐部的海报和五彩油画，房间各处还摆放着木制的雕塑。

"兄弟，你太夸张了，你几乎把整个雷格拉搬到了这里。"我惊呼。

"哈哈，这里就是我的小古巴。"奥赛罗给我们一人倒了一杯杧果汁，为我们的友谊干杯。

蒂卡从斯图加特回来后，我就找了总监助理莫妮卡·梅森，看看是否有可能给蒂卡也安排一场甄选。

到了面试当天，蒂卡比以往起得都早。闹钟一响，我伸手一关，翻了个身想要亲吻我可爱的女友，但是只抱到了两个搭在一起的枕头。再一看，她已经在客厅吃早饭了。十五分钟后，我们已经走在去男爵宫的街上了。

"蒂卡，我们还有时间，用不着这么赶。"我想让她平静一下，"不如我们去喝杯咖啡？"

"不，我宁愿早一点热身。"

穿过昏暗的走廊，我们走到更衣室。

"你在这儿换也行。虽然是男更衣室，不过这里没有其他人。"我说道。

我把背包放在地上就转身进了厕所，三秒钟后我听到有人敲门，等我出来发现蒂卡早就换好衣服离开了。我把头伸出门外搜寻她的身影，在一个角落里，她正在原地上下跳着。我们一起上楼来到教室，排练厅里一片漆黑，离上课至少还有四十五分钟，我从来没有这么早到过教室。

开始之前，我和今天的老师贝蒂·安德森打了个招呼，告诉她我女朋友今天也来上课，这也是她的甄选课。所有女舞者都斜着眼睛看着蒂卡，总监也没有出现，和我当初的甄选如出一辙。

蒂卡冷静地做着每一个动作,和往常一样一丝不苟。把杆训练结束后,莫妮卡才出现在教室,坐在了前排。看蒂卡的表情我就知道她已经开始紧张了。她的挥鞭转一直从足尖上掉下来,每一个跳跃都有或多或少的小失误,就像这个地板在跟她开玩笑。

课程结束后,总监说公司暂时不需要新人了,让蒂卡明年再来试试。我们都知道这是什么意思:他们不愿意雇用蒂卡。

走在回家的路上,她一句话都没说。晚上她简单地吃了点东西,洗了个澡就上床睡觉了,没有再说任何话。一周后她尝试了英国国家芭蕾舞团,也是类似的结果。那天回到家,我看到蒂卡对着墙发呆。

"亲爱的,别想了,再想就钻牛角尖了。"我想要安慰她,但是说什么都没用,她看起来还是那么沮丧。她一句话都不说,也不抱怨。看起来就像只受伤的天鹅,孤傲地舔着自己的伤口,看到我的时候也只是抿嘴一笑。

"我有点担心蒂卡。"我对我那两个新朋友奥赛罗和罗斯维尔说,"从休斯顿来到这里对于我们都很艰难,不过她更辛苦一些。"

"来伦敦的前三年都是辛苦的。"罗斯维尔说,"不过你一旦熬过了这三年,你就会发现这里是世界上最好的城市。"

"最好的城市?"奥赛罗大喊一声,"你是说最糟的吧?伦敦只是一个赚钱的好地方,但绝对谈不上半点生活。这也是为什么大家都养猫养狗,因为他们很孤独,甚至都不知道邻居是谁。"

"你这么嫌弃伦敦,那你还住在这儿干吗?"罗斯维尔说。

"和你们一样——为家人打拼呗。"

"马库瓦，你别忘了，"罗斯维尔轻啜一口咖啡，"生活的路都是自己走出来的。你觉得生活容易，它就可以变得很容易；你认为什么是不可能的，它就真的变得遥不可及。你把你的生活想得太悲观了。伦敦是世界文化艺术之都，随时都能看到音乐剧、萨尔萨乐队演出、歌剧、芭蕾舞、画展等等。在这儿，你能免费看凡·高的《向日葵》，在哈瓦那，你能看到弗里达·卡罗的画展吗？还有……"

奥赛罗突然转向我，打断了罗斯维尔的话。

"曼陀罗，别听他念抒情诗了，我们在说你的女朋友。罗斯维尔也知道，和女人生活不容易。他甚至说上帝不是完美的，因为他从没有通过生活中最困难的考验——与女人一起生活。"

"你要我说多少次，上帝不是万能的，这句话是爱尔兰诗人詹姆斯·乔伊斯说的。"罗斯维尔露出一脸无奈。

但不管詹姆斯·乔伊斯怎么说，这两个家伙怎么想，在我心里，蒂卡就是我命中的那个"她"。所以我计划要买一个两侧镶着蓝宝石的铂金钻戒，我只是在等待一个合适的机会求婚。天公美意，适逢其会。没多久我就接到了一个古巴芭蕾舞团的电话，他们邀请我参加《天鹅湖》在巴黎这个世界浪漫之都的巡演。

从酒店出来，我们坐上了出租车。蒂卡趴在车窗看着向后移动的景色。她从来没有来过巴黎，一切对于她都是新奇的，她也不知道为什么我要带她去埃菲尔铁塔。我们买了票,走进了塔中二层的餐厅。这里的景象叹为观止,不仅可以鸟瞰整座城市,还可以看到巴黎圣母院,不过这里有太多带着相机的日本游客,所以我们又坐了电梯,升至塔顶。

我非常紧张,因为完全不知道要怎么做。父母在我刚出生时就离婚了——在古巴,自从进入"特殊时期",人们结婚只有一个目的,就是为了获得政府提供的额外几箱啤酒和食物。全镇的人可以在一起欢聚饱餐一顿。第二天,这对新人就会马上离婚,为了开始新一轮的循环。我所知道的求婚都是从电影里看来的,比如,至少要经过女方父亲的同意。但自从我和蒂卡认识以来,我都没有和她的家人有过任何接触,所以这一点我就暂时忽略了。不管怎么样,我说服自己,只能成功,不能失败,况且我还在世界上最美丽最浪漫的地方呢。

当着两百多名游客的面,我牵着蒂卡的手,单膝下跪,对她说:"蒂卡,你愿意嫁给我吗?"

我之前非常确定我一说完这句话,她就会喜极而泣。但事实上,她只是毫无表情地看着我,然后点了点头,让我给她戴上戒指。然后,就没有然后了。没有眼泪,什么都没有。

电影里的求婚,当男士说出"你愿意嫁给我吗?"这句话的时候,女孩都会兴奋得快要晕倒,然后不停地重复着"我愿意,我愿意,我爱你,我爱你,我要和你共度余生"云云。

我以为给她戴上了戒指后,她也会说出一些让我激动到不能自己的话，但蒂卡只是紧紧地抱住了我，然后我们默默地并肩看着整座城市。

对于蒂卡并不热烈的反应，我觉得非常奇怪，因为她绝对是一个感情丰富、开朗外向的女孩。直到我们从塔上下来，她的脸色才亮起来。难道我做错了什么？

当晚，我演出了《天鹅湖》，这是我自从1991年在这里参加比赛后，第一次正式在巴黎演出。这一刻对于我来说也是颇具纪念意义的，我想台下应该还坐着不少当年被我的比赛震撼到的观众，他们见证了一个少年的蜕变。演出非常成功，我觉得自己并不是受邀嘉宾，而是在和我的兄弟姐妹一起跳舞，甚至觉得我就是在哈瓦那演出。观众们大声叫好，当巨幕落下的时候，我内心充满喜悦。我和那些曾经的同事拥抱，我最感谢的还是阿莉西亚·阿隆索，是她给了我这次难得的机会。演出结束后我就去后台签名，觉得这一天从早到晚都是完美的。

在回去的路上，蒂卡突然崩溃地哭了。我一开始以为演出的成功让她联想到自己失败的面试经历。

"亲爱的，你怎么了？你为什么哭呀？"

"就是……就是……因为今天是很重要的一天，我没有想到会以这样的方式发生。"她边说边抽泣。我才意识到她说的是白天的求婚。

"你的意思是？"我还是有些不明白。

她解释说，她期待的求婚是一个盛大的日子。在电影里，男生带着女孩参加晚宴，巧妙地把戒指藏在饮料或者蛋糕里，然后女孩就会惊喜地发现自己被求婚了。但是我今天当着这么多陌生人的面求婚，让她完全不知所措。

但是这是巴黎，我向她解释，并且发誓我对她的爱坚如磐石，矢志不渝。这意味着我们将一起生活一辈子，还会有小孩，这样还不够吗？

显然这样是不够的。

我看着她说："好吧，那我们这样，你先把戒指给我，我好好准备，重新求婚，保证给你一个惊喜怎么样？"

蒂卡就这样又把戒指还给了我。

从巴黎回来，我在英国沙德勒之井剧院（Sadler's Wells Theatre）表演了我在皇家芭蕾舞团的首演《多少悬在半空中》。这是沙德勒之井剧院装修后的首场演出，所以很多设施还不完备。比如更衣室没有热水，外面的冷风嗖嗖地吹进走廊，数不清的电线挂在天花板上。有的时候，一条狭长的走廊上站满了穿着各式各样制服的人——舞者、水管工、电力工，还有化妆师和清洁工，我们站在一起像一场有着特殊编排的舞剧。

音乐是事先录制的，所以我们无须等待管弦乐团现场调音，也无须等待指挥进入乐池，更无须等待欢迎指挥入场的热烈掌声归于沉寂。

"该出场了。"剧院管理员在侧幕小声跟我说。

Chapter 21　一个女人和三个火枪手

"加油，卡洛斯。"随着音乐，我跳到了舞台中央。没有演出任务的舞者纷纷站在楼下的侧幕看着我，我突然感觉自己面对着两群观众。我是剧团中唯一的一张陌生面孔，每个人都翘首企盼，想看看这个人到底实力如何。到了独舞的时候，我铆足了劲儿，展现出最好的自己，尽管由于编舞限制，我未能发挥出最炫的技巧。演出结束后，总监安东尼和她的秘书莫妮卡祝贺我演出顺利。令我感到惊讶的是，和我一起演出的舞伴也纷纷向我祝贺。走在更衣室的路上，我还是有些许遗憾。我的首演如果是一场三幕的大型芭蕾舞剧而不是独幕就好了。不过这些都不重要了，因为我现在已经真正成为了一名皇家芭蕾舞团的首席。

过了一周，蒂卡又去了苏格兰参加苏格兰芭蕾舞团的甄选，回来后她兴高采烈地跟我说：

"他们要我了，他们要我了！总监雇用我担任客座演员，和他们合作《灰姑娘》。"

"我就跟你说，让你别担心嘛。"我们抱在一起欢呼。

"那你什么时候开始？"我问她。

"下周。"

"好，我跟莫妮卡说说，从这个礼拜开始让你参加我们的基训课，保持身体状态。"

"哦，不用不用。"蒂卡说，"我打算明天就去格拉斯哥，想在排练前早一点熟悉一下舞团环境。"

看着她认真的蓝色眼睛，我知道她已经打定主意了。

"那我们以后怎么见面呢?"我问道。

"周末啊。有时你去格拉斯哥,有时我来伦敦,怎么样?"

我们凝视着对方许久,然后她拉着我的手,靠了过来。她深深地吻了我,好像这是我们之间最后一吻似的。

第二天一大早,蒂卡就踏上了苏格兰的旅途。我提着她的行李把她送到了地铁站,我们就这样吻别了。

一天课后,安东尼·道尔和我讨论我的演出行程。他跟我解释,由于现在舞团受演出场所限制,在伦敦的话,不是在哈默史密斯阿波罗剧院(Hammersmith Apollo),就是在皇家节日大厅(Royal Festival Hall),还有就是贝尔法斯特(Belfast)等英国其他城市的演出,所以舞团演出的机会其实并不多。平均下来五个月只有十场演出,其中还不乏一些午场和周一、周二的晚场。我知道这样的时间安排很难吸引太多的观众。相比之下,我在休斯顿仅11月和12月,就演了至少二十场。

"哦,对了,刚刚忘了说,夏季的时候我们还会去日本和中国巡演。"安东尼用他一贯抑扬顿挫的语调说,"还有,我打算让你尝试《罗密欧与朱丽叶》里的茂丘西奥,加油。"

我想起了奥赛罗不吉利的话。

"不好意思,这样不大合适吧。"我说道,"我是一个首席,也应该饰演首席的角色才对吧?"

"哦,我完全理解。"安东尼说,"但是我觉得茂丘西奥这个角色特别适合你。我敢说他比罗密欧对你更具挑战性,是真正可以帮你成长的一个角色。我年轻时第一次演《罗密欧与朱丽叶》也是茂丘西奥这个角色。"

"但我并不是刚起步啊,"我焦急地说,"这个角色我在日本已经跳过无数次了。对于我来说当一个主演非常重要,否则我宁愿什么角色都不跳。"

我们沉默了一会儿。

"好吧,我们再考虑考虑,也不用急着今天做决定。"安东尼终于开口了,不过说完他就把我撵出了他的办公室。

傍晚回到家,我心里充满了不安和焦虑,我马上拨通了蒂卡的电话。

"别担心,卡洛斯,至少你拥有一份固定工作。慢慢来,一切都会好的。"

我想要听她的声音,想一直煲着电话粥,但又不想耽误她太多的休息时间,所以只能挂了电话,独自坐在沙发里,任凭孤独和思念把我淹没。现在时间还早,我可不想一个人在家里待着,所以我约了罗斯维尔和奥赛罗在古巴小吧见面。

"我就跟你说吧。"奥赛罗说。

"不要理他。"罗斯维尔说,"你比别人都有优势,从长远来看,你一定比他们走得远。"

"我能请问他的优势是什么吗?"奥赛罗说。

"他的优势就是他一直以来吃的豆子焖饭。说真的,我是说他为了走到这里所付出的全部艰辛。"罗斯维尔继续说,"比如,在《罗密欧与朱丽叶》茂丘西奥被杀的那一场,如果由卡洛斯来演,表现出的就不仅仅是愤怒和伤痛,因为他走到今天付出了太多——每天去舞蹈学校就要转数次车,少年时期的他就要独自面对生活。我打包票,其他的演员绝不会有这些生活体验。所以卡洛斯饰演的茂丘西奥一定是最棒最深刻的,这和他的肤色也完全无关。"

两周后,我第一次演了芭蕾舞剧《关不住的女儿》(*La Fille Mal Gardée*),这是一部改编成英国版本的芭蕾舞剧,编舞是弗雷德里克·阿什顿。背景是法国某个田园乡村,剧中唯一的一个男演员卡洛斯(好吧,跟我同名)穿着香蕉黄的紧身裤和花马甲在农家起舞。这出舞剧中有很多小道具,卡洛斯常常拿着一根小棍,这使得我的跳跃受到了阻碍。复杂的编舞还融入了缎带这些元素,演出前我们没有在舞台上彩排,所以我根本不知道我身后竟然还有一个农场小屋。当我在演出当天,做着空旋两周的时候,惊讶地发现有一群穿得像小鸡一样的舞者在我身后,而且真的有匹小马在后面跑着,我的注意力瞬间被分散了。这场演出后,我差点对芭蕾绝望了,开始考虑要不要换个工作。

与此同时,我一直在寻找一个合适的求婚机会。周末我都会去格拉斯哥看蒂卡彩排《灰姑娘》,我喜欢看她优雅灵动的手指和会说话的蓝色眼睛。当蒂卡深情地看着她的舞伴时,我都会醋意大增。我越来越确定,她就是我要共度一生的女孩。演出当天,

Chapter 21 一个女人和三个火枪手

她像人间的精灵,没有一个人能像她那样完美地演绎灰姑娘辛德瑞拉。大家对她的演出非常满意,总监还给她献了花,并且提供了一份永久合同,邀请她加入苏格兰芭蕾舞团。蒂卡说要考虑考虑,不过从她的表情来看,她非常开心。

圣诞节的时候,我们租了一辆车环游苏格兰的各个湖泊。碧蓝的天空和顶着白雪的山峰映在如镜的碧水中,很难分辨哪处是现实,哪处是倒影。这里宁静浪漫,加上蒂卡心情不错,我觉得我占尽了求婚的天时地利人和。我紧紧地攥着口袋里的戒指,做了一个深呼吸。一个念头突然冒上了上来:"这次如果她拒绝我了怎么办?"想到这里,我决定还是把这件事暂时放一放。

过了一周,罗斯维尔和奥赛罗帮我想出来一个绝妙的点子。元旦前夜,我将穿上正装带蒂卡去 Soho 区的麦穗餐厅(La Espiga)吃饭。然后再带她去罗斯维尔组织的一个弗拉明戈派对,还会请一些演员和艺术家到场。当元旦钟声敲响的那一刻,站在波希米亚螺旋的中间,伴着吉他弹奏的小夜曲,我给蒂卡献上一束黑色魔法玫瑰,然后让她自己发现其中的戒指。

"这样好吗?"我有点怀疑可行性。

"这都不算好的话,那其他人别求婚了。"罗斯维尔自信地说。

"没问题的!"奥赛罗说,"如果真不行,反正现场有卡拉 OK,你就现场唱一首伤感的浪漫情歌,她一定会为你神魂颠倒。"

"但是我不会唱。"我说。

"你不唱,我来唱!"奥赛罗说。我们笑成一团。

很快到了年底，求婚的前一夜，我紧张得睡不着觉。第二天蒂卡会在下午一点左右到达伦敦，我先去机场接她，然后再把她接回我打扫干净的公寓。刚过午夜十二点，家里电话突然响了，是苏格兰芭蕾舞团的总监，他说蒂卡今天在排练的时候把膝盖弄伤了，她下午试图联系我，可是没有人在家。

"那她现在人呢？"我有种不好的直觉。

"她飞回休斯顿了。"

清晨六点，我终于接到了她的电话，她说排练的时候只是做一些简单的动作，突然感觉到膝盖里有撕裂，后来膝盖就肿了起来。

"我明天一早就去见巴克斯特医生，很抱歉就这样离开了，但是我只信任这个医生。昨天下午一直打你电话，但都联系不上。"

"不不不，没关系，你做了正确的选择。检查结束给我打个电话。"我说，"我想你，我爱你，宝贝。"

诊断结果是蒂卡的十字韧带断裂了，她需要做个修复手术，从大腿外展肌取两条肌肉，固定在膝盖里。复原的时间非常漫长，而且也不能保证能够完全恢复到之前的状况。蒂卡几乎崩溃。

"为什么是我？为什么我刚拿到一份工作合同就受伤？"她绝望地哭着。

这个时候，我说什么都没用，只能贴着电话，听她发泄。我很想坐上最早一班飞往休斯顿的飞机，陪在她身边，但是因为工作我走不开。我都开始怀疑，是不是我们之间的爱情被下了魔咒。

Chapter 21　一个女人和三个火枪手

没有蒂卡，英国的冬天显得格外的漫长和寒冷。在黑暗的傍晚，我只能拿出照片，看着我和教子罗伯特的合照、蒂卡和妈妈的合照，还有我和蒂卡的，但是我越看越难受。我的情绪变得越来越糟，甚至有点不认识我自己了。有一天走在路上，一个人不小心踩了我一脚，我都差点跟他打起来。

起初，我和蒂卡天天打电话，后来慢慢变成一周三次。每一次我说到皇家芭蕾舞团的排练，她就很痛苦。

"啊，你去了皇家节日大厅……但是我只有个破膝盖，什么都做不了。"

所以我不敢再提我的工作。

又过了一段时间，蒂卡不打算再支付我们伦敦那套公寓一半的房租，我一个人也付不起，所以我搬去了奥赛罗家。

5月，我生日的前两周，我飞回了休斯顿看望她。她开车来机场接我，金色的长发在脑后扎成马尾，看上去健康快乐。我紧紧地抱着她，吻了她，所有熟悉的感觉全部回来了。我问她膝盖怎么样，她让我摸她膝盖里埋进的钢针。复健都还算顺利，她打算开始上瑜伽课。不过她对我在伦敦的一切还是只字未提。她开着车，突然说了一句："希望以后别再发生类似上周的事情。"

"啊？我做了什么？"

"你答应我要做某件事情，并再三保证你会做。但是如果你做不到的话，至少提前跟我打个招呼，让我知道。毕竟我还有其他重要的事情要做。"

"你到底在说什么呀？"

"你说你八点给我打电话，但是后来过了十点才给我打电话的。"

"这没什么嘛。"我有点委屈。

"对你来说，的确没什么；对于我来说，这说明你没有把我放在第一位！"

我以为我找回了以前的感觉，但是我的心告诉我，她是一个陌生的女孩。我试图找回以前的她，但是我们总是因为一点鸡毛蒜皮的小事吵得不可开交，我也不知道为什么。我对自己说，也许这是暂时的，但是逐渐地，我发现我们的爱已经降到了冰点。

一天，我们约了路易斯和莫妮卡在我和蒂卡第一次见面的咖啡厅里碰头，看得出来他们现在的关系已经非比寻常。他们开放的拥抱和大声的示爱，让我和蒂卡有些惭愧。这里曾是我们爱情萌芽的地方，但是现在它又见证了我们终将逝去的爱情。我们还是没有提半点跟芭蕾相关的东西。

"我下了飞机给你电话。"我在机场和蒂卡做了最后的告别。她看着我，眼睛里全是盈盈的泪水。

奥赛罗给我开了门，看我一脸疲惫、无精打采的样子，他问我："你怎么了？生病了吗？"

"我只是有点累。"说完就倒在沙发里。

"是啊，一个礼拜往返于英国、美国确实很辛苦。"

"不是身体上的累。"我含糊地说，"我受够了世界各地来回演出，我受够了剧院和公寓两点一线的生活，我受够了不能随意爬

Chapter 21　一个女人和三个火枪手

上屋顶眺望远处的河塘，受够了即使我会滑雪也不能滑雪。你知道我在说什么吗？"

奥赛罗走进厨房，给我拿了一大杯朗姆酒。

"有的时候选择遗忘也不是件坏事，喝了吧。"他把杯子递给了我。

我仰起头，一饮而尽。

"记住一点，阳光总在风雨后，黎明前总是黑暗的。所有的智者都是从磨难开始的。"

智者始于磨难？这句话怎么听着那么耳熟？貌似父亲也曾经说过类似的话。我没有力气做更多的思考，我的身体在奥赛罗的长篇大论中飘了起来，好像蒂卡也出现了。没过多久，我就沉沉睡去。

迷迷糊糊的状态一直持续了好几周，直到我迎来了又一年的生日。奥赛罗亲自给我烤了一个蛋糕，上面还插着一根蜡烛。他在我头上随便戴了一个寿星帽后，郑重其事地说："现在，曼陀罗，你可以许愿吹蜡烛了。"

我许下了许多一辈子都不能实现的愿望，然后用尽全力吹灭了蜡烛。

"好，下面我们要为自己举杯庆祝，向来自雷格拉的绅士，来自柯希玛的智者和来自洛斯皮诺斯的王子，这潇洒的三剑客，举杯！"奥赛罗宣布。

"还要向蒂卡的健康举杯，"罗斯维尔说，"那个不幸的女人。"

我们三个喝了个底朝天。

我给休斯顿的蒂卡打了两个电话,但是无人接听。

第二天我充满斗志地走去舞团,我现在留在伦敦唯一的目标就是,我要做到最好的自己,不仅为了我,也是为了蒂卡和我的家人。我要向别人证明我是最优秀的,所以我仔细观察舞蹈明星的排练,吸取他们的优点。这些大腕并不是那么平易近人,无论我怎么示好,他们都一如既往的冷漠。所以我在舞团也很少笑,甚至说话都很少。有时候做一个外国人也挺好,别人看到你不一样的举动也不会当回事。

尽管我的演出场场精彩,但是这并不能说服安东尼让我在日本和中国的巡演中担任罗密欧的角色。不过我也不是那么介意,因为在日本的首场演出,安东尼让我饰演《天鹅湖》里的王子。我本来要和维维安娜·杜兰特合作,但是她临时退出了,所以我没有舞伴。安东尼问我想和哪一位舞者合作,我说我要找古巴舞者洛雷娜·费霍,我们曾在巴黎合作过《天鹅湖》。

"好吧,我们会去邀请她。"安东尼说。

有两名古巴舞者在皇家芭蕾舞团共同领衔主演并不是件常见的事。安东尼也给了我们灵活改编的空间,我和洛雷娜采用了许多在古巴学习的编排。由于她没有时间学习整段舞蹈,所以在演出当天还需要其他舞者提醒她从哪里上场下场。尽管略显匆忙,但是我们的合作非常顺利,感觉两个灵魂在和谐共舞——毕竟我们毕业于同一所舞蹈学校,还有着同样的老师。观众的掌声空前

Chapter 21　一个女人和三个火枪手

热烈，洛雷娜实现了她的梦想——和皇家芭蕾舞团合作，我也实现了我的梦想——成为一名真正的王子。演出结束后，安东尼看着我们热泪盈眶。

巡演结束没多久，公司就正式搬进了皇家歌剧院，这里完全是另外一个世界。大楼共有五个大排练厅，地上铺着崭新的芭蕾舞专用地胶，窗户的设计让阳光充足地洒在教室的每个角落，还有私人更衣室、按摩和理疗中心、可以做普拉提的健身房以及很大的休息区。站在窗边可以俯瞰整个考文特花园广场，餐厅的食物也多种多样。有人说芭蕾是艺术界无关紧要的一员，如今皇家歌剧院的诞生是对那些人最好的回击。继法国和俄罗斯之后，英国皇家芭蕾终于也有了可以让自己大放异彩之地。

皇家歌剧院的开幕庆典将在全英现场直播，开幕式将记录英国皇家芭蕾舞团从成立到今天的点点滴滴。总监还说，让我代表鲁道夫·努列耶夫跳《海盗》变奏，纪念这位芭蕾大师对芭蕾界做出的贡献。我怀疑自己是在做梦。

我马上给奥赛罗打了电话。

"我要代表努列耶夫在开幕式上表演了。"我对着电话大喊。

"什么？你需要诺洛芬[1]？"

"不是诺洛芬，你这个笨蛋，我说的是鲁道夫·努列耶夫，俄罗斯芭蕾大师。我还要上电视，我给你和罗斯维尔弄了两张票。"

---

[1] Nurofen，一种以布洛芬（Ibuprofen）为主要成分的止痛药。在这里奥赛罗把努列耶夫的名字错听成了药名。——译者注

"好好好,我现在马上熨烫西装,我要沾点你的光。"

"演出是一周以后!"

"没事,我现在就把熨斗的电源插上。"

演出当晚,皇家歌剧院笼罩在一片欢乐的气氛中。我的心激动得从早上起来就怦怦直跳。代表鲁道夫·努列耶夫跳舞或许是我职业生涯中最荣耀的时刻。更重要的是,今天我终于给父亲交了一份完美的答卷。从他在电影院里第一次和芭蕾邂逅,到后来把我送进舞蹈学校,这一段旅程将在今晚走向顶峰。今天我为了家人而舞,即使他们不在我身旁。而数以百万的人将在电视上看到我的演出,这一历史性的时刻会在人们心中长存。

换上演出服,我向舞台走去。幕布背景投射出了努列耶夫的巨幅照片,他似乎正在笑着对我说:"我以你为荣。"

"看我的吧。"我暗暗地点了点头。

柔和的灯光照满整个舞台,突然一束追光灯打在我身上。我的时刻来临了。我看不见所有人,整个剧场似乎只有我一个人。我舒展四肢,痛快地跟随着音乐,释放了我心中多年的苦闷。我独自歌唱悲伤和孤独,就像洛斯皮诺斯那只永远哀鸣的猫头鹰。所有动作都发挥到了极致,台下的掌声几乎要把我淹没,直到我走到后台,掌声也没有平息的意思。刚才在舞台上的不是卡洛斯·阿科斯塔,而是尤利,那个来自洛斯皮诺斯,爱玩"吃泥巴"游戏的小孩。

开幕式的结尾,伴随着斯特拉温斯基《火鸟》(*The Fire Bird*)

Chapter 21　一个女人和三个火枪手

中的音乐，每一名皇家芭蕾舞团的成员走上台，教职工、舞者、学生。几十张照片从空中垂下，他们都是对皇家芭蕾舞团有纪念意义的人物。观众席上皇家芭蕾舞团的创始人妮内特·德·瓦卢瓦女士欣慰地看着这一切。而我此时也看到了自己垂在空中的照片。

在后台，奥赛罗和罗斯维尔紧紧地抱住我。

"你都快把我弄哭了。"奥赛罗说。

"算了吧，奥赛罗，你从娘胎里出来的那一刻都没哭。"罗斯维尔说，"请原谅我的粗俗，不过我真的要说，卡洛斯，你跳得太他妈好了。"

"你们喜欢就好。"我说，"不过……"

"别担心，"罗斯维尔看穿了我的心，"我相信佩德罗的那些大神都会替你转达的。这一秒他们会异口同声地跟你爸爸说：'你的儿子已经实现了梦想。'所以他会以你为傲的。"

我给观众签名时，奥赛罗热情地招待他们，好像他也是刚才的演员之一。

"皇家芭蕾舞团唯一的非白人主演，是我的朋友，哈哈哈。"他到处给他自己做广告。

当晚，我给蒂卡打了电话。和往常一样，我们还是以吵架告终，这次是因为我答应给她寄东西，但因为开幕式的排练太忙而忘记了。有关开幕式所有的兴奋激动，我也只字未提。挂了电话，我就跟奥赛罗和罗斯维尔去酒吧喝酒了。

我们真的走不下去了，现在的状态只会慢慢抹杀掉我们之前全部的快乐。快刀斩乱麻，就让我们的美好停留在过去的照片和记忆里吧。

我们双方都同意了这个决定。蒂卡会来伦敦取她的行李箱，我给了邻居一串钥匙，这样她可以直接拿行李，不用见我。见面给我们两个带来的只有痛苦。

晚上八点，我回到家，一眼看到蒂卡坐在沙发上。她在等我。

蒂卡冲过来扑在我身上，泪流满面，就和窗外滂沱的夜雨一般。

"卡洛斯，我们到底哪里出了问题？"她靠在我的胸前，抽动着纤弱的肩膀。

"亲爱的，我们谁都没做错。我们已经尽力了。"我轻抚她柔软的长发。

我们沉默了，过了很久，她再一次抱住了我。我们简单地互道一声再见后，她就钻进了出租车。她受伤的膝盖、碧蓝的眼眸和金色的发丝再也没有出现在我的生命里。她渐行渐远，我紧紧地握着口袋里的那枚钻戒，希望日后某一天，她还能记起我的好和我们曾经的快乐。

就在第二天，我首演了《曼侬》，饰演德格里厄，一个爱上了曼侬的神学院学生。曼侬为了金钱，选择出卖自己的肉体。德格里厄选择原谅曼侬，还不惜为她卷入杀戮，并追随她一起被流放。然而在精疲力尽的逃亡途中，曼侬还是死在了爱人德格里厄的怀里。演出时，我眼里看到的都是蒂卡，还有我和她跳过的所有芭蕾舞剧。

演出结束后,我的造型师走进化妆间帮我整理演出服,见我的双手还在发抖,她递给了我一杯咖啡。安东尼和梅森从门口探出脑袋。

"卡洛斯,你真棒!"他们说。

然后我一个人待在化妆间,回想着刚才的情景。看着镜中的自己,环绕在无数捧鲜花和一瓶瓶香槟酒中,心里却和往常一样惶恐。

Chapter 22

幸福的一刻

就像被施了魔法一样，当幕布缓缓升起的时候，我闻到了杧果的香气。随着我的一个大跳，舞台变成了一个木制的小屋，外面还有叫卖的小贩和拖着一节节车厢的马车。侧幕变成了一棵棵大树，树上站着咕咕啼叫的猫头鹰。抬头是清澈的蓝天，放走的那些鸽子在我头顶自由翱翔。身边的舞者变成了儿时的玩伴：佩德罗·胡利奥拿着一把"吃泥巴"的小木棒，欧皮托和他的那群霹雳舞伴在一旁钻研步伐，还有勒内和东尼托。街角，我的老师南希、玛丽亚·多洛雷斯还有谢里静静地看着我微笑。我回到了自己的房子，洛斯皮诺斯的家。虽然家徒四壁，墙上还有破洞，但是这里处处充满了爱的味道。我听见姐姐爽朗的笑声，还有妈妈在叫我吃饭。卢西亚阿姨的影子也在墙头下起舞。这是一场盛大的派对，穿越生与死、过去与现在、幻想与现实。

Chapter 22　幸福的一刻

距离蒂卡的离开和苦乐参半的《曼侬》首演已经三年了，就在她离开不久我就萌发了一个念头，我要创作一部与传统芭蕾完全不一样的舞剧来讲述我自己的故事。我不大相信童话世界中的王子和公主，只相信冥冥中有神灵在保佑我前进。于是我决定为自己写一部作品，一个古巴的传说。

今天就是《舞出新天地》(*Tocororo: A Cuba Tale*)在伦敦沙德勒之井的首场演出。在大幕拉开前，我召集了全部的乐师、舞者、舞台调控师，一共三十五人。

"也许你们中的大部分人不知道这部作品对于我的意义，"我一一看过他们的脸，"为了这一天，我准备了很久。离开你们中的任何一个，这部作品都走不到今天。谢谢你们，谢谢你们为这部作品的付出。我就说这么多，现在让我们给那些英国人尝一点古巴的滋味吧！"

最美妙的是，在观众席的一角，有四个发了疯一样的人在为我鼓掌：父亲、母亲还有两个姐姐。

演出结束后，母亲紧紧地抱住我，一秒也不肯放开，也不想让其他任何人碰到我。玛丽琳和贝尔塔说她就快要把我的手扯断了，但她还是不肯松开我。母亲身袭黑色长裙，像高贵王妃；玛丽琳略施粉黛，穿着白色的长裙，配着白色的手提包，她用故作不屑的眼神看着我；贝尔塔则穿了条深棕色的长裙，她栗色的长发松散地披在肩上。

奥赛罗走了过来，用很夸张的语气向我母亲问好。

"您好，女士，我是奥赛罗，来自雷格拉的绅士，三个火枪手之一。您像女皇一般优雅，请允许我亲吻您的手背。"

妈妈和姐姐有些错愕。

"别理这个疯子，他就爱演戏。"罗斯维尔一边说，一边把奥赛罗赶到一边，"我是罗斯维尔，我们是卡洛斯的朋友，今天很高兴见到你们。"

"女皇陛下，我久仰您的大名。"奥赛罗又插了进来，"曼陀罗经常提到您，我感觉你们就是我的家人。"

母亲上下打量着奥赛罗，很不自然地笑了笑。

父亲身穿白色衬衫、黑色西装，系着红色领带。他默默地站在另一边，看着我给观众签名。一些观众要求跟我拍照，另一些则用西班牙语祝贺我演出成功。

"你的家人一定以你为傲。当初是不是你父亲把你送进舞蹈学校的？"

我转身看向父亲，想要向观众介绍他，但是只看见一个头发灰白的老人背着手，慢慢地走向出口。人潮拥挤，不一会儿我就找不到他的身影了。

人群散开后，剧团所有人去了 Soho 一家餐厅庆祝。玛丽琳和贝尔塔坐在我的对面，父母坐在我两边。点完食物，我拿着酒杯站了起来。

"我想借此机会，向我身边的家人和朋友，还有所有对这场演出贡献力量的同事们敬一杯酒,庆祝我生命中最快乐的一天。"

每个人都举着酒杯在空中停了几秒,看着我的家人。玛丽琳和贝尔塔浅浅一笑,妈妈看着眼前白色的餐巾,父亲无动于衷。

"为了幸福举杯!"我又说了一遍,大家都把酒杯送到了口边。

"曾经,"父亲突然站了起来,"我和儿子讨论过,什么是幸福,那种转瞬即逝的感觉。今天,我想恳请你们这个著名的舞团也为我见证属于我的幸福。"

我和所有人一样,疑惑地看着父亲。

"曾经有一次,只有一次,我感受到了幸福……"

五十个人举着酒杯等着父亲后面的话。我可不希望他又语出惊人,在这么多人面前毁了精彩的一天。这个老男人,眼角有些反光,他转向我,在我耳边说:

"我曾经说的那个幸福,就是你出生的那一刻。"

一颗硕大滚烫的泪珠从我的脸上滑落。

"不要忘记了,我的好儿子!"

致谢

　　非常感谢在本书出版过程中给予我帮助的伙伴。此书是我多年的梦想，没有你们的帮助，就没有现在这本书。我要感谢梅西·鲁伊斯、卡洛斯·梅利安、玛丽亚·德·卡门·梅斯塔斯、埃里韦托·卡韦萨斯、曼纽尔·托莱多、罗斯威·皮涅罗、乔治·斯塔妮卡、凯特·伊顿、安赫拉·泰勒、安娜贝尔·怀特以及哈珀出版社的其他成员，还要感谢亚历山大·阿加贾诺夫、夏洛特·霍兰、费莉西蒂·布莱恩和其代理机构下的其他工作人员，以及鲁珀特·罗恩。

　　同时要特别感谢伊莫金·帕克给予我耐心的指导，让此书的出版成为可能。

译后记

卡洛斯·阿科斯塔的这本自传，从联系出版、翻译校对到最终成书，持续了将近五年。这本书我也读过不下十遍，每一次翻开都仿佛是在看一场永远看不腻的电影：哈瓦那小镇上的水果香气，福尔图纳潮湿而闷热的空气，洛桑国际芭蕾舞比赛忙碌的后台，考文特花园皇家歌剧院的的聚光灯……追随一行行的文字，我走进了一位伟大舞蹈家的世界。从古巴贫民窟走出来的这位世界级舞者，我从他身上看到的不是日日充满激情为理想奋斗，反而是未知、恐惧、犹豫和牵绊。这种心怀退缩的前进，才是芭蕾舞者成长的真实写照。这五年来，我也从皇家舞蹈学院（Royal Academy of Dance）的学生成为了一名芭蕾舞教师。作为芭蕾舞从业人员，太能够体会卡洛斯经历的一切，也觉得有必要让更多的人了解芭蕾这门艺术。所以借这个机会，与读者们简单分享一下我眼中的芭蕾。

学习芭蕾到底能给人带来什么？除了外观上的直立和挺拔，其实有很多更深层次值得挖掘的东西。首当其冲的必定是专注（stay focused）和决心（determination）。任何知识的学习，任何事情的完成都离不开这两项。《论语·泰伯》中有"笃信好学，守死善道"，《中庸》中有"博学之，审问之，慎思之，明辨之，笃行之"，芭蕾的学习不仅有赖于各处肌肉的协作，还需要身体和大脑的高度协调。只有长期保持注意力高度集中，才有可能取得一点点的进步。注意力的培养对于孩子尤其重要——我们的一生就是在持续学习各项技能：课业学术需要专注，兴趣爱好需要专注，甚至玩耍也是需要专注的。

其次，芭蕾教我们懂得坚持。我们听说过"骐骥一跃，不能十步；驽马十驾，功在不舍"，也听说过"锲而舍之，朽木不折；锲而不舍，金石可镂"。我常常拿这两句话勉励自己，也常常用这两句话告诫学生。不要把自己当作天才，天才不会在你我中产生。像卡洛斯这样世界级的芭蕾舞者，与其称他们为天才，倒不如把他们称作"勤勉之王"来得更加贴切和尊重。在舞蹈学院，我就深深体会到了老师曾说过的"这里没有天才，唯有勤奋"。有人说，芭蕾的学习需要不停地重复，要成就一个舞者，光擦地就要做上百次。现实是，芭蕾中的擦地一节课就会出现上千次——翻出我在舞蹈学院的一份课堂笔记，从热身到擦地，一共4个组合，不超过 15 分钟，就出现了 156 个擦地。但是，这成千上万次的擦地能说明什么？能说明自己就在进步、做得更好了吗？现实还是很让人受打击的，芭蕾的基本功和技巧练习，常常是重复了无数次，但依然和理想相差甚远。芭蕾界有一句名言："Don't do it until you get it right, but do it until you can't get it wrong."。意思是，"不停地练习直到你做对了"是远远不够的，我们要追求的是"不停地练习直到你错不了"。这也就意味着，芭蕾的学习必须"不计结果"，不抱功利心，用汗水和努力来换取"清如许"的澄明。

然后，我想说说身体和心灵上的诚实。每一天早晨走进练功房，都要对自己的身体重新认识——身体的状态和肌肉的素质每天都会有变化，而芭蕾需要对最细小的肌肉有高度精确的控制，所以任何一点负面的变化都足以推翻前一天的获得——能够诚实坦然接受自己的变化并做出相应调整的，才是明智的舞者。举例来说，每个舞者都希望拥有完美的外开，但正如吉吉·贝拉尔迪（Gigi Berardi）教授在《找到平衡》（*Finding Balance*）一书中提到的，从生理解剖的角度上来说，很少有舞者有完美的 180 度的外开。聪明的舞者要做的是：诚实地面对自己的身体条件，科学地使用自己既有的外开。再比如，芭蕾中的重心转换是初学者最大的门槛，是诚实地转移了自己的重心，还是依葫芦画瓢地转移了重心，唯有自己知道。用诚实的心温故知新，反复尝试，才是真正的"苦其心志,劳其筋骨,饿其体肤",也才有可能"增益其所不能"。

最后也是最重要的是:接受失败,允许犯错。没有什么是比学习芭蕾更容易带来挫败感的了。当你听到这句话,很可能以为这是一群初学者或是学习不久的芭蕾学生说的。可事实是,身为专业学生,跳舞数十年,我仍然会觉得,芭蕾的学习处处充满挫败感——但同样,也是很有回报的。挫败感虽强,但相应收获的成就感也是最强烈的。芭蕾是一门需要静下心才能走进去的艺术。我认为,用郭沫若先生的《凤凰涅槃》来比喻芭蕾学习中的失败再合适不过:凤凰每 500 年自焚为灰烬,再从灰烬中浴火重生,循环不已,成为永生。大家都是不完美的凡夫俗子,然而芭蕾这门艺术追求的却是完美。这种碰撞必定会给肉体和心灵带来巨大的冲击,失败、受伤、恐惧,接踵而至。然而,置之死地而后生,接受自己的不完美,接受遭遇的现实,用芭蕾中的"专注""坚持"和"诚实"来化解失败,并从中学习和成长,这也是我们生而为人的勇气和骄傲。

芭蕾看似学的是形,实则磨炼的是人心。做了老师之后,我的这种感觉更加强烈。不少成人学生或是为了圆儿时的梦,或是为了挺拔身姿,纷纷走进了芭蕾的课堂,有模有样地比画着芭蕾的规范动作，这一点是很让人欣喜的。芭蕾能够给学生带来的，绝不仅仅是身体上的美丽，更是自律、勤奋、尊重、谦卑和拼搏，这才是人生中真正的优雅。这份优雅无捷径可走，也不可能一蹴而就，在今天这个浮躁的社会中显得非常可贵。而我既然选择了芭蕾舞教师这份职业，就会用敬畏心来守护这一份纯净。同时，我也期待其他芭蕾舞爱好者同我一道，用勤奋和坚持来换取芭蕾的美好。

最后，我要感谢一路上给过我指导且仍然不断鞭策我的家人、恩师、工作伙伴、朋友以及学生。没有你们，就没有今天的我，也没有这本书的中文版。我感恩生命中有你们的出现，也享受向你们学习的每一个瞬间，非常感谢，难以言表。

朱虹

2018 年 9 月

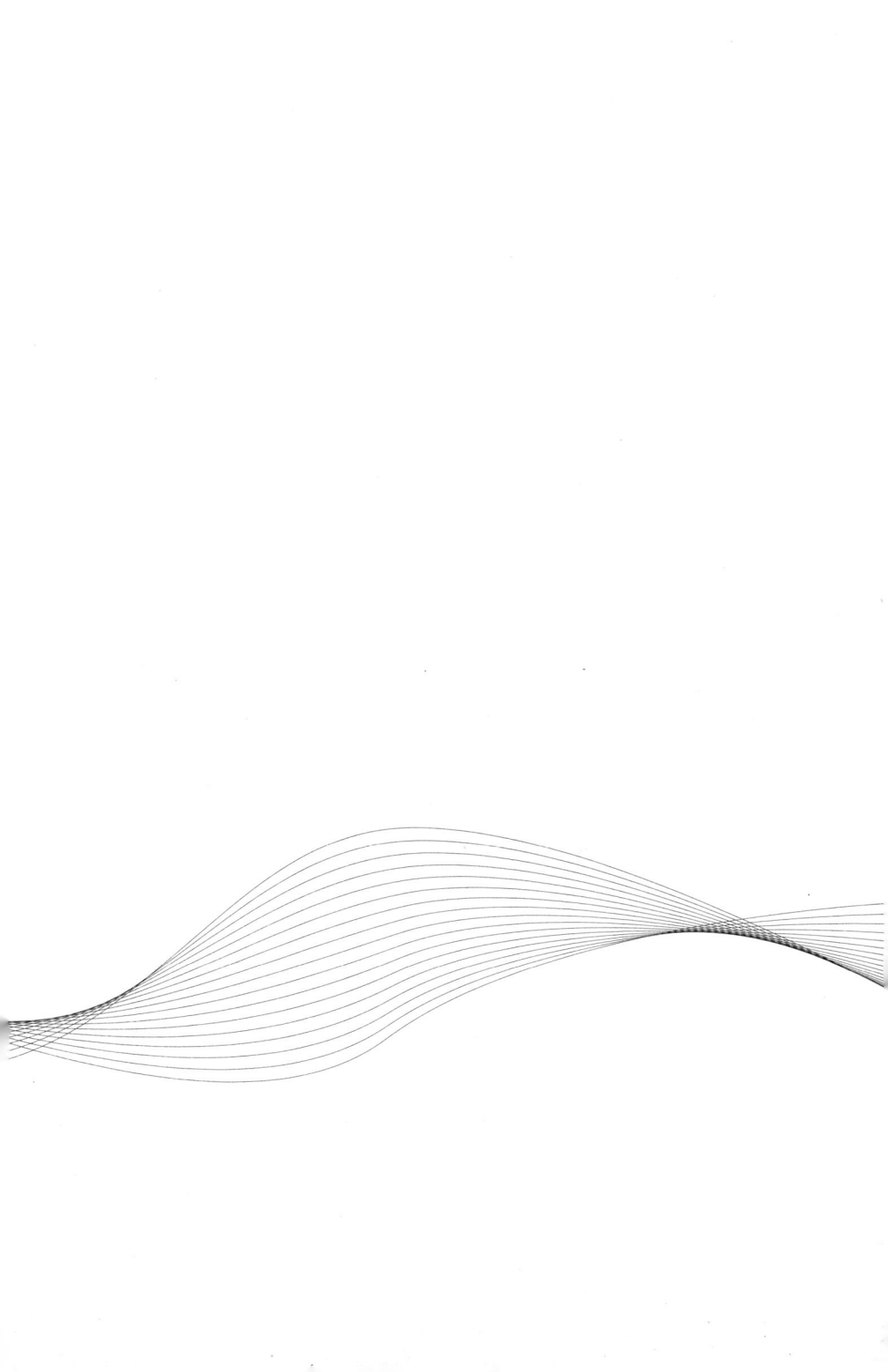

湖岸
Hu'an publications®

项目统筹_ 唐 奂
产品策划_ 景 雁
责任编辑_ 管 文
特约编辑_ 张 静
营销编辑_ 黄国雨　刘焕亭　孙静阳
封面设计_ 尚燕平
版式设计_ 崔 玥
内文制作_ 常 亭
美术编辑_ 陆宣其
责任印制_ 陈瑾瑜

🐦 @huan404
◎ 湖岸 Huan
http://www.huan404.com
联系电话_ 010-87923806
投稿邮箱_ info@huan404.com

感谢您选择一本湖岸的书
欢迎关注"湖岸"微信公众号